Arte primitiva

Coleção Antropologia
– *As estruturas elementares do parentesco*
Claude Lévi-Strauss
– *Os ritos de passagem*
Arnold van Gennep
– *A mente do ser humano primitivo*
Franz Boas
– *Atrás dos fatos – Dois países, quatro décadas, um antropólogo*
Clifford Geertz
– *O mito, o ritual e o oral*
Jack Goody
– *A domesticação da mente selvagem*
Jack Goody
– *O saber local – Novos ensaios em antropologia interpretativa*
Clifford Geertz
– *Estrutura e função na sociedade primitiva*
A.R. Radcliffe-Brown
– *O processo ritual – Estrutura e antiestrutura*
Victor W. Turner
– *Sexo e repressão na sociedade selvagem*
Bronislaw Malinowski
– *Padrões de cultura*
Ruth Benedict
– *O tempo e o outro – Como a antropologia estabelece seu objeto*
Johannes Fabian
– *A antropologia do tempo – Construções culturais de mapas e imagens temporais*
Alfred Gell
– *Antropologia – Prática teórica na cultura e na sociedade*
Michael Herzfeld
– *Arte primitiva*
Franz Boas

Dados Internacionais de Catalogação na Publicação (CIP)
(Câmara Brasileira do Livro, SP, Brasil)

Boas, Franz
Arte primitiva / Franz Boas ; tradução de Fábio Ribeiro. Petrópolis, RJ : Vozes, 2014. – (Coleção Antropologia)

Título original: Primitive art
Bibliografia
ISBN 978-85-326-4781-8

1. Arte primitiva 2. Literatura popular – História e crítica I. Título. II. Série.

14-02577   CDD-709.01

Índices para catálogo sistemático:
1. Arte primitiva   709.01

Franz Boas

Arte primitiva

Tradução de Fábio Ribeiro

EDITORA
VOZES
Petrópolis

Título do original inglês: *Primitive Art*, 1955, 1983 Dover Publications, Inc.

© desta tradução:
2014, Editora Vozes Ltda.
Rua Frei Luís, 100
25689-900 Petrópolis, RJ
www.vozes.com.br
Brasil

Todos os direitos reservados. Nenhuma parte desta obra poderá ser reproduzida ou transmitida por qualquer forma e/ou quaisquer meios (eletrônico ou mecânico, incluindo fotocópia e gravação) ou arquivada em qualquer sistema ou banco de dados sem permissão escrita da editora.

Diretor editorial
Frei Antônio Moser

Editores
Aline dos Santos Carneiro
José Maria da Silva
Lídio Peretti
Marilac Loraine Oleniki

Secretário executivo
João Batista Kreuch

Editoração: Maria da Conceição B. de Sousa
Diagramação: Alex M. da Silva
Capa: Felipe Souza|Aspectos
Ilustração de capa: Pintura haida representando um monstro marinho na forma de lobo, carregando duas baleias.

ISBN 978-85-326-4781-8 (edição brasileira)
ISBN 978-0-486-47330-7 (edição norte-americana)

Editado conforme o novo acordo ortográfico.

Este livro foi composto e impresso pela Editora Vozes Ltda.

Sumário

Prefácio, 7

Introdução, 13

1 Artes gráficas e plásticas: o elemento formal na arte, 21

2 Arte representativa, 73

3 Simbolismo, 96

4 Estilo, 147

5 A arte da costa do Pacífico Norte da América do Norte, 180

6 Literatura, música e dança, 288

Conclusão, 329

Índice de ilustrações, 335

Índice de nomes, 351

Prefácio

Este livro é uma tentativa de oferecer uma descrição analítica das características fundamentais da arte primitiva. O tratamento que o assunto recebe se baseia em dois princípios que acredito que devam orientar todas as investigações sobre as manifestações da vida entre povos primitivos: primeiro, a igualdade fundamental dos processos mentais em todas as raças e em todas as formas culturais do momento atual; segundo, a consideração de todo fenômeno cultural como o resultado de acontecimentos históricos.

Deve ter existido uma época em que o equipamento mental do homem era diferente do que é agora, quando ele evoluía a partir de uma condição semelhante àquela encontrada nos primatas superiores. Esse período foi superado há muito tempo e não se pode encontrar nenhum traço de uma organização mental inferior em qualquer uma das raças existentes do homem. Até onde minha experiência pessoal vai, e até onde me sinto competente para julgar dados etnográficos com base nessa experiência, os processos mentais do homem são os mesmos em qualquer lugar, independentemente de raça e cultura, e independentemente do despropósito aparente de crenças e costumes.

Alguns teóricos pressupõem um equipamento mental do homem primitivo diferente do homem civilizado. Eu nunca vi uma pessoa de vida primitiva a quem esta teoria se aplicasse. Existem aqueles que acreditam de forma submissa nos ensinamentos do passado e aqueles que escarnecem e são descrentes; existem pensadores claros e desajeitados parvos; existem pessoas de caráter forte e poltrões.

O comportamento de todos nós, independentemente da cultura a que pertencemos, é determinado pelo material tradicional com que lidamos, e o homem, no mundo todo, lida com o material transmitido para ele de acordo com os mesmos métodos.

Nossa experiência tradicional nos ensinou a analisar o curso de eventos objetivos como resultado de causas definidas e objetivas. Aqui, a causalidade inexorável governa, e o mundo exterior não pode ser influenciado por condições mentais. É por isso que nos surpreendemos de forma hesitante com os fenômenos do hipnotismo e da sugestão, em que estas linhas não aparecem mais tão nítidas. Nosso ambiente cultural gravou esta perspectiva tão profundamente em nossas mentes que pressupomos como um fato fundamental que os fenômenos materiais, particularmente fora do campo do comportamento humano, nunca podem ser influenciados por processos mentais e subjetivos. Ainda assim, todo desejo ardente implica sua possibilidade de obtenção, e orações por auxílio ou benefícios objetivos não diferem, a princípio, das tentativas do homem primitivo de interferir com o curso incontrolável da natureza. A credulidade com que teorias fantásticas sobre a saúde são aceitas, a ascensão constante de seitas religiosas com princípios dogmáticos obscuros, assim como as modas nas teorias científicas e filosóficas provam a fraqueza de nossa reivindicação de termos uma visão racional do mundo.

Qualquer um que tenha vivido com tribos primitivas, que tenha compartilhado suas alegrias e sofrimentos, suas privações e seus luxos, que enxerga nelas não apenas assuntos de estudo a serem examinados como células num microscópio, mas seres humanos que pensam e sentem, concordará que não existe nada parecido com uma "mente primitiva", um modo de pensar "mágico" ou "pré-lógico", mas sim que cada indivíduo numa sociedade "primitiva" é um homem, uma mulher, uma criança do mesmo tipo, da mesma forma de pensar, sentir e agir como um homem, mulher ou criança de nossa própria sociedade.

Os investigadores tendem a esquecer fácil demais que a lógica da ciência – aquele ideal inatingível da descoberta de relações puras de causa e efeito, não contaminadas por qualquer tipo de viés emocional ou de opiniões não provadas – não é a lógica da vida. Os sentimentos subjacentes ao tabu estão sempre presentes entre nós. Eu me lembro que, quando garoto, ao aprender sobre a religião – ou seja, sobre dogmas – eu tinha uma inibição insuperável para pronunciar a palavra "Deus", e não conseguia responder qualquer pergunta que exigisse a resposta "Deus". Fosse eu mais velho, eu teria procurado e encontrado uma explicação satisfatória para esta inibição. Todos sabem, por experiência própria, que existem ações que não realizaremos, linhas de pensamento que não seguiremos e palavras que não pronunciaremos porque as ações são emocionalmente objetáveis, ou os pensamentos encontram resistências fortes e envolvem nossa vida interior tão profundamente que não podem ser expressos em palavras. Nós corretamente chamamos isto de tabus sociais. É preciso apenas uma padronização dogmática para transformá-los em tabus verdadeiros.

E a magia? Eu acredito que, se um garoto observasse alguém cuspindo em sua fotografia e a rasgando em pedaços, ele se sentiria corretamente ultrajado. Eu sei que se isto tivesse acontecido comigo quando era um estudante, o resultado teria sido um duelo e que eu teria feito o melhor que pudesse para fazer com meu adversário, *in natura*, o que ele fizera para mim *in effigie*, e eu teria considerado meu sucesso como uma restituição pelo mal que me foi causado – tudo isto sem nenhum significado psicanalítico. Eu não acredito que meus sentimentos teriam sido muito diferentes dos de outros jovens. Mais uma vez, uma padronização e dogmatização nos trariam imediatamente de volta a atitudes "mágicas".

A coleção do Dr. Tozzer[1] de superstições de estudantes universitários com as observações esclarecedoras daqueles que as possuem será uma leitura útil para todos aqueles que estão convencidos de nossa superioridade mental e da falta de capacidade de pensamento claro entre os primitivos.

Ainda outras considerações nos avisam a não pressupor uma diferença radical entre a mentalidade primitiva e a civilizada. Nós gostamos de enxergar esta distinção numa liberdade mental individual maior quanto a obrigações sociais expressa numa atitude crítica livre que possibilita a criatividade individual.

Nosso treinamento científico, tão admirado, nunca se mostrou uma salvaguarda contra a sedução de apelos emocionais, assim como nunca impediu a aceitação como verdade inquestionável dos absurdos mais grosseiros, se forem apresentados com energia, afirmação e autoridade suficientes. Pelo contrário, esta última guerra[2], com sua propaganda organizada governamental e particular, deveria nos fazer entender esta verdade. Opiniões propagadas energeticamente e fatos espúrios disseminados diligentemente afetam o pensamento das pessoas, e não apenas daquelas com pouca educação. O intelectual é enganado tão facilmente quanto o inculto por declarações hipócritas que se conformam ao código moral do tempo e do lugar e lisonjeiam o sentimento de virtude fingida. Elas atenuam o conflito entre feitos e palavras e, quando pronunciadas por pessoas de autoridade, fazem criminosos parecerem santos.

Nossa vantagem sobre os povos primitivos é nosso conhecimento maior do mundo objetivo, obtido dolorosamente através do trabalho de muitas gerações, um conhecimento que aplicamos muito mal e que nós, ou pelo menos a maioria de nós, descartamos imediatamente quando um impulso emocional forte nos impele a fazê-lo, substituindo-o por formas muito parecidas com as do pensamento primitivo.

A psicologia introspectiva, tão difamada, prova aos observadores neutros que as causas que fazem o homem primitivo pensar do modo que pensa estão igualmente presentes em nossas mentes. O comportamento particular em cada caso é determinado pelo conhecimento tradicional à disposição do indivíduo.

O segundo ponto fundamental que devemos ter em mente é que cada cultura só pode ser compreendida como um crescimento histórico determinado pelo

---

1. TOZZER, A.M. *Social Origins and Social Continuities*. Nova York, 1925, p. 242ss.
2. A Primeira Guerra Mundial [N.T.].

ambiente social e geográfico em que cada povo está localizado e pela forma que ele desenvolve o material cultural que obtém de fora ou através de sua própria criatividade. Para o propósito de uma análise histórica, nós tratamos cada problema particular, antes de tudo, como uma unidade, e tentamos desenrolar os fios que podem ser traçados no desenvolvimento de sua forma atual. Por esta razão nós não podemos iniciar nossas investigações e interpretações como se a tese fundamental de um único desenvolvimento unilinear de características culturais no mundo todo (de um desenvolvimento que segue as mesmas linhas em todos os lugares) estivesse definitivamente provada. Se afirmarem que a cultura percorreu tal caminho, esta afirmação precisa ser provada com base em estudos detalhados das mudanças históricas em culturas particulares e pela demonstração de analogias em seu desenvolvimento.

É seguro dizer que o estudo crítico dos últimos anos definitivamente refutou a existência de homologias extensas que nos permitiriam organizar todas as inúmeras linhas culturais numa escala ascendente em que todas teriam seu lugar apropriado.

Por outro lado, existem condições dinâmicas, baseadas em fatores ambientais, fisiológicos, psicológicos e sociais que podem causar processos culturais semelhantes em partes diferentes do mundo, de modo que é provável que alguns dos acontecimentos históricos possam ser analisados sob pontos de vista dinâmicos mais gerais.

Mas dados históricos não estão disponíveis e, quando a pesquisa pré-histórica não revela sequências de mudanças culturais, o único método disponível de estudo é o geográfico, o estudo da distribuição. Ele foi enfatizado no último terço do século passado por Friedrich Ratzel, e provavelmente foi mais bem desenvolvido nos Estados Unidos. Eu exemplifiquei este método em 1891 num estudo da distribuição de contos populares na América do Norte[3], e ele se tornou cada vez mais o método de estudo analítico de formas culturais.

Entretanto, sua própria fertilidade levou a extremos em sua aplicação contra os quais devemos nos precaver. Eu indiquei, em 1911, no papel e muitas vezes, antes e depois, em discursos, que há uma certa homologia entre a distribuição universal de fatos culturais e sua antiguidade. O princípio fundamental envolvido nesta suposição foi discutido completamente por Georg Gerland em 1875[4], ainda que dificilmente estejamos prontos para aceitar suas conclusões. Os dados da arqueologia pré-histórica provam que algumas destas realizações universais vêm dos tempos paleolíticos. Implementos de pedra, o fogo e ornamentos são encontrados nesse período. A cerâmica e a agricultura, que são menos universalmente

---

3. *Journal of American Folk-Lore*, vol. IV, p. 13-20. Cf. tb. *Science*, vol. XII, 1888, p. 194-196.

4. *Anthropologische Beiträge*. Halle a/S, p. 401ss.

distribuídos, aparecem depois. E os metais, cujo uso é ainda mais limitado no espaço, são encontrados ainda depois.

Há tentativas recentes de transformar num princípio geral este ponto de vista que, com o devido cuidado, pode ser aplicado aqui e ali. Herbert Spinder em sua reconstrução da cronologia pré-histórica americana, Alfred Kroeber em sua análise das formas culturais da costa do Pacífico, e muito recentemente Clark Wissler, construíram, com base neste princípio, um sistema de sequências históricas que me parece bastante insustentável. Que características culturais de distribuição ampla desenvolvem formas especiais em cada área particular é um truísmo que não requer prova nenhuma. Que estes desenvolvimentos locais podem ser organizados numa série cronológica, e que os de distribuição mais limitada são os mais recentes, é verdade apenas parcialmente. Não é difícil encontrar fenômenos que estão centrados numa região particular e se desvanecem nos arredores, mas não é verdade que eles invariavelmente surgem num substrato antigo. O oposto muitas vezes é verdade – que uma ideia que emana de um centro se difunde por uma grande área. Também nem sempre podemos procurar a origem na área de desenvolvimento mais forte. Assim como encontramos animais sobrevivendo e florescendo em regiões muito distantes do local onde eles se desenvolveram, as características culturais podem ser transferidas e encontrar sua expressão mais alta em regiões muito longe de sua origem. As fundições de bronze de Benim; os entalhes de madeira da Nova Zelândia; o trabalho em bronze da Escandinávia antiga; as obras gigantescas de pedra da Ilha da Páscoa; e o desenvolvimento cultural inicial da Irlanda e sua influência na Europa são exemplos deste tipo.

Igualmente inseguros são os métodos usados por Fritz Graebner e Pater W. Schmidt, que afirmam a estabilidade de certas correlações muito antigas e, temo, fictícias entre características culturais.

Provavelmente não é necessário apontar a impropriedade completa da tentativa de Elliott Smith de reduzir todos os fenômenos etnológicos a uma fonte única e, em termos antropológicos, tardia, e de pressupor uma permanência de formas culturais que não existe em lugar nenhum.

Muitas vezes se observa que características culturais são incrivelmente tenazes e que traços da antiguidade venerável sobrevivem até os dias atuais. Isto levou à impressão que a cultura primitiva é quase estável e permaneceu sendo o que é por muitos séculos. Isto não corresponde aos fatos. Sempre que temos informação detalhada, vemos formas de objetos e costumes em fluxo constante, às vezes estáveis por um período, e depois passando por mudanças rápidas. Através deste processo, elementos que num momento estavam juntos como unidades culturais são despedaçados. Alguns sobrevivem, outros morrem, e, no que concerne características objetivas, a forma cultural pode se tornar um quadro caleidoscópico de características variadas que, entretanto, são remodeladas de acordo com o pano de fundo espiritual em transformação que penetra a cultura e que transforma o mosaico num todo orgânico. Quanto melhor a integração dos elementos, mais valiosa nos parece a cultura. Eu acredito que possamos dizer que a sobrevivência coerente de traços culturais que não estão conectados organicamente é incrivelmente rara, enquanto elementos particulares destacados podem possuir uma longevidade maravilhosa.

Neste livro, o problema do crescimento de estilos artísticos individuais será tocado apenas incidentalmente. Nosso objetivo, em vez disso, é uma tentativa de determinar as condições dinâmicas sob as quais os estilos artísticos crescem. O problema histórico específico requer um material muito mais completo do que possuímos atualmente. Há muito poucas partes do mundo em que podemos traçar, através de estudos arqueológicos ou geográficos comparativos, o crescimento de estilos artísticos. Entretanto, a arqueologia pré-histórica na Europa, Ásia e América demonstra que, assim como características culturais gerais estão num estado de fluxo constante, também os estilos artísticos mudam, e as rupturas na vida artística das pessoas são muitas vezes surpreendentemente repentinas. Ainda não sabemos se é possível derivar leis válidas de modo geral que controlem o crescimento de estilos artísticos específicos, como Adama van Scheltema tentou derivar para a arte do norte da Europa[5]. Com a habilidade técnica crescente e o aperfeiçoamento de ferramentas, mudanças certamente ocorrerão. Seu curso é determinado pela história cultural geral do povo. Não estamos numa posição de dizer que as mesmas tendências, modificadas por acontecimentos históricos locais, reaparecem em todos os lugares no decorrer do desenvolvimento da arte.

Eu quero expressar minha gratidão àqueles que me auxiliaram na coleta do material ilustrativo para este volume. Estou grato ao Museu Americano de História Natural, especialmente ao Dr. Pliny E. Goddard, pela permissão de desenhar espécimes, pela grande ajuda em sua seleção e também pelo uso de material ilustrativo das publicações do Museu. Também estou grato ao Museu Field de Chicago; ao Museu Nacional dos Estados Unidos em Washington; ao Museu Universitário da Universidade da Pensilvânia em Filadélfia; ao Museu Público Livre da Cidade de Milwaukee e ao Museu Linden de Stuttgart por ilustrações de espécimes. Os desenhos foram feitos pelo Sr. W. Baake, pela Srta. M. Franziska Boas e pela Srta. Lillian Sternberg.

---

5. *Die altnordische Kunst*. Berlim, 1923.

Introdução

Nenhum povo que conhecemos, por mais difíceis que sejam a vida de suas pessoas, gasta todo o seu tempo e suas energias na obtenção de alimento e abrigo, e nem aqueles que vivem sob condições mais favoráveis e que têm liberdade para dedicar a outras atividades o tempo que não precisam para garantir sua subsistência se ocupam com trabalho puramente industrial ou desperdiçam os dias na indolência. Mesmo as tribos mais pobres produzem obras que dão a elas prazer estético, e as tribos que conseguiram se libertar da preocupação devido a uma natureza generosa ou a uma riqueza maior de invenções dedicam muito de sua energia para a criação de obras de beleza.

De uma forma ou de outra, o prazer estético é sentido por todos os membros da humanidade. Não importa quão diversos sejam os ideais de beleza, o caráter geral da fruição da beleza é da mesma ordem em todos os lugares; as canções brutas dos siberianos, a dança dos negros africanos, as pantomimas dos índios californianos, as obras em pedra dos neozelandeses, os entalhes dos melanésios, as esculturas do Alasca os agradam de um modo que não é diferente do que sentimos quando ouvimos uma canção, assistimos uma dança artística ou quando admiramos obras ornamentais, pinturas ou esculturas. A própria existência da música, da dança, da pintura e da escultura entre todas as tribos que conhecemos é prova do desejo de produzir coisas que são consideradas satisfatórias por sua forma, e da capacidade do homem de desfrutá-las.

Todas as atividades humanas podem assumir formas que dão a elas valores estéticos. O mero grito ou a palavra não possuem necessariamente os elementos da beleza. Se isto ocorre, é meramente um acidente. Movimentos violentos e incontidos induzidos pela excitação; os esforços da perseguição e os movimentos necessários das ocupações cotidianas são em parte reflexos da paixão, em parte determinados praticamente. Eles não têm um apelo estético imediato. O mesmo vale para todos os produtos da atividade industrial. Revestir com tinta, aparar madeira ou ossos e lascar pedras não levam necessariamente a resultados que compelem nossa admiração por sua beleza.

Ainda assim, tudo isto pode assumir valores estéticos. Movimentos rítmicos do corpo ou de objetos, formas que atraem o olho, sequências de tons e formas de fala que agradam o ouvido produzem efeitos artísticos. Sensações musculares, visuais e auditivas são os materiais que nos dão prazer estético e que são usados na arte.

O que, então, dá um valor estético à sensação? Quando o tratamento técnico atinge um certo padrão de excelência, quando o controle dos processos envolvidos é tanto que certas formas típicas são produzidas, chamamos o processo de uma arte, e por mais simples que possam ser as formas, elas podem ser julgadas do ponto de vista da perfeição formal; atividades industriais como o recorte, o entalhe, o molde e a tecelagem; assim como a música, a dança e a culinária são capazes de atingir excelência técnica e formas fixas. O juízo de perfeição da forma técnica é essencialmente um juízo estético. Não é possível afirmar objetivamente onde exatamente traçar a linha entre formas artísticas e pré-artísticas, porque não podemos determinar exatamente onde a atitude estética é estabelecida. Entretanto, parece certo que onde quer que se desenvolva um tipo definido de movimento, uma sequência definida de tons ou uma forma fixa, eles se tornarão um padrão através do qual sua perfeição, ou seja, sua beleza, será medida.

Tais tipos existem na humanidade do mundo inteiro, e devemos pressupor que se uma forma não padronizada demonstra possuir um apelo estético para uma comunidade, ela será adotada imediatamente. A fixidez de forma parece estar ligada mais intimamente às nossas ideias de beleza. Como um padrão perfeito de forma só pode ser obtido com uma técnica altamente desenvolvida e perfeitamente controlada, deve haver uma relação íntima entre a técnica e uma inclinação para a beleza.

Poder-se-ia dizer que a realização é irrelevante desde que exista o ideal de beleza pelo qual se esforça o aspirante a artista, mesmo que ele não consiga atingi-lo devido a uma técnica imperfeita. Alois Riegl expressa esta ideia dizendo que a vontade de produzir um resultado estético é a essência do trabalho artístico. A verdade desta afirmação pode ser admitida, e sem dúvida muitos indivíduos lutam para expressar um impulso estético sem serem capazes de realizá-lo. O que eles se esforçam para obter pressupõe a existência de uma forma ideal que os músculos inábeis são incapazes de expressar adequadamente. O sentimento intuitivo pela forma precisa estar presente. Até onde se estende nosso conhecimento das obras de arte de povos primitivos, a atração pela forma está inextricavelmente ligado à experiência técnica. A natureza não parece apresentar ideais formais – ou seja, tipos fixos que são imitados – exceto quando um objeto natural é utilizado na vida cotidiana; quando ele é manuseado, talvez modificado, por processos técnicos. Parece que é apenas deste modo que a forma se grava na mente humana.

O próprio fato de que as manufaturas do homem em toda e qualquer parte do mundo têm estilo pronunciado prova que uma atração pela forma se desenvolve com atividades técnicas. Não há nada que demonstre que a mera contemplação da natureza ou de objetos naturais desenvolva um senso de forma fixa. Também não temos nenhuma prova de que uma forma estilística definida se desenvolva como um produto puramente do poder da imaginação do trabalhador, sem ser guiada por sua experiência técnica que traga a forma para sua consciência. É concebível que as formas estéticas elementares, como a simetria e o ritmo, não sejam totalmente dependentes de atividades técnicas; mas estas são comuns a todos os estilos de arte; elas não são especificamente características de nenhuma região em particular. Sem a estabilidade da forma de objetos, manufaturados ou de uso comum, não há estilo; e a estabilidade da forma depende do desenvolvimento de uma técnica capaz, ou, em poucos casos, do uso constante do mesmo tipo de produtos naturais. Quando formas estáveis são atingidas, pode surgir um desenvolvimento imaginativo da forma numa técnica imperfeita, e neste caso a vontade de produzir um resultado estético pode deixar para trás a habilidade do aspirante a artista. A mesma consideração vale para o valor estético dos movimentos musculares usados na música e na dança.

As manufaturas do homem no mundo todo provam que as formas ideais se baseiam essencialmente em padrões desenvolvidos por técnicos peritos. Elas podem também ser desenvolvimentos imaginativos de formas padronizadas mais antigas. Sem uma base formal, a vontade de criar algo que agrade ao senso de beleza dificilmente pode existir.

Muitas obras de arte nos afetam de outro modo. As emoções podem ser estimuladas não apenas pela forma, mas também por associações íntimas que existem entre a forma e ideias que o povo tem. Em outras palavras, quando as formas comunicam um significado, por lembrarem experiências passadas ou porque agem como símbolos, adiciona-se um novo elemento à fruição. A forma e seu significado se combinam para elevar a mente acima do estado emocional indiferente da vida cotidiana. Belas pinturas ou esculturas, uma composição musical, a arte dramática, uma pantomima podem nos afetar deste modo. Isto vale tanto para a nossa arte quanto para a arte primitiva.

Às vezes, o prazer estético é liberado por formas naturais. A canção de um pássaro pode ser bela; podemos sentir prazer ao observar a forma de uma paisagem ou assistir os movimentos de um animal; podemos desfrutar de um gosto ou aroma natural, ou de uma sensação agradável; a grandeza da natureza pode nos dar uma excitação emocional e as ações de animais podem ter um efeito dramático; tudo isto tem valor estético, mas não é arte. Por outro lado, uma melodia, um entalhe, um quadro, uma dança, uma pantomima são produções estéticas, porque foram criadas por nossas próprias atividades.

A forma e a criação por nossas próprias atividades são características essenciais da arte. O prazer ou elevação da mente precisam ser causados por uma forma particular de impressão dos sentidos, mas esta impressão precisa ser criada por algum tipo de atividade humana ou por algum produto da atividade humana.

É essencial termos em mente a fonte dupla do efeito artístico, a primeira baseada apenas na forma, a segunda em ideias associadas à forma. Senão a teoria da arte será unilateral. Já que a arte dos homens, no mundo todo, entre as tribos primitivas e as nações civilizadas, contém ambos os elementos, o puramente formal e o significativo, não é admissível basear todas as discussões sobre as manifestações do impulso artístico na suposição de que a expressão de estados emocionais por formas significativas precisa ser o começo da arte, ou que, como a linguagem, a arte é uma forma de expressão. Na época moderna, esta opinião se baseia em parte no fato muitas vezes observado que na arte primitiva mesmo formas geométricas simples podem possuir um significado que aumenta seu valor emotivo, e que a dança, a música e a poesia quase sempre têm significados definidos. Entretanto, a significância da forma artística não é universal, e também não podemos demonstrar que ela seja necessariamente mais antiga que a forma.

Eu não pretendo entrar numa discussão das teorias filosóficas da estética, e me contentarei com algumas observações sobre as posições de vários autores recentes que trataram a arte com base em material etnológico, e apenas quanto à questão de se a arte primitiva expressa ideias definidas.

Nossas posições concordam fundamentalmente com as de Fechner[1], que reconhece a atração "direta" da obra de arte, por um lado, e os elementos associados que dão um tom específico aos efeitos estéticos, por outro.

Wundt[2] restringe a discussão da arte àquelas formas em que a obra artística expressa algum pensamento ou emoção. Ele diz: "Para o estudo psicológico, a arte está numa posição intermediária entre a linguagem e o mito [...]. Assim, a obra artística criativa nos parece um desenvolvimento peculiar dos movimentos expressivos do corpo. O gesto e a linguagem passam num momento fugaz. Na arte, eles às vezes recebem uma significância maior; às vezes o momento fugaz recebe uma forma permanente [...]. Todas estas relações se manifestam principalmente num estágio relativamente antigo (mas não nos estágios mais antigos) da obra artística, em que as necessidades momentâneas de expressão do pensamento dominam a arte, assim como a linguagem".

---

1. FECHNER, G.T. *Vorschule der Aesthetik.*

2. WUNDT, W. *Völkerpsychologie* – Vol. 3: *Die Kunst.* 3. ed. Leipzig, 1919, p. 5.

Max Verworn[3] diz: "A arte é a faculdade de expressar processos conscientes por meios criados pelo próprio artista de modo que eles possam ser percebidos por nossos órgãos sensoriais. Neste sentido geral, a linguagem, a canção, a música e a dança são arte, assim como a pintura, a escultura e a ornamentação. As artes gráficas e plásticas no sentido estrito do termo resultam da habilidade de tornar processos conscientes visíveis em materiais permanentes".

Richard Thurnwald[4] aceita o ponto de vista de Wundt quando diz: "A arte, por mais inadequados que seus meios possam ser, é um meio de expressão que pertence à humanidade. Os meios empregados são distintos daqueles usados nos gestos, na linguagem e na escrita. Mesmo quando o artista pretende apenas repetir o que tem em mente, ele o faz com o propósito ao menos subconsciente de comunicar suas ideias, de influenciar outras pessoas".

Podemos reconhecer a mesma unilateralidade na opinião de Yrjö Hirn[5], que diz: "Para compreendermos o impulso artístico como uma tendência para a produção estética, precisamos conectá-lo a alguma função de cuja natureza as qualidades especificamente artísticas podem ser derivadas. Acreditamos que tal função possa ser encontrada nas atividades da expressão emocional".

Percebe-se que todos estes autores confinam suas definições de arte às formas que são expressões de estados emocionais ou de ideias, e que não incluem na arte o prazer transmitido por elementos puramente formais que não são primariamente expressivos.

Ernst Grosse[6] expressa posições semelhantes de forma um tanto diferente. Ele enfatiza o propósito prático das formas artísticas, que para ele seria primário. Entretanto, ele pressupõe que estas formas, apesar de dedicadas, antes de tudo, a propósitos práticos, pretendem, ao mesmo tempo, servir a uma necessidade estética sentida pelo povo. É por isso, diz ele, que os ornamentos primitivos, por sua origem e sua natureza fundamental, não pretendem ser símbolos ou marcas decorativas, mas sim significativas praticamente, ou seja, expressivas. Se eu o compreendo corretamente, esta significância prática implica algum tipo de significado inerente à forma.

Emil Stephan[7] conclui a partir de sua discussão detalhada da arte melanésia que os motivos técnicos não oferecem uma explicação suficiente para a origem

---

3. *Die Anfänge der Kunst*. Jena, 1920, p. 8. "Kunst im allgemeinsten Sinne ist, wie das Wort schon sagt, ein 'Können'".

4. THURNWALD, R. *Handbuch der vergleichenden Psychologie, herausgegeben von Gustav Kafka*. Vol. 1, p. 211.

5. HIRN, Y. *The Origins of Art*. Londres, 1900, p. 29.

6. GROSSE, E. *Die Anfänge der Kunst*, 1894, p. 292.

7. STEPHAN, E. *Südseekunst*. Berlim, 1907.

das formas artísticas (p. 52ss.). Ele considera representativos todos os ornamentos, e vê a origem da arte no processo mental inconsciente através do qual a forma aparece como distinta do conteúdo da impressão visual, e no desejo de dar permanência à forma (p. 51). Por esta razão, ele considera as formas artísticas também como equivalentes do modo pelo qual a forma aparece para o artista primitivo.

Alfred C. Haddon[8] e W.H. Holmes[9] buscam a origem de toda arte decorativa no realismo. Eles discutem a transferência de formas técnicas aos ornamentos, mas também enxergam neles os resultados da tentativa de reproduzir formas realistas, a saber: detalhes técnicos. Henry Balfour[10] concorda, de modo geral, com esta posição, mas ele também destaca o desenvolvimento de motivos decorativos do uso efetivo de processos técnicos.

Gottfried Semper[11] enfatiza a importância da forma determinada pela maneira de uso. Ele também destaca a influência de traçados desenvolvidos na tecelagem e de sua transferência para outras formas de técnica, particularmente formas arquitetônicas.

Alois Riegl[12] também tende a destacar o caráter representativo das formas de arte mais antigas, baseando seu argumento essencialmente nos entalhes e pinturas paleolíticos realistas. Ele observa o passo à frente mais importante na tentativa de mostrar os animais em contornos, numa superfície bidimensional que requer a substituição da forma tridimensional que recebemos na experiência cotidiana por uma linha ideal. Ele pressupõe que os ornamentos geométricos se desenvolveram a partir do tratamento da linha, obtida pelo processo que mencionamos, de acordo com princípios formais.

Deixando de lado a sequência pressuposta destes dois aspectos, seu ponto de vista é diferente dos autores mencionados anteriormente devido ao reconhecimento do princípio da forma em oposição ao de conteúdo.

O princípio da forma é defendido ainda mais energeticamente por van Scheltema, que tenta provar processos definidos de desenvolvimento pelos quais teria passado o tratamento formal da arte do norte da Europa, primeiro no período neolítico, depois na Idade do Bronze e finalmente na Idade do Ferro[13].

---

8. HADDON, A.C. *Evolution in Art*. Londres, 1895.

9. HOLMES, W.H. "Origin and Development of Form in Ceramic Art". *Annual Report Bureau of Ethnology*. Vol. 4, 1886, p. 443ss.

10. BALFOUR, H. *The Evolution of Decorative Art*. Londres, 1893.

11. SEMPER, G. *Der Stil in den Technischen und Tektonischen Künsten*, 1860.

12. RIEGL, A. *Stilfragen*. 2. ed. Berlim, 1923, p. 2ss.

13. VAN SCHELTEMA, F.A. *Die altnordische Kunst*. Berlim, 1923. Para um levantamento abrangente de obras de arte primitivas até 1914, cf. HEYDRICH, M. "Afrikanische Ornamentik". *Inter-*

Alfred Vierkandt[14] também enfatiza a importância fundamental do elemento formal no efeito estético de todas as manifestações da arte.

---

nationales Archiv für Ethnographie, supl. ao vol. XXII, 1914. Leyden, 1914. Cf. tb. referências VON SYDOW, E. *Die Kunst der Naturvölker und der Vorzeit*. Berlim, 1923. • KÜHN, H. *Die Kunst der Primitiven*. Munique, 1923. Uma resenha excelente do assunto foi escrita por Elizabeth Wilson: *Das Ornament*. Universidade de Leipzig [Dissertação de mestrado].

14. "Prinzipienfragen der ethnologischen Kunstforschung". *Zeitschrift für Aesthetik und allgemeine Kunstwissenschaft*, vol. XIX, 1925, p. 338s. Berlim. Cf. tb. *Jahrbuch für historische Volkskunde*. Vol. II. • *Vom Wesen der Volkskunst*. Berlim, 1926. • KARSTEN, R. *Civilization of South American Indians*. Nova York, 1926.

Artes gráficas e plásticas: o elemento formal na arte

Um exame do material em que nossos estudos do valor artístico dos objetos de manufatura primitiva se fundamentam mostra que, na maioria dos casos, lidamos com produtos de uma indústria em que um alto grau de habilidade mecânica foi obtido. Entalhes de marfim dos esquimós[1]; roupas de pele dos chukchis; entalhes de madeira da costa noroeste da América, da Nova Zelândia, do arquipélago das Marquesas, da África Central; obras em metal da África; apliques e bordados do Rio Amur; cerâmica dos pueblos da América do Norte; obras em bronze da Escandinávia antiga – todos são exemplos deste tipo.

A relação íntima entre o virtuosismo técnico e a completude do desenvolvimento artístico pode ser demonstrada facilmente por um exame da arte de tribos com indústrias dominantes. Enquanto povos como os negros africanos ou os malaios possuem várias indústrias, como a cestaria, o entalhe, a tecelagem, o trabalho em metal e a cerâmica, encontramos outros povos entre os quais o conjunto de atividades industriais é tão pequeno que quase todos os utensílios para suas várias necessidades são feitos pelo mesmo processo.

Os índios californianos representam um excelente exemplo deste tipo. Sua indústria principal é a cestaria. Quase todos os seus utensílios domésticos, receptáculos de armazenamento, objetos de culinária, almofarizes para preparar comida, berços de crianças e receptáculos para carga de objetos são feitos de cestaria. Comparadas a esta indústria, as outras empregadas para a manufatura de armas e ferramentas são insignificantes. A construção de casas, de canoas, o entalhe de madeira e a pintura são pouco desenvolvidas. A única outra ocupação em que um grau incomum de perícia foi atingido é a arte plumária. Portanto, muito tempo é dedicado à manufatura de cestas e um grau incomum de virtuosismo é encontrado entre os cesteiros. A beleza da forma e a uniformidade das texturas das cestas californianas são bem conhecidas e muito valorizadas por colecionadores.

---

1. Atualmente, prefere-se o termo "inuit" a "esquimó" [N.T.].

Ao mesmo tempo, as cestas são decoradas elaboradamente com vários padrões geométricos ou com a adição de conchas e penas (Lâmina 1). A cestaria é uma ocupação feminina, e, portanto, entre os índios californianos apenas as mulheres são artistas criativas. Elas são virtuoses em sua técnica, e, devido ao virtuosismo, são produtivas. As obras de arte feitas pelos homens são, comparadas com as delas, insignificantes.

Figura 1   Frente de caixa pintada, Tlingit, Alasca.

E acontece que as condições entre os vizinhos ao norte dos californianos são invertidas. Do estuário do Puget para o norte, os utensílios domésticos e implementos dos índios são feitos de madeira, e grande parte do tempo dos homens é dedicada ao trabalho em madeira. Eles são carpinteiros e entalhadores hábeis que, através da prática constante, adquiriram o virtuosismo no manuseio da madeira. A exatidão de suas obras rivaliza com a de nossos melhores artesãos. Suas caixas, baldes, caldeirões, berços e pratos são todos feitos de madeira, assim como os dos californianos são feitos de cestaria. Na vida deles, a cestaria tem um papel relativamente pouco importante. A indústria em que eles atingiram a maior habilidade é, ao mesmo tempo, aquela em que sua arte decorativa está desenvolvida mais completamente. Ela encontra expressão não apenas na beleza da forma do trabalho em madeira, mas também em decorações elaboradas. Entre estes povos, todos os outros aspectos da arte decorativa são fracos em comparação com sua expressão artística no trabalho em madeira ou em formas artísticas derivadas do trabalho em madeira (fig. 1). Todo este trabalho é feito pelos homens, e portanto se segue que os homens são os artistas criativos, enquanto as mulheres parecem não ter muita inventividade nem senso artístico. Também aqui o virtuosismo técnico e a produtividade artística andam de mãos dadas.

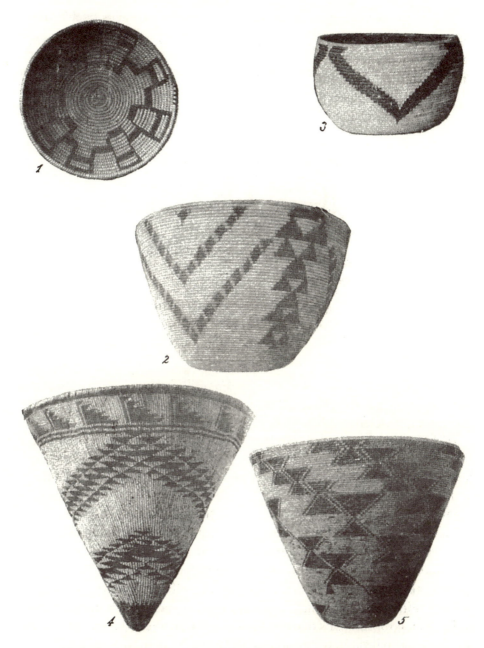

Lâmina I Cestas Maidu. 1-2: padrão de borboleta. 3: padrão de guaxinim.
4: Aro: montanhas; corpo: gansos em voo. 5: mariposa miller.

Como um terceiro exemplo, podemos mencionar os índios pueblos do sul dos Estados Unidos. Em muitas aldeias desta região, a cerâmica é a indústria dominante e é na cerâmica que encontramos a maior expressão da arte. A forma do vaso de argila se caracteriza por grande regularidade, e torna-se o substrato da decoração. Já que a cerâmica é uma arte das mulheres, elas são as artistas mais produtivas entre os pueblos (fig. 2). Entretanto, as atividades industriais dos pueblos não são tão dominantes quanto as da Califórnia e da Colúmbia Britânica. Por isso, os homens que têm experiência em trabalho industrial dedicado a propósitos cerimoniais possuem habilidade de expressão artística.

Figura 2 Jarro Zuni.

Eu creio que estes exemplos demonstram que há uma conexão próxima entre o desenvolvimento da habilidade numa indústria e a atividade artística. A arte ornamental se desenvolveu nas indústrias em que a maior habilidade é atingida. A produtividade artística e a habilidade estão fortemente correlacionadas. Encontramos artistas produtivos entre aqueles que dominaram uma técnica, entre os homens quando as indústrias estão em suas mãos, entre as mulheres quando elas se dedicam a atividades industriais.

Admitiremos que, com exceção de todos os elementos formais extrínsecos, o produto de um trabalhador experiente em qualquer atividade artesanal terá um valor artístico. Uma criança aprendendo a fazer uma cesta ou um vaso não pode atingir a regularidade de contornos que é obtida pelo mestre.

A apreciação do valor estético da perfeição técnica não está confinada ao homem civilizado. Ela se manifesta nas formas dos objetos manufaturados de todos os povos primitivos que não foram contaminados pelos efeitos perniciosos de nossa civilização e seus objetos feitos por máquinas. Nos lares dos nativos, não encontramos trabalhos relaxados, exceto quando um improviso rápido precisa ser feito. A paciência e a execução cuidadosa caracterizam a maioria dos seus produtos. O questionamento direto dos nativos e suas críticas de suas próprias obras também revelam sua apreciação da perfeição técnica. Entretanto, o virtuosismo – o controle completo de processos técnicos – significa uma regularidade automática do movimento. A cesteira que manufatura uma cesta em espiral cuida das fibras que compõem a espiral de modo a resultar a maior uniformidade possível do diâmetro da espiral (fig. 3). Ao dar seus pontos, o controle automático da mão esquerda que assenta a espiral, e da mão direita que puxa os pontos que ligarão a espiral, faz com que as distâncias entre os pontos e a força da ligação sejam absolutamente uniformes, de modo que a superfície será lisa e arredondada e os pontos exibirão um padrão perfeitamente regular – do mesmo modo que uma costureira experiente dá seus pontos em intervalos regulares e com força igual, para que eles fiquem como contas numa corda. A mesma observação pode ser feita para a cestaria entrelaçada (fig. 4). No trabalho de um perito, a tensão da trama será tão uniforme que os fios da urdidura não serão retorcidos e a trama será entrelaçada em calas dispostas regularmente. Qualquer falta de controle automático causará irregularidades no padrão da superfície.

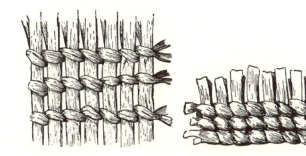

Figura 3
Cestaria em espiral.

Figura 4 Cestaria entrelaçada.

Um vaso de forma bem-arredondada também resulta do controle completo de uma técnica. As tribos primitivas fazem sua cerâmica sem a ajuda de tornos de oleiro, e na maioria dos casos o oleiro produz seu artefato através de espirais, de forma análoga a cestas. Placas de argila longas e arredondadas são dispostas em espiral começando pela base. Através de giros constantes e da disposição gradual de cada vez mais placas numa espiral contínua, o vaso é construído. O controle completo da técnica resultará num corte transversal perfeitamente redondo e em curvaturas suaves dos lados. A falta de habilidade causará falta de simetria e de suavidade da curvatura. O virtuosismo e a regularidade da superfície e da forma também estão relacionados intimamente aqui.

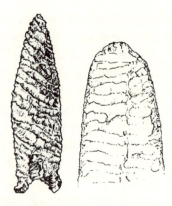

Figura 5   Implementos de sílex lascado: a América do Norte; b Egito.

Uma correlação semelhante é encontrada na manufatura de implementos de pedra lascada. Depois da pedra quebradiça ser inicialmente moldada, ela recebe sua forma final ou através da pressão de um implemento que remove lascas finas e longas ou através de percussão indireta. No primeiro caso, o implemento de talha é segurado pela mão direita e, através de uma pressão repentina com a ponta, lascas longas ou pedaços pequenos são removidos da superfície. Quando o trabalhador obtém controle completo desta técnica, sua pressão será uniforme e executada com rapidez igual; as distâncias entre os pontos de ataque será a mesma e ele moverá sua ferramenta em linhas regulares. O resultado é um implemento lascado de forma regular e com um padrão de superfície onde as depressões longas e concoides causadas pela talha de lascas finas são de tamanho igual e disposição regular (fig. 5).

Quando a percussão indireta é aplicada, a parte fina do objeto a ser trabalhado é colocada numa lâmina dura e afiada e, com um golpe preciso no corpo do sílex, produz-se uma vibração forte que resulta numa fratura logo acima da lâmina afiada. Desta forma, o local e o tamanho da lasca são controlados perfeitamente pelo artesão perito.

As condições da carpintaria são bastante semelhantes. O desbastamento de superfícies grandes geralmente é feito com o enxó. Um trabalhador hábil utiliza seu enxó automaticamente. A força do golpe e a profundidade com que ele penetra a superfície da madeira são sempre as mesmas, e as lascas removidas têm sempre o mesmo tamanho e forma. O trabalhador também move o enxó em linhas uniformes e golpeia a superfície em distâncias uniformes. Também aqui o resultado da ação automática é a uniformidade da superfície e a regularidade do desenho (fig. 6).

Estas condições são bem descritas por Sophus Müller, que diz[2]: "Grande parte do trabalho feito em sílex deve ser considerado como artefatos de luxo, e

---

2. MÜLLER, S. *Nordische Altertumskunde*. Vol. 1. Estrasburgo, 1897, p. 190.

foi feito com a única intenção de produzir uma obra-prima do artesanato. Para fazer uma lâmina de enxó, tudo que é necessário para propósitos práticos é uma boa lâmina de corte. A suavidade da face, da parte de trás e dos lados não é necessária, particularmente porque uma grande parte deles é coberta pela ligação com o cabo. Com uma talha rude e concoide a lâmina seria utilizável da mesma maneira. Entretanto, o artesão queria produzir uma obra de pedra excelente, e dedicou à sua manufatura todo o cuidado, bom gosto e habilidade que possuía, e por causa disto os objetos manufaturados indubitavelmente ganharam valor. Estes objetos podem, portanto, ser chamados, no sentido estrito do termo, de obras de indústria artística".

Todos estes exemplos mostram que o controle automático completo da técnica e a regularidade da forma e do desenho da superfície estão correlacionados intimamente.

Entretanto, além destas, existem outras tentativas de decoração em que o domínio da técnica não foi atingido. Entre algumas tribos, quase todo o trabalho artístico é deste tipo. Encontramos entre os habitantes da Terra do Fogo apenas exemplos pobres de pintura, com pouca habilidade (fig. 7). Os desenhos são simplesmente pontos e linhas rudes cuja disposição é o elemento artístico essencial. É inteligível que uma apreciação pela simetria possa existir sem a habilidade de execução perfeita. Os bosquímanos[3] modernos riscam desenhos em ovos de avestruz que servem como receptáculos de água (fig. 8). Aqui encontramos a intenção de dar expressão à forma, mas sem meios adequados. É importante notar que o mesmo motivo, dois círculos ligados por uma faixa estreita, ocorre várias vezes nestes entalhes. O círculo pode ser sugerido para o trabalhador pela perfuração da casca do ovo de avestruz através da qual a água é derramada, mas dificilmente poderíamos derivar a combinação com base nas indústrias dos bosquímanos. Será que devemos considerar o desenho como o resultado da imaginação deles ou como uma tentativa de representação? Parece-me importante notar que os vizinhos dos bosquímanos, os negros do Zambeze, usam o mesmo desenho e que fileiras de triângulos e losangos também são encontrados em seus implementos, assim como nos dos bosquímanos (fig. 9). O desenho pode, portanto, ter vindo de uma fonte exterior[4]. Talvez a decoração dos ovos de avestruz seja pobre apenas devido às dificuldades de lidar com o material. Os padrões de zigue-zague (fig. 8) encontrados num bracelete ao menos mostram uma perfeição técnica muito maior daquela encontrada nos ovos de avestruz.

---

3. Povos hoje chamados de khoisan, habitantes do sudoeste da África [N.T.].

4. VON LUSCHAN, F. "Buschmann-Einritzungen auf Strausseneiern". *Zeitschrift für Ethnologie*, vol. 55, 1923, p. 31ss. • MULLER, H.P.M. & SNELLEMAN, J.F. *L'industrie des Caffres dans Le sud-est de l'Afrique* (Lâmina XIV, fig. 2-5). Cf. tb. LEPAGE, P.C. *La décoration primitive*: Afrique. Paris: Librairie des arts décoratifs, lâmina 5, onde desenhos semelhantes são mostrados em vasos de cerâmica.

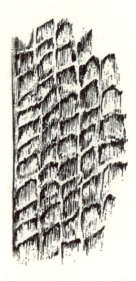

Figura 6 Parte de superfície de vela de madeira, Ilha de Vancouver.

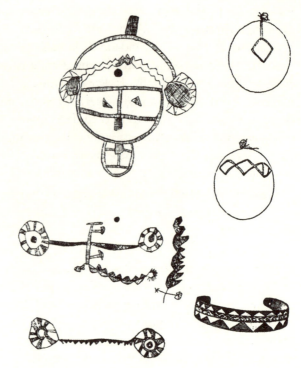

Figura 8 Desenhos bosquímanos de ovos de avestruz e de bracelete de chifre.

Figura 7 Tábua pintada, Terra do Fogo.

Figura 9 Apoios para a cabeça bantos.

Aqui podemos mencionar também a pintura e os entalhes dos melanésios. Descobrimos entre eles uma riqueza de formas em entalhes de técnica excelente. Em alguns espécimes, particularmente do oeste da Nova Guiné, encontramos o domínio completo da arte. Entretanto, na maioria dos casos há um controle imperfeito da técnica, apesar de existir uma multiplicidade de formas surpreendente. As linhas geralmente não têm regularidade nem uniformidade (fig. 10 *a, b*). Não há nenhuma prova clara de uma degeneração geral da arte, e podemos talvez pressupor que neste caso o desenvolvimento de um senso apurado da forma entre todos os entalhadores e pintores da tribo não andou de mãos dadas com um domínio correspondente da técnica. Não é improvável que influências externas tenham levado aqui a uma percepção exuberante das formas.

Figura 10 Remo e escudo, Nova Irlanda.

Deixando de lado qualquer consideração estética, reconhecemos que em casos em que uma técnica perfeita foi desenvolvida, a consciência do artista de ter dominado grandes dificuldades, em outras palavras, a satisfação do virtuose, é uma fonte de prazer genuíno.

Eu não pretendo entrar numa discussão das fontes fundamentais de todos os juízos estéticos. É suficiente, para um estudo indutivo das formas da arte primitiva, reconhecer que a regularidade da forma e a uniformidade da superfície são elementos essenciais do efeito decorativo, e que elas estão associadas intimamente com a sensação de dominar dificuldades; com o prazer sentido pelo virtuose graças aos seus poderes.

Eu posso oferecer ao menos alguns exemplos que ilustram que o artista não tem em mente o efeito visual de sua obra, mas sim que ele é estimulado pelo prazer de fazer uma forma complexa.

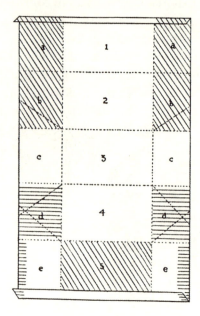

Figura 11 Plano de caixa de couro cru, índios sauk e fox.

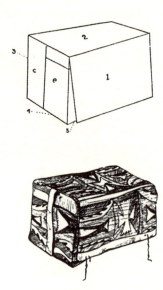

Figura 12 Plano de caixa de couro cru, índios sauk e fox.

As caixas de couro cru dos índios sauks e fox[5] são feitas a partir de um grande pedaço de couro que é ornamentado cuidadosamente de acordo com um plano definido (fig. 11). As caixas são feitas dobrando-se o couro. Há cinco lados de largura aproximadamente igual (1-5). Estes são os quatro lados da caixa: frente (5), fundo (4), costas (3), topo (2) e uma aba (1) que cobre a frente. Uma faixa em cada lado (*a-e*) é dobrada, e o pedaço marginal (*d*) pertencente ao segmento do fundo é dobrado em linhas diagonais como dobramos as pontas de uma embalagem de papel, de modo que as faixas marginais, *e* e *c*, formam os lados da caixa. Outra dobra similar é feita em *b* onde o topo é dobrado sobre a abertura superior da caixa. As dobras do fundo são costuradas firmemente, enquanto a aba no topo permanece aberta. A forma resultante é mostrada na figura 12. As partes da superfície que são inteiramente invisíveis são indicadas por riscos

---

5. O povo fox é hoje conhecido como meskwaki [N.T.].

horizontais (fig. 11). Elas são dobradas e costuradas no lado de dentro da caixa. As partes que podem ser vistas quando a caixa é aberta são indicadas por riscos diagonais; e a área branca é a parte da superfície que é visível quando a caixa está fechada e amarrada. Percebe-se que os campos *c* e *e* se sobrepõem nos lados mais curtos da caixa terminada.

Figura 13 Desenho em couro cru para uma caixa, índios sauk e fox.

Figura 14 Desenho em couro cru para uma caixa, índios sauk e fox.

A decoração destas caixas é disposta cuidadosamente num pedaço plano de couro cru. Correspondendo às cinco faces da caixa, a maioria dos desenhos é dividida em cinco campos iguais e, correspondendo às margens dobradas, dois campos marginais são separados do campo central. Entretanto, isto é tão estreito que, na dobradura, parte do desenho lateral é virada de modo a ficar invisível. Quando as caixas são dobradas, a coesão do desenho se perde completamente. As dobras não apenas não se encaixam com as divisões, mas também, devido ao método de dobradura e à cobertura completa do campo *d* e de parte de *e*, o padrão inteiro é quebrado, e nos lados mais curtos encontramos apenas fragmentos que se juntam de modo muito irregular (fig. 12). Quando a caixa é fechada, o campo *e* se junta ao campo 1, e a seção sobreposta *c* se junta a ele na metade do lado estreito. No topo, ela se junta ao campo 2, e no fundo ao campo 4. Toda a ideia formal do desenho cuidadosamente planejado se perde na caixa finalizada. Nós encontramos até desenhos dispostos em quatro faixas em vez de cinco, de modo que o desenho fundamental e os lados não coincidem (fig. 14). Vemos, então, que o artista utiliza sua engenhosidade para decorar o couro cru, mas que na caixa as ideias fundamentais de sua decoração planejada cuidadosamente são perdidas.

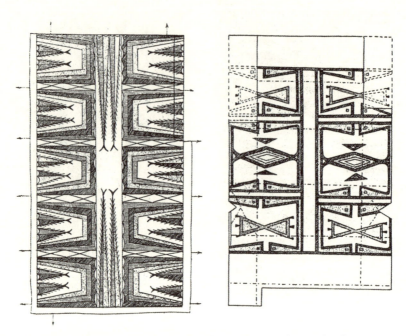

Figura 15 Desenhos em caixas de couro cru, índios sauk e fox.

O descaso pelo desenho original é tanto que em alguns espécimes (fig. 15) parte do desenho foi cortada para que os lados se encaixassem. Em nossa ilustração, as partes cortadas – os cantos superiores direitos – foram reconstruídas.

Poderíamos dizer que condições similares ocorrem em tecidos modernos com padrões que são usados para fazer trajes. Neste caso, o manufatureiro tenta atingir um efeito agradável para o tecido como um todo. Se a economia de materiais não interferisse, o alfaiate harmonizaria todo o padrão, mas sempre sentimos o conflito entre o padrão e as exigências do traje finalizado.

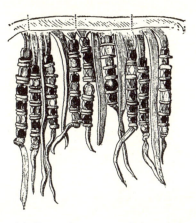

Figura 16 Franja de perneira, índios Thompson.

Como outro exemplo, menciono uma perneira feita por uma índia do interior da Colúmbia Britânica. Ela tem a decoração costumeira – uma franja longa seguindo a costura exterior. A franja consiste de um pedaço longo de couro curtido cortado em faixas finas. Estas faixas são decoradas em ordem rítmica (fig. 16): um fio decorado com uma conta de vidro e duas contas de osso se alternando é seguido por um fio simples, depois por um fio decorado com apenas uma conta de vidro e uma de osso se alternando, depois mais um simples, e finalmente um como o primeiro. Quando indicamos por letras os fios simples e decorados, encontramos o arranjo

... | A B C B A | A B C B A | ...

repetido seguidamente[6]. O que importa aqui é notar que, quando a perneira é vestida, a franja pende sem ordem nenhuma no lado exterior da perna, de modo que o padrão rítmico elaborado não pode ser visto. A única forma da criadora obter qualquer satisfação de sua obra é ao fazê-la ou ao exibi-la para suas amigas. Quando ela é vestida, não há nenhum efeito estético.

---

6. TEIT, J. "The Thompson Indians of British Columbia". *Publications of the Jesup North Pacific Expedition*. Vol. I. Nova York, 1900, p. 382. Cf. tb. REICHARD, G.A. "The Complexity of Rhythm in Decorative Art". *American Anthropologist*, N.S., vol. 24, 1922, p. 198.

Figura 17 Tecelagem de sarja mostrando alternação de padrões.

Ocorrem outros casos em que motivos aplicados são praticamente invisíveis. Assim, em esteiras da Ilha de Vancouver, o tecelão alterna as direções dos fios em quadrados sem nenhuma tentativa de realçar a superfície com cores (fig. 17). Quando a esteira é nova, estes padrões podem ser vistos na luz refletida, mas depois de muito pouco tempo eles desaparecem quase completamente.

Figura 18 Entalhe em proa de canoa bella bella, Colúmbia Britânica.

Da mesma forma, os padrões tecidos em anéis de braço dos ucayalis são praticamente invisíveis[7].

Para resumir: objetivamente, a excelência da habilidade resulta na regularidade da forma e na uniformidade da superfície, que são características da maior parte das manufaturas primitivas não contaminadas, de modo que a maioria dos objetos de uso cotidiano deve ser considerada como obras de arte. Os cabos de implementos, lâminas de pedra, receptáculos, roupas, casas permanentes e canoas recebem um acabamento que faz com que suas formas tenham valor artístico.

---

7. SCHMIDT, M. "Besondere Geflechtsart der Indianer im Ucayaligebiete". *Archiv für Anthropologie*, N.S., vol. VI, 1907, p. 270.

A perícia na habilidade do tratamento da superfície pode levar não apenas à uniformidade, mas também ao desenvolvimento de padrões. No uso do enxó, a forma do objeto a ser desbastado determinará a direção mais vantajosa das linhas que o enxó terá que percorrer. Numa grande canoa bella bella[8], o corpo da canoa é desbastado em linhas horizontais, enquanto a proa e a popa exibem linhas verticais. O lobo entalhado na proa da mesma canoa exibe padrões de superfície em seu corpo e membros (fig. 18). O uso decorativo de linhas desbastadas também é encontrado num chocalho (fig. 19). Neste espécime não há nenhuma necessidade técnica para a alternância na direção das ranhuras, e os campos no topo do chocalho só podem ser explicados como determinados pelo prazer sentido pela variação da atividade simples em modos novos e mais complicados[9].

Ao lascar o sílex, linhas em zigue-zague são produzidas pelo encontro de duas linhas numa aresta (fig. 20).

Figura 19   Chocalho, índios kwakiutl, Colúmbia Britânica.

Figura 20   Base de faca de sílex, Escandinávia.

A experiência técnica e a aquisição do virtuosismo provavelmente levaram ao predomínio geral do plano, da linha reta e de curvas regulares como o círculo e a espiral, pois todos estes ocorrem raramente na natureza, tão raramente que eles poucas vezes têm chance de se fixarem na mente.

Superfícies planas são representadas por cristais, pela clivagem de alguns tipos de pedra ou pela superfície da água durante uma calmaria. Linhas retas, pelos brotos e caules de plantas ou pelas bordas afiadas de cristais; linhas curvas regu-

---

8. Povo indígena da Colúmbia Britânica, hoje conhecido como Heiltsuk [N.T.].

9. Cf. tb. p. 48.

lares pelas conchas de caracóis, videiras, bolhas na água ou pedregulhos gastos, mas não há nenhum motivo óbvio que induziria o homem a imitar estas formas abstratas particulares, exceto talvez nos casos em que conchas com curvas regulares são vestidas como ornamentos ou empregadas como utensílios.

Por outro lado, a linha reta se desenvolve constantemente no trabalho técnico. Ela é uma forma característica de tiras ou cordas esticadas, e sua importância não pode ser ignorada pelo caçador que atira uma lança ou dispara uma flecha. O uso técnico do disparo reto pode muito bem ter sido importante em sua derivação. Plantas como o bambu ou o junco podem assim ter ajudado o homem a descobrir o valor da linha reta.

Mais essencial que isto parece ser a posse de uma técnica perfeita, que envolve grande precisão e firmeza de movimentos. Estes, por si mesmos, levam necessariamente a linhas regulares. Quando a oscilação incerta da ferramenta de corte é eliminada, linhas suaves serão o resultado. Quando o oleiro gira o vaso que está fazendo e seus movimentos são bastante regulares, o vaso será circular. A disposição controlada perfeitamente em cestas ou barbantes levará à formação de espirais equidistantes.

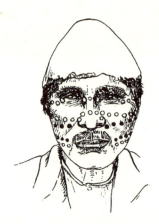

Figura 21 Pintura facial, Terra do Fogo.

Vários outros traços característicos podem ser observados na arte de todos os tempos e todos os povos. Um deles é a simetria. Formas simétricas são encontradas mesmo nas formas mais simples de arte decorativa. As tribos da Terra do Fogo[10] decoram seus rostos e corpos com desenhos, cuja maioria é simétrica. Linhas verticais em ambos os lados do corpo ou uma série de pontos dispostos simetricamente de orelha a orelha, passando pelo nariz, são deste tipo

---

10. KOPPERS, W. *Unter Feuerland-Indianern*, p. 48, lâmina. 7.

(fig. 21). Eles também usam tábuas decoradas simetricamente para adornar suas cabanas (cf. fig. 7, p. 28). Os habitantes das Ilhas Andamão gostam de decorar seus corpos com padrões simétricos (Lâmina II). Muitos dos desenhos dos australianos são simétricos (fig. 22), e na pintura paleolítica encontramos formas geométricas que exibem simetria bilateral (fig. 23). Em poucos casos, os elementos dispostos simetricamente são tão complexos que a simetria só pode ter sido atingida através de um planejamento cuidadoso. Exemplos deste tipo são colares de índios da Colúmbia Britânica em que encontramos até dezoito contas de cores diferentes arranjadas de forma irregular, mas repetidas de modo igual à direita e à esquerda[11].

11. Cf. REICHARD, G.A. *American Anthropologist*, N.S., vol. 24, 1922, p. 191.

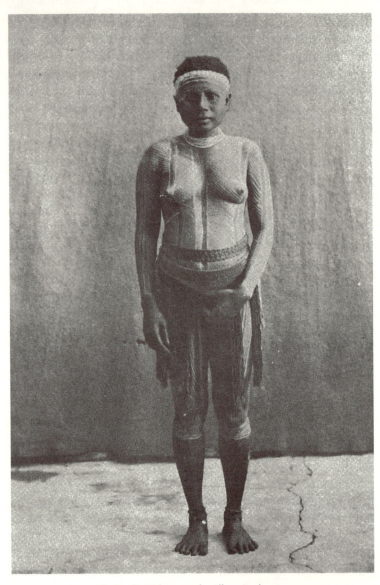
Lâmina II Habitante das Ilhas Andamão.

As causas que levaram ao uso disseminado de formas simétricas são difíceis de entender. Os movimentos simétricos dos braços e das mãos são determinados fisiologicamente. Direita e esquerda são capazes de se mover simetricamente, e os movimentos do mesmo braço ou de ambos os braços muitas vezes são realizados rítmica e simetricamente do direito para o esquerdo e do esquerdo para o direito. Eu tendo a considerar esta condição como um dos determinantes fundamentais, de importância igual à visão da simetria no corpo humano e dos animais; não que os desenhos sejam feitos pelas mãos direita e esquerda, mas sim que a sensação dos movimentos de direita e esquerda levam à sensação de simetria.

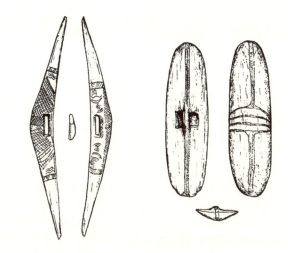

Figura 22 Escudos australianos.

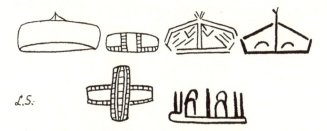

Figura 23 Pinturas paleolíticas.

Na imensa maioria dos casos, os arranjos simétricos ocorrem à direita e à esquerda de um eixo vertical, e muito mais raramente acima e abaixo de um eixo horizontal.

O predomínio da simetria horizontal e a raridade da vertical supostamente se deve à ausência de movimentos verticalmente simétricos – exceto nos movimentos rítmicos em que os braços são erguidos e abaixados alternadamente – e na raridade de formas naturais verticalmente simétricas.

Na natureza, vemos de modo geral diferenças mais fundamentais na direção vertical do que em camadas horizontais. Nos animais, as pernas, o corpo e a cabeça estão em níveis diferentes. Em paisagens, a terra, as árvores, as montanhas e o céu seguem-se em sucessão vertical. Por outro lado, em sequências horizontais tendemos a encontrar uniformidades ou variações de formas análogas. Esta pode ser uma das razões pelas quais encontramos na arte ornamental arranjos frequentes numa série de faixas horizontais cujos padrões diferem fundamentalmente, enquanto em cada faixa horizontal encontramos ou simetria, ou repetição rítmica ou variações de formas semelhantes (fig. 24, 25, 26). Entretanto, há exceções, como por exemplo nas decorações de casas melanésias (Lâmina III).

Outras causas podem contribuir para o desenvolvimento de padrões simétricos. Ao fazer cerâmica ou cestas em espiral, a simetria resulta do processo de manufatura. O giro regular do vaso ou da cesta produz uma forma circular. O processo de enrolar barbante ao redor de uma alça pode ter o mesmo efeito. Em implementos de duas mãos, como no arco da pua de arco e corda, formas simétricas também aparecem, mas implementos deste tipo não são nada numerosos e sua ocorrência não é uma explicação adequada da ocorrência geral da simetria.

Não temos como decidir se as circunstâncias referidas aqui são adequadas para explicar a simetria da forma de implementos como pontas de lança e de flechas, cestos e caixas. Precisamos nos satisfazer com o estabelecimento de sua ocorrência geral e o conhecimento de que eles têm um valor estético sempre que são encontrados. Exemplos de arranjos simétricos são muito numerosos. As caixas da Colúmbia Britânica (fig. 274, p. 250), os apoios de cabeça bantos[12] (fig. 9, p. 28), escudos e remos melanésios (fig. 10, p. 29) e o couro cru pintado dos sauk e dos fox (fig. 13-15, p. 31, 32) servem como exemplos. Encontramos um tipo especial de desenho simétrico no nosso estilo heráldico, com seus animais rampantes em cada lado de um campo central. É interessante notar que o mesmo arranjo é muito antigo. Ele ocorre no Portal do Leão de Micenas. Ele também se desenvolveu independentemente no Peru pré-histórico (fig. 27).

---

12. No original, o autor usa o termo *"Kaffers"*, normalmente traduzido para o português como "cafres", usado para se referir aos negros do sul da África, especialmente os povos bantos. Entretanto, devido ao regime do *apartheid* na África do Sul, este termo ganhou uma conotação pejorativa muito negativa (que não existia quando Boas escreveu o livro). Preferi substituir o termo por uma forma não ofensiva [N.T.].

Lâmina III Casa decorada, norte da Nova Guiné.

Figura 24 Padrões de pentes de bambu, Península Malaia.

Figura 25 Desenho de lança de bambu, Nova Guiné.

Figura 27 Desenhos peruanos.

Figura 26 Vaso etrusco.

Em objetos vistos frequentemente de lados diferentes, encontramos formas simétricas dos dois modos, quando vistos da direita e esquerda e quando vistos de cima e de baixo. Exemplos disto são os escudos australianos (fig. 22, p. 39) e nas *parfleches* [bolsas de couro cru] dos índios norte-americanos (fig. 89, p. 104). Em objetos de caráter semelhante criados pelos mesmos processos técnicos e pela mesma tribo, como bolsas de couro cru (fig. 28), a simetria dupla também pode ocorrer.

Em formas circulares, o diâmetro muitas vezes é o eixo da simetria. Em outros casos, campos simétricos são dispostos radialmente e pode haver várias repetições. A circunferência toma o lugar da horizontal, e o raio o da vertical (fig. 29).

Figura 28   Bolsas de couro cru pintadas, Shuswap, Colúmbia Britânica.

Figura 30   Tábua entalhada, expedição Kaiserin Augusta Fluss, Nova Guiné.

Em vários casos encontramos, em vez da simetria normal, uma inversão das duas metades simétricas de modo que aquilo que aparece acima à direita, aparece abaixo à esquerda. Entretanto, arranjos deste tipo são menos numerosos do que a simetria verdadeira. Tais formas ocorrem na Nova Guiné. Elas se devem ao desenvolvimento decorativo dos dois ramos de uma espiral dupla (fig. 30). Esta forma às vezes resulta de repetições rítmicas circulares em que o círculo inteiro é preenchido por duas ou mais unidades. Encontramos isto, por exemplo, na cerâmica dos pueblos do sudoeste (fig. 31) e também, muito frequentemente, na América Central[13].

Figura 29   Desenhos dos dayaks.

Figura 31   Desenhos de cerâmica dos *pueblos* antigos.

Outras figuras resultantes da rotação, ou seja, de um padrão decorativo aplicado ritmicamente na mesma direção, como, por exemplo, a suástica e figuras em forma de S ocupando o centro de um campo decorativo, apresentam o mesmo tipo de simetria invertida. O mesmo tratamento é encontrado na arte da Escandinávia Antiga (fig. 32).

---

13. Cf., p. ex., LOTHROP, S.K. *Pottery of Costa Rica and Nicaragua*. Nova York, 1926, lâminas 39, 46, figura 195.

Figura 32   Ornamento em bronze, Suécia, século VII D.C.

Figura 33   Desenho de tecido peruano.

Um desenvolvimento curioso deste expediente decorativo é aplicado na arte do Peru antigo. Em muitos tecidos, encontramos padrões que consistem num arranjo diagonal de quadrados ou retângulos. Em cada diagonal, o mesmo desenho é repetido, e a próxima diagonal tem um outro tipo. Em cada linha diagonal, o desenho é mostrado em posições variadas. Se um está voltado para a direita, o próximo está voltado para a esquerda. Ao mesmo tempo, há uma alternação de cores, de modo que mesmo quando a forma é a mesma, as matizes e os valores das cores não serão os mesmos. Um espécime característico deste tipo será descrito posteriormente (p. 54).

O plano de um destes desenhos está ilustrado na figura 33[14]. Há oito campos retangulares com dois desenhos (1 e 2); os desenhos à direita e à esquerda da linha central e aqueles acima e abaixo da linha central horizontal são simétricos

---

14. LEHMANN, W. *Kunstgeschichte des alten Peru*. Berlim, 1924, lâminas 3 e 4.

quanto à forma. Quanto à cor, 1 corresponde a 1_b e 1_a a 1_c; também 2 corresponde em cor a 2_b e 2_a a 2_c. Em todos estes casos, as cores, de modo geral, são invertidas. 1, 2 e 1_b, 2_b têm um fundo amarelado e um campo vermelho ao redor do desenho em forma de árvore; 1_a, 2_a e 1_c, 2_c têm um fundo vermelho claro e um campo esverdeado ao redor da figura em forma de árvore. O campo inteiro, consistindo de quatro seções, é seguido na faixa decorada por outro conjunto de quatro seções de forma semelhante à anterior. Neste, o fundo de 1 e 2, 1_b e 2_b é azul, o de 1_a, 2_a e 1_c, 2_c amarelado. O campo ao redor da figura em forma de árvore é amarelado em 1 e 1_b, esverdeado em 1_a e 1_c. Tomados como um todo, o lado direito é praticamente igual ao esquerdo, de cabeça para baixo. A ordem dos campos da esquerda de cima para baixo e da direita de baixo para cima é, de acordo com a cor do fundo (abreviando *v* vermelho, *m* amarelo, *z* azul):

v v m m / m m z z / v v m m / m m z z / v v m m /m m z z / v v m m /.

Um segundo exemplo é mostrado na figura 34. Neste espécime, os campos em diagonal marcados como 1, *a*, 2, *b*[15] têm o mesmo esquema de cores.

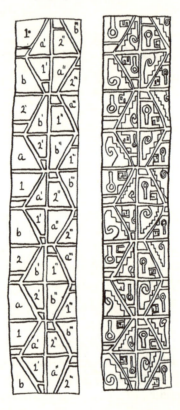

Figura 34   Desenhos de tecido peruano.

---

15. Estas observações também se referem aos campos marcados como 1^I, 1^{II} etc.

Os campos maiores em 1 são amarelos, os menores, pretos. Os campos maiores em 2 são rosas, os menores, cinzas. O fundo em *b* é cinza, o arabesco roxo. O fundo em *a* é cinza-escuro, o arabesco roxo-claro.

Figura 35 Vaso de cerâmica em espiral, índios pueblo pré-históricos.

Outro elemento fundamental da forma decorativa é a repetição rítmica. Atividades técnicas em que movimentos repetidos regularmente são empregados levam à repetição rítmica na direção em que o movimento procede. O ritmo do tempo aparece aqui traduzido no espaço. Ao lascar, martelar, desbastar, nos giros e na pressão regulares exigidos para fazer cerâmica em espiral, na tecelagem, a regularidade da forma e a repetição rítmica do mesmo movimento estão necessariamente conectados. Estes movimentos rítmicos sempre produzem a mesma série de formas. Exemplos de formas de superfície rítmicas determinadas pelo controle perfeito de uma técnica são encontrados em muitas indústrias e em todas as partes do mundo. Uma regularidade magnífica da lasca é encontrada nas facas de sílex egípcias (cf. fig. 5, p. 26). Ela não é tão frequente na pedra lascada dos índios americanos. As tábuas desbastadas dos índios da costa do Pacífico Norte têm marcas de lascas de grande regularidade que dão a aparência de um padrão (fig. 6, p. 28 e 18, p. 34). Em superfícies a serem pintadas, estas marcas muitas vezes são removidas através de polimento com arenito ou pele de tubarão, mas em partes não pintadas elas são mantidas, supostamente devido a seu efeito artístico. No trabalho em metal oriental os golpes do martelo são tão regulares que surgem padrões consistindo em superfícies planas. Outros exemplos do efeito artístico da regularidade do movimento são encontrados na cerâmica ondulada pré-histórica do sudoeste norte-americano. As espirais são endentadas pela pressão dos dedos e uma série de reentrâncias forma um padrão regular na superfície (fig. 35). O efeito do controle automático é visto mais claramente na cestaria, na fabricação de esteiras e na tecelagem. Já observei antes (p. 24s.) que a uniformidade da superfície resulta da regularidade de movimento. A repetição rítmica do movimento também leva à repetição rítmica do padrão. Isto é ilustrado da forma mais bela pelos melhores exemplos da cestaria da Califórnia.

Figura 36 Colar dos índios Thompson.

O virtuose que varia a monotonia de seus movimentos e desfruta de sua habilidade de realizar uma ação mais complexa produz ao mesmo tempo um ritmo mais complexo. Isto acontece particularmente na tecelagem e em indústrias relacionadas como o bordado e a amarração com barbantes. Pular fios – ou seja, criar sarjas (cf. fig. 17, p. 34) é a fonte de muitas formas rítmicas, e esta atividade é realizada pelo virtuose que brinca com sua técnica e aprecia superar dificuldades cada vez maiores.

Em muitos casos, a complexidade rítmica é claramente o resultado de planejamento cuidadoso. Eu já me referi anteriormente aos arranjos rítmicos nas franjas dos índios Thompson[16] da Colúmbia Britânica (p. 32s.).

Um outro bom exemplo (fig. 36) é um colar duplo em que a série rítmica é:

preto, vermelho, amarelo, verde, azul, verde

tanto na linha interior quanto na exterior, enquanto as ligações entre elas têm a ordem

preto, vermelho, amarelo, verde, vermelho, azul[17].

A Dra. Reichard[18] discutiu vários outros exemplos da mesma região que têm características semelhantes. Num exemplo, o arranjo dos elementos da franja é mais complexo do que naquele que descrevemos anteriormente. Designando cores diferentes por números e conchas de dentálios por D, encontramos a ordem:

---

16. Hoje conhecidos como Nlakapamuk [N.T.].

17. Neste espécime (cf. *American Anthropologist*, N.S., vol. 24, 1922, p. 188), as ligações entre as duas cordas foram colocadas incorretamente, mudando a corda de contas interior três unidades para a direita, ou seja, a ligação central está ligada à primeira conta amarela à esquerda do centro vermelho; e as outras foram mudadas correspondentemente. Elas foram corrigidas aqui para exibir o arranjo que evidentemente fora planejado.

18. *American Anthropologist*, l. c., p. 198-199.

1 2 3 D 2 1 2 3 2 1 2 D 3 2 1[19]

 Outros exemplos de ritmos complexos desta região foram oferecidos pela Dra. Reichard no ensaio citado anteriormente.

 Em alguns casos, os ritmos não são tão distintos, mas ainda assim são discerníveis. Como exemplo, pode servir um colar consistindo numa corda dupla em que contas de várias cores são intercaladas com contas vermelhas na seguinte ordem:

$$\begin{array}{c}-v-v--v---v\ ---\ v----v---v--v-\\ /\ /\ /\ /\ \ |\ \ \backslash\ \ \backslash\ \ \backslash\ \ \backslash\\ -v--v--v--v---v\,v\,v---v----v---v--v-\end{array}$$

No leste da Sibéria, encontramos condições semelhantes[20].

 Mostramos uma sequência bastante simples numa faixa bordada (fig. 37a), que consiste numa sequência regular de quadrados seguidos por três faixas estreitas; a faixa do meio é um pouco mais larga do que as duas laterais.

 Vemos um ritmo mais complexo na figura 37b. A franja longa pregada à costura perto da borda superior do bordado se repete em intervalos regulares. Uma faixa bordada perto da parte superior do desenho é interrompida e as barras pretas na faixa branca central são omitidas nestes lugares. Percebe-se uma divisão da fileira superior de bordado, entre os conjuntos de franjas, em três partes de comprimento desigual. Logo abaixo das quebras nesta fileira estão dois grupos de chumaços de pele de foca, um pouco mais largos embaixo do que em cima, e eles são destacados mais definitivamente pelo arranjo de grupos de linhas brancas nas duas fileiras inferiores.

---

19. Devido a um provável erro no arranjo das contas, a ordem das últimas cinco contas à direita é D 2 3 2 1 em vez de 2 D 3 2 1
A troca de D e 2 torna o arranjo simétrico. O mesmo resultado poderia ser obtido trocando as primeiras cinco contas de 1 2 3 D 2 para 1 2 3 2 D e deixando as últimas da direita intactas.

20. Cf. JOCHELSON, W. "The Koryak". *Publications of the Jesup North Pacific Expedition*, vol. VI, p. 688ss. Cf. tb. a publicação citada anteriormente da Dra. Reichard.

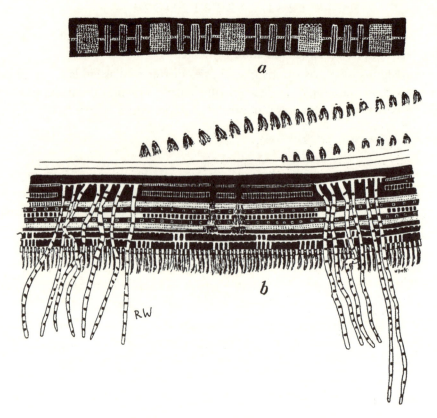

Figura 37 Bordados koryaks.

Ainda mais complexos são vários bordados em lã colorida. Aqui, podemos distinguir entre o ritmo da forma e o da cor (fig. 38). A disposição combina simetria com complexidade rítmica. Numa destas faixas (fig. 38a), alguns dos retângulos com padrão em xadrez rômbico têm um fundo branco; neles, há duas fileiras de losangos azuis ou roxos em cada ponta e duas fileiras de losangos vermelhos no centro (desenho 1). Outros retângulos têm um fundo amarelo com losangos vermelhos dos lados e azuis no meio (desenho 2). Além destes, há um com fundo vermelho e losangos pretos (desenho 3). As cores das cruzes têm arranjos irregulares. Há quatro em que predominam vermelho e branco (desenho 4) e outras em que predominam amarelo e azul (desenho 5). O arranjo mais simétrico desta faixa requer um retângulo amarelo no meio da frente. Uma ponta da faixa, como mostrada na ilustração, tem três barras azuis curtas num fundo vermelho (desenho 6). O corte peculiar nesta ponta se encaixa num corte correspondente na outra ponta e mostra que a faixa foi removida de uma peça de vestuário. A impressão geral do desenho é de que o ritmo e a simetria das cruzes estão subordinados à simetria dos retângulos.

Por esta razão, eu coloquei as cruzes no seguinte arranjo na linha superior, e os retângulos na linha inferior:

Cruzes	4	5	5	5	4	5	4	4		5	4	6
Retângulos	2	1	1	2	1	1	2			1	3	1
			Frente								Costas	

O bordado na figura 38b consiste em quatro elementos distintos; uma flor com folhas em ambos os lados (desenho 1); um galho com folhas curvas (desenho 2); um galho com folhas na ponta (desenho 3). Além destes, há um outro elemento que aparece apenas uma vez nas costas do casaco. Ele está marcado como desenho 4. A faixa bordada não é costurada simetricamente ao casaco, tendo sido evidentemente colocada de modo que o arranjo na frente do casaco corresponde à sequência:

$$2 \quad 3 \quad 2 \quad 1 \quad 3 \quad 1 \quad 2 \quad 3 \quad 2$$

enquanto as costas são ocupadas por três desenhos (3). O desenho pequeno (4) é encontrado nas costas. O arranjo completo dos desenhos pequenos nas costas é:

$$2 \quad 2 \quad 4 \quad 2$$

Outro espécime (fig. 38c) consiste num desenho de folha dupla num fundo simples que se alterna com outro desenho que consiste em três cruzes. O par de desenhos ocorre em sucessão regular cinco vezes, mas, sob o braço esquerdo, é interrompido pelos dois padrões mostrados no lado direito da figura.

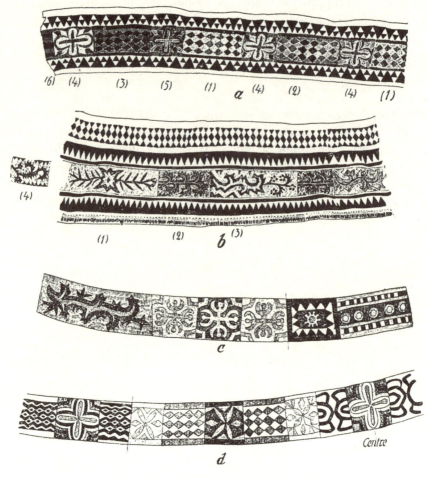

Figura 38 Bordados koryaks.

Em outro casaco (fig. 38d) encontramos a mesma série de desenhos em arranjo simétrico na frente e nas costas. O meio é ocupado por uma cruz, e os outros desenhos seguem como indicado. Sob o braço direito, aparece um desenho adicional, que consiste numa cruz central e campos romboides com pontos centrais; enquanto sob o braço esquerdo adiciona-se um único campo que difere em cor de todos os outros relacionados a ele em forma.

Uma característica interessante desta série é a sobreposição entre forma e cor. Esta condição aparece ainda mais claramente em desenhos do Peru antigo. Eu observei a ocorrência desta forma rítmica há vários anos e chamei a atenção do Sr. Charles Mead para o fenômeno.

Ele descreveu[21] vários desenhos deste tipo que mostram um arranjo rítmico de seis unidades, às vezes de forma igual, mas com cores diferentes. Às vezes com um ritmo duplo, um de forma e um de cor.

A lâmina IV, figura 1 representa uma borda de lã de vicunha, consistindo numa série de barras diagonais todas com o mesmo padrão. A sequência de cores é:

        1) Vermelho vivo (1) com pontos marrons (7).
        2) Azul (2) com pontos rosas (1*).
        3) Amarelo fosco (3) com pontos marrons (7).
        4) Branco (4) com pontos rosas (1*) e marrons (7).
        5) Verde-escuro (5) com pontos vermelhos (1).
        6) Vermelho (1) com pontos verdes (2).

Os padrões triangulares (lâmina IV, fig. 2) têm a seguinte sequência:

1	Fundo branco	Figuras vermelhas	Pontos azul-escuros
2	azul-escuro	vermelhas	amarelo-escuros
3	amarelo	vermelhas	azul-escuros
4	marrom	vermelhas	amarelos
5	azul-claro	vermelhas	amarelo-escuros
6	amarelo-escuro	vermelhas	azul-claros

---

21. MEAD, C.W. "Six-Unit Design in Ancient Peruvian Cloth". *Boas Anniversary Volume*. Nova York, 1906, p. 193ss.

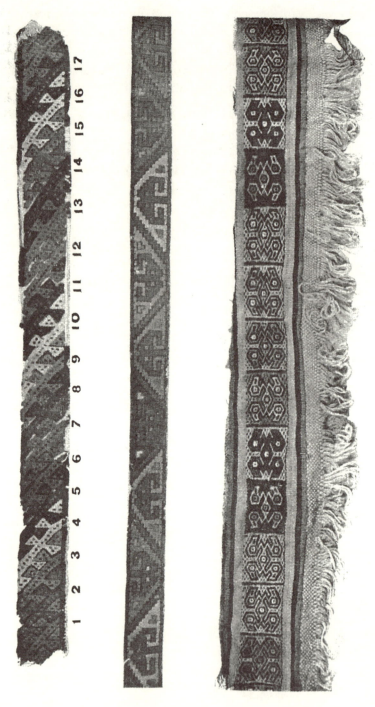

Lâmina IV Tecidos peruanos.

O padrão de cabeça de pássaro quádrupla (lâmina IV, fig. 3) tem as seguintes cores para o fundo, o pássaro e o olho do pássaro:

1	Fundo rosa	1 Pássaro amarelo		Olho rosa
2	amarelo	2 Pássaro vermelho		amarelo
3	amarelo-escuro	3 Pássaro amarelo-claro		amarelo
4	vermelho-escuro	4 Pássaro amarelo		rosa
5	amarelo	5 Pássaro vermelho-escuro		amarelo
6	amarelo-escuro	6 Pássaro amarelo-claro		amarelo-claro

Uma capa grande de Ica foi bordada com desenhos representando um homem com um arco e um cocar (fig. 39). As figuras são sempre as mesmas, exceto que a posição e os objetos que elas carregam se alternam da direita para a esquerda. O esquema de cores, entretanto, varia: há seis tipos distintos. Considerando apenas as cores do casaco, das pernas e do corpo, podemos listá-las na seguinte ordem:

Casaco	Pernas
1 amarelo	azul-escuras
2 roxo	vermelhas
3 vermelho	azul-escuras
4 azul	amarelo-escuras
5 preto	azul-escuras
6 azul-escuro	pretas

Rosto, acima	Rosto, abaixo
1 amarelo-escuro	preto
2 amarelo	branco
3 marrom	amarelo-escuro
4 azul	vermelho
5 marrom	amarelo-escuro
6 amarelo-escuro	amarelo-claro

Figura 39 Bordado peruano de Ica.

O quinto e o sexto tipos correspondem, no resto de seus esquemas de cores, aos terceiro e segundo tipos.

O arranjo geral destes tipos é o seguinte:

```
1   2   3   4   1   2   3ᵃ  4   1   6   5ᵃ  4   1
3   4   1   2   3   4   1   6   5   4   1   2   3   4
    2   3   4   1   2   3   4   1   6   5   4   1   2   3
4   1   2   3   4   1   6   5   4   1   2   3   4   1
    3   4   1   2   3   4   1   6   5   4   1   2   3   4
1   2   3   4   1   6ᵇ  5   4   1   2   3   4   1   2
    4   1   2   3   4   1   6   5   4   1   2   3   4   1
2   3   4   1   6   5ᶜ  4   1   2ᵇ  3ᶜ  4   1   2   3
1   2   3   4   1   6   5   4   1   2   3   4   1
```

No arranjo real, há aparentemente três erros. Na primeira linha horizontal, as duas figuras marcadas com a nota *a* foram trocadas. Na linha seis e na linha oito, as duas figuras marcadas com a nota *b* foram transpostas e na linha oito as duas figuras com a nota *c* foram trocadas. Veremos que, ao efetuar estas transposições, as linhas diagonais da primeira fileira para a esquerda seguem uma alternação regular de tipos. O tipo 6 claramente está relacionado ao 2, e o tipo 5 ao 3. Como podemos observar sequências diagonais regulares num grande número de trajes tecidos, parece provável que estes eram determinantes particulares do estilo. Há, ao todo, seis tipos diferentes, mas, se imaginássemos a continuação das linhas, descobriríamos que a mesma ordem ocorrerá depois de doze linhas. O bordado não representa um desenho de seis unidades regulares; em vez disto, ele é um desenho de quatro unidades de dois tipos distintos – 1 2 3 4 e 1 6 5 4 – em que o primeiro tipo é repetido duas vezes, e o último, uma vez.

Observações semelhantes podem ser feitas sobre os tecidos ilustrados em *Necrópolis de Ancón*, de Reiss e Stübel. Eu selecionei alguns espécimes que ilustram a repetição rítmica de cores. A figura 40[22] representa uma faixa com fundo vermelho em que há figuras animais na seguinte sequência:

roxo, amarelo, *verde*, amarelo, *branco*, amarelo, *verde*, amarelo

em outras palavras, uma sequência de oito unidades consistindo num desenho roxo e um branco interrompidos pela sequência simétrica de cores amarelo, verde, amarelo. Os desenhos amarelos são envolvos por uma borda preta pesada.

---

22. REISS & STÜBEL. *Necropolis of Ancon*, p. 67b, fig. 3.

Figura 40 Tecido peruano.

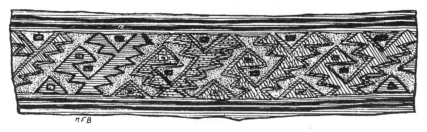

Figura 41 Tecido peruano.

Na figura 41[23] temos outra faixa que consiste em padrões diagonais emoldurados por linhas vermelhas, exceto num lugar onde encontramos uma moldura preta. Como no espécime anterior, o preto serve para separar o vermelho do amarelo. O desenho é sempre o mesmo, e a ordem dos elementos é a seguinte:

amarelo	vermelho	amarelo	marrom	amarelo
moldura preta	zigue-zague preto	moldura vermelha		zigue-zague
	vermelho	moldura vermelha		

| verde-azul | | amarelo | | roxo |
| zigue-zague vermelho | | moldura vermelha vermelho | | zigue-zague |

Em outras palavras, a sequência essencial é amarelo, vermelho, amarelo, marrom, amarelo, verde-azul, amarelo, roxo; uma série de oito elementos.

Na figura 42 encontramos uma borda de desenhos em S simples entrelaçados na ordem: branco, azul-escuro, azul-claro, amarelo, marrom; uma série de cinco elementos repetidos regularmente.

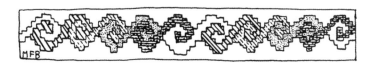

Figura 42 Tecido peruano.

---

23. Ibid., p. 67, fig. 6.

Figura 43 Tecido peruano.

A figura 43 representa uma parte de um desenho num poncho na qual, de cima para baixo, temos uma série de seis pares de um desenho em grega com a seguinte disposição:

verde, vermelho
amarelo, azul
branco, roxo
amarelo, marrom
vermelho-claro, preto

e a sexta linha repete a sequência de cores da primeira.

A figura 44 é um desenho um tanto complicado que não é mostrado completamente na seção que representamos aqui. O princípio do padrão está ilustrado na figura 44b. A sequência de cores do desenho de cabeça em forma de S é roxo, amarelo, verde, num fundo vermelho.

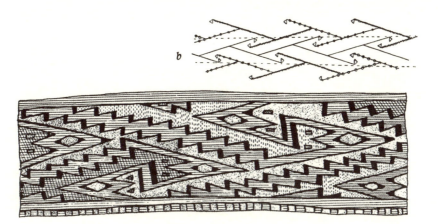

Figura 44 Tecido peruano.

Figura 45 Tecido peruano.

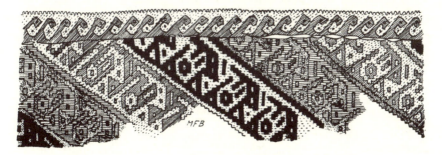

Figura 46 Tecido peruano.

Na figura 45 temos uma faixa decorativa com a sequência de cores amarelo, verde, amarelo, verde, amarelo-claro, branco, amarelo, verde, amarelo; obviamente uma série de seis unidades. Os desenhos no fundo destas cores são todos vermelhos.

59

Na figura 46, mostramos uma borda que tem o seguinte arranjo de cores, da esquerda para a direita:

> rosa – preto,
> vermelho – amarelo,
> cinza-claro – cinza-escuro,
> preto – rosa,
> amarelo – vermelho,
> cinza-escuro – cinza-claro.

Neste espécime, há uma inversão sistemática das tonalidades de cor; o que é claro no primeiro conjunto de três é escuro no segundo. Esta tendência é bastante destacada num número considerável de casos. Temos, por exemplo, uma série de

> branco, vermelho, amarelo; cinza, rosa, amarelo,

onde o branco corresponde ao cinza-escuro e o vermelho ao rosa-claro.

A tendência a esta repetição de cores é mostrada muito claramente nos códices mexicanos. Por exemplo, no Códice Nuttall[24], p. 82 (fig. 47), encontramos na figura no canto inferior esquerdo uma base em que triângulos com degraus são usados na sequência: amarelo, vermelho, preto, amarelo, roxo, marrom-avermelhado. Na mesma página, as franjas de penas nos casacos das figuras representadas estão na mesma ordem. Podemos encontrar muitos adereços de penas em que a mesma ordem é preservada, por exemplo, na página 81 do mesmo Códice. Às vezes, um conjunto diferente de cores é utilizado. No cocar de penas de uma figura na página 75 encontramos a ordem:

> branco, vermelho, amarelo, azul, roxo, marrom,
> branco, roxo, amarelo, azul, vermelho, marrom (duas vezes),

e esta última ordem se repete em figuras encontradas na página 67 no canto inferior esquerdo de uma base; em ordem invertida na página 67 num casaco de penas e também na página 62 em faixas nas figuras no canto inferior direito. Parece que neste códice a ordem das cores está fixada de modo bastante definitivo.

Repetições rítmicas notáveis também são encontradas nos apetrechos de contas do Zambeze. Em vários espécimes, a seguinte ordem de cores é repetida regularmente:

Preto branco vermelho amarelo *verde* amarelo vermelho preto. Ou, escrita de outra forma: *Verde* amarelo vermelho branco *preto* branco vermelho amarelo.

Elas ocorrem num cinto, num avental de mulher, num colar e em duas esteiras[25]. Em vários momentos, o azul substitui o verde, e o marrom substitui o vermelho.

---

24. Referência ao Códice Zouche-Nuttall, de origem mixteca, atualmente no Museu Britânico [N.T.].

25. MULLER & SNELLEMAN. *L'industrie des Caffres dans le sud-est de l'Afrique*, lâmina XIX, figuras 3, 5, 7; lâmina XXIV, fig. 1, 2.

Figura 47 Padrões de códice mexicano.

A repetição rítmica e a simetria aparecem mais claramente quando substituímos as cores por números. Eu designo:

Branco 1, Vermelho 2, Amarelo 3, Marrom 3', Azul 4, Verde 4', Preto 5.

De acordo com a descrição do cinto que mencionamos anteriormente dada pelos autores, há uma repetição regular na seguinte ordem:

1 2 3 | 4 | 3' 2 1 | 5 | 1 2 3 | 4' | 3 2 1 | 5 | 1 2 3 | 4' |

A mesma ordem é encontrada no cabo de um machado decorado com linhas coloridas em zigue-zague[26].

Numa sacola[27] há um campo inferior com um arranjo de fileiras de losangos, seguido por um campo intermediário que consiste em faixas em zigue-zague, e um campo superior que consiste novamente em losangos.

Aqui, a ordem, de baixo para cima, é:

2 1 5 1 2 3 4 3 2 | 4 3 5 1 5 3 5 1 | 2 3 4 3 2
losangos   zigue-zagues   losangos

---

26. Ibid., lâmina XI, fig. 1.

27. Ibid., lâmina XXIV, fig. 3.

Assim como a simetria, a repetição rítmica ocorre geralmente em níveis horizontais, direita e esquerda, mas não de forma tão preponderante como na simetria.

O amontoamento de formas idênticas ou semelhantes ocorre na natureza tão frequentemente quanto a simetria lateral. As plantas com suas sucessões verticais de folhas, os galhos das árvores, pilhas de pedras e cordilheiras de montanhas se elevando à frente umas das outras podem sugerir arranjos verticais de elementos semelhantes. Entretanto, são muito mais comuns as repetições em faixas horizontais; de arranjos simples de traços únicos em fileiras; e de sucessões complicadas de séries de figuras variadas que recorrem em ordem regular (fig. 48, lâmina V).

Segue-se do que dissemos antes que as formas discutidas aqui não são expressivas de estados emocionais específicos, e que não são, portanto, significativas neste sentido.

Esta conclusão pode ser corroborada por um exame adicional de formas decorativas.

Lâmina V Cálices para kumis dos iacutos.

Nós já indicamos que o valor artístico de um objeto não se deve apenas à forma, mas que o método de manufatura dá à superfície uma qualidade artística, ou através de sua suavidade ou através de uma padronização que resulta dos processos técnicos empregados. Entretanto, o tratamento da superfície não é controlado apenas por processos técnicos. Podemos observar que nos produtos artísticos de povos em todo o mundo ocorrem outros elementos causados pela tentativa de enfatizar a forma.

Figura 48 Vasilhames de cerâmica: *a* Finlândia; *b* Ica, Peru.

A aplicação de padrões marginais é um dos métodos mais comuns empregados para este propósito. Em muitos casos, eles são determinados tecnicamente. Quando, por exemplo, termina-se uma cesta tecida, é necessário amarrar as pontas soltas e isto geralmente leva a uma mudança de forma e padrão de superfície da borda. As pontas podem ser dobradas para baixo, amarradas e costuradas juntas; elas podem ser trançadas, ou tecidas em conjunto e deixadas penduradas como uma franja. Numa cesta de casca de árvore a borda precisa ser fortalecida por uma faixa, para impedir rachaduras na casca, e a faixa e a costura destacam a borda do corpo. Um disco de metal fino pode ter que ser fortalecido dobrando-se a borda exterior.

Figura 49 Vasilhames de casca de bétula; *a, b*, Rio Amur; *c*, Shuswap; *d, e*, Alasca.

A cestaria de casca de bétula do oeste da América do Norte e da Sibéria apresenta um exemplo excelente de um padrão marginal que se origina da necessidade técnica e da regularidade de hábitos motores. A proteção necessária da borda é obtida costurando-se num aro. Os veios da casca ficam paralelos à borda e, se os pontos todos passassem pelo mesmo veio, a borda inteira da cesta se desprenderia. É, portanto, necessário fazer com que os pontos tenham comprimentos diferentes. O modo mais eficiente de fazer isto é começando com um ponto curto que passa através da casca imediatamente sob o aro fortalecedor, e então fazendo o próximo ponto um pouco mais longo, e o seguinte mais longo ainda. Deste modo, a distância do primeiro ponto curto se torna longa o bastante para permitir uma repetição de um novo ponto curto e, continuando desta maneira, desenvolve-se um padrão marginal de triângulos retos. O mesmo resultado pode ser obtido através da alternação de alguns pontos curtos com alguns pontos longos. Disto resulta um tipo diferente de padrão. O mesmo método é usado pelos golds[28] do sudeste da Sibéria (fig. 49)[29].

Figura 50 Vasilhames de ceramica: *a, b,* Chiriqui, Costa Rica; *c,* Ontário.

No trabalho em madeira, na cerâmica e na maioria dos tipos de trabalho em metal estes motivos técnicos não estão presentes. Ainda assim, padrões marginais têm ampla distribuição, apesar de não poderem ser explicados com

---

28. Povo hoje conhecido como Nanai ou Hezhen [N.T.].

29. Para uma descrição mais completa, cf. as observações de F. Boas in TEIT, J. "The Shuswap". *Publications of the Jesup North Pacific Expedition*. Vol. II, p. 478-487.

base em considerações técnicas. Seria arbitrário demais afirmar que todos estes padrões marginais foram sugeridos primariamente pelos tipos de técnica em que um tratamento distintivo da margem é uma necessidade, pois estes são de número relativamente pequeno e de caráter altamente especializado, enquanto os padrões de bordas são quase universais. É instrutivo observar que, na cerâmica em espiral, o corpo inteiro do vasilhame normalmente é polido e que às vezes as impressões dos dedos modeladores são deixadas na borda. Não há nenhuma razão técnica convincente que exija este modo de tratamento, mas ele é inteligível como uma tentativa de enfatizar a forma. Exemplos deste modo de tratamento são muito numerosos. Fileiras de pelotas pequenas, bordas moldadas ou linhas entalhadas nas bordas de vasos (fig. 50), pequenas curvas marginais no decorrer da borda de discos de bronze, linhas acompanhando as bordas de pratos chatos e colheres usadas pelos esquimós do Alasca, linhas gravadas na borda de um vaso de pedra-sabão dos esquimós da Baía de Hudson, e em seus pentes de marfim (fig. 51), a decoração de aguilhões com linhas de todas as tribos esquimó (cf. fig. 78, p. 94) e o ressalto das bordas de pratos da Oceania, ou em vasos da Europa antiga são deste tipo. Como F. Adama van Scheltema apontou com razão, não podemos reduzir esta tendência mundial a qualquer outra causa primeira que não seja uma atração pela forma, em outras palavras, um impulso estético que impele o homem a enfatizar a forma do objeto que ele fez.

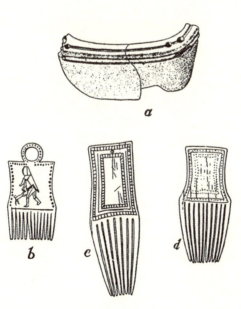

Figura 51 *a*. Parte de chaleira de pedra-sabão; *b, c, d,* pentes de marfim esquimós.

Em vários casos, a forma não é exatamente acentuada, mas sim destacada, encerrada e separada do espaço ao redor por uma limitação formal, uma linha marginal, uma borda engrossada ou uma crista pronunciada, através das quais a individualização do objeto é atingida. Muito frequentemente, estas faixas limitadoras são transformadas em campos decorativos e servem o propósito duplo da limitação e da decoração. Elas podem obter uma individualidade própria.

Quando a própria superfície é decorada, estas linhas ou faixas ornamentais servem o propósito adicional de limitar e fechar o campo decorativo. Exemplos deste tipo são muito numerosos. Nós os encontramos nas bordas de nossos tapetes, na decoração arquitetônica, onde os cantos e linhas do teto de uma construção são formados por trabalho em pedra ornamental, na encadernação de livros – resumindo, em praticamente todas as formas da arte decorativa moderna, mas também na arte primitiva. Os cobertores dos índios do Alasca (cf. fig. 269s., p. 247s.), peças em bronze da Escandinávia antiga, cerâmica pré-histórica da Europa e da América Central, tábuas de empenas das casas da Nova Zelândia, cintos da Nova Guiné, cestos da Guiana Britânica[30] (fig. 81, p. 97), e cálices de madeira da região do Congo ilustram esta tendência (fig. 52).

Figura 52 Entalhe em madeira, Bambala, Congo.

Há, entretanto, muitos casos em que a decoração está tão adaptada à forma do objeto que não se sente o estímulo para desenvolver um contorno de fechamento. A decoração do campo aparece como uma figura encaixada no objeto. Em outros casos, o campo marginal suave e sem decorações serve como uma

---

30. Atual República da Guiana [N.T.].

borda destacando a área central ornamentada. Na cestaria com decoração radial, muitas vezes não encontramos desenhos de borda, e há uma tendência a deixar o ornamento ir até a boca, onde ele parece ser cortado.

Outro aspecto característico da arte decorativa deve ser mencionado. A forma geral não apenas é enfatizada e limitada, mas também suas divisões naturais são elementos determinantes na aplicação de padrões decorativos e fazem com que a decoração seja disposta em campos distintos. Isto fica muito claro na cerâmica, onde um pescoço é destacado de um corpo, ou onde o corpo é dividido por um ângulo pronunciado numa parte superior e uma inferior. Estes tipos são encontrados na arte pré-histórica europeia e também na América (fig. 53).

Figura 53 Vasilhame de cerâmica, tipo Molkenberg, período megalítico.

Figura 55 Mocassim bordado, Apache.

Figura 54 Bolsa, Arapaho.

Em bolsas de índios americanos (fig. 54), o corpo e a aba são tratados como unidades diferentes. Em mocassins, as polainas são um campo separado da borda (fig. 55). Nas roupas, os padrões em colarinhos, bolsos ou mangas muitas vezes são considerados unidades separadas. Wissler destacou a influência da estrutura dos trajes em sua decoração[31].

---

31. WISSLER, C. "Structural Basis to the Decoration of Costumes among the Plains Indians". *Papers Am. Mus. Nat. Hist.*, vol. 17, p. 93ss.

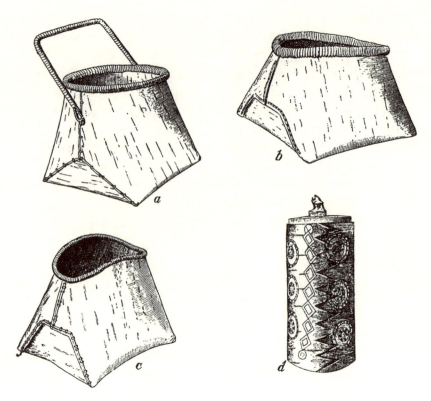

Figura 56 Vasilhames de casca de bétula; *a, b, c*, índios orientais; *d*, koryak.

Figura 57 Vasilhame de cerâmica, Arkansas.

A divisão tríplice do campo decorativo dos cobertores tecidos do Alasca é determinada pela posição do cobertor. O campo intermediário, maior, fica nas costas do usuário, e os campos laterais, mais estreitos, ficam à frente do corpo (cf. fig. 269s., p. 247s.).

Em trajes feitos de peças únicas de tecido, ou em cestas costuradas (fig. 56), encontramos as costuras às vezes decoradas, transformando-as num elemento decorativo. Em outros casos, as costuras são acompanhadas por faixas decorativas. Em perneiras e camisas de índios americanos, as costuras muitas vezes são enfatizadas por franjas.

Em outros objetos, os lugares proeminentes são elaborados pela adição de elementos decorativos.

Em vasos de argila, as alças são tratadas dessa forma (fig. 57). Em escudos, a saliência central se torna um objeto de decoração. Os cabos de bengalas ou outras terminações que se salientam muitas vezes são elaboradas como elementos decorativos.

Às vezes, campos sem quebras naturais, como superfícies de paredes, são tratados como unidades. Exemplos deste tipo são nossos papéis de parede modernos, ou as paredes pintadas das construções do Egito Antigo. Frequentemente, a tendência a quebrar o campo decorativo é tão forte que, mesmo quando não há uma divisão natural, ele pode ser quebrado em partes menores. Podemos perceber, particularmente, que as linhas marginais que enfatizam ou limitam a forma são desenvolvidas de modo exuberante e acabam invadindo cada vez mais o corpo do objeto. Em cestas do interior da Colúmbia Britânica, o padrão marginal cresceu a tal ponto que ocupa a metade interior inteira da cesta, ou até mais, e ele mesmo é subdividido em vários campos que seguem o contorno da margem (fig. 58). Condições semelhantes são encontradas nas bordas de cobertores neozelandeses (cf. lâmina VIII, p. 179) e em peças de bronze da Escandinávia antiga.

Figura 58 Cesta imbricada, Chilcotin, Colúmbia Britânica.

Chegamos, portanto, à conclusão de que vários elementos puramente formais, alguns dos quais ligados mais ou menos intimamente a motivos técnicos, outros a condições fisiológicas do corpo e ainda outros ao caráter geral da experiência sensorial, são determinantes da arte ornamental. Disto, nós concluímos que um interesse formal, estético e fundamental é essencial; e também que a arte, em suas formas simples, não é necessariamente expressiva de ações propositais – em vez disso, ela se baseia em nossas reações a formas desenvolvidas através do domínio da técnica. Os mesmos elementos têm também um papel importante nas formas de arte altamente desenvolvidas. Se é verdade que estes elementos não são, em parte, propositais, então é preciso admitir que nossa relação com eles não é essencialmente diferente da que temos com fenômenos naturais esteticamente valiosos. O interesse formal se deve diretamente à impressão derivada da forma. Ele não é expressivo no sentido de transmitir um significado definido ou de expressar uma emoção estética.

Poderíamos pensar que esta condição vale apenas no domínio da arte decorativa, e que a arte representativa, a dança, a música e a poesia devem sempre ser expressivas. Isto, em grande parte, é verdade no que concerne à arte representativa, pois o próprio termo implica que o produto artístico representa um pensamento ou uma ideia. Isto também é necessariamente verdadeiro na poesia, já que seu material são as palavras que comunicam ideias. Não obstante, também podemos reconhecer um elemento formal nestas artes, um elemento de forma bastante análoga ao que encontramos na arte decorativa. Ele determina alguns aspectos do estilo característico. Até onde a arte representativa é ornamental, os princípios formais da arte decorativa participam da composição e influenciam a forma representativa. Na dança, na música e na poesia, o ritmo e as formas temáticas seguem princípios estilísticos que não são necessariamente expressivos, mas que têm objetivamente um valor estético. Nós discutiremos estas questões mais aprofundadamente em outro momento[32].

---

32. Cf. p. 289s.

2
Arte representativa

Enquanto os elementos formais que discutimos anteriormente são fundamentalmente vazios de significado definido, as condições são muito diferentes na arte representativa. O próprio termo implica que a obra não nos afeta apenas por sua forma, mas também, às vezes até principalmente, por seu conteúdo. A combinação entre forma e conteúdo dá à arte representativa um valor emocional completamente diferente do efeito estético puramente formal.

É costumeiro começar a discussão da arte representativa com uma consideração as tentativas simples de povos primitivos ou de crianças de desenhar objetos que lhes interessam. Eu creio que o problema da arte é obscurecido por este procedimento. Não se pode afirmar que a mera tentativa de representar alguma coisa, talvez para comunicar graficamente uma ideia, seja uma arte; assim como a palavra falada ou o gesto através do qual uma ideia é comunicada, ou um objeto – talvez uma lança, um escudo ou uma caixa – em que uma ideia de utilidade está incorporada, não são por si mesmos uma obra de arte. É provável que um conceito artístico possa às vezes estar presente na mente do criador ou orador, mas ele se torna uma obra de arte apenas quando é tecnicamente perfeito, ou quando ele mostra o esforço por um padrão formal. Gestos que têm estrutura rítmica, palavras que têm beleza rítmica e tonal são obras de arte; o implemento de forma perfeita pode reivindicar a beleza; e a representação gráfica ou escultural tem um valor estético, um valor artístico, quando a técnica de representação foi dominada. Quando um novato tenta criar uma obra de arte, nós podemos reconhecer e estudar o impulso, mas a obra terminada ensina apenas seus esforços vãos em dominar uma tarefa difícil. Quando o homem se defronta com um novo problema, como construir uma casa com um material novo e desconhecido, ele é capaz de encontrar uma solução, mas esta realização não é arte, e sim uma obra adaptada a um objetivo prático. A solução pode ser intuitiva, ou seja, ela pode não ser descoberta por um processo intelectual, mas depois de ser resolvida ela está sujeita a uma explicação racional.

Ocorre o mesmo quando o homem tem que representar um objeto: ele se defronta com um problema que exige uma solução. A primeira solução não é uma realização artística, e sim prática. Lidamos com uma obra de arte apenas quando a solução é dotada de beleza formal ou se esforça para isto. A obra artística começa depois que o problema técnico foi dominado.

Figura 59a   Bordado, índios huichol, México.

Quando o homem primitivo recebe lápis e papel e pede-se que ele desenhe um objeto da natureza, ele tem que usar ferramentas que desconhece e uma técnica que nunca experimentou. Ele precisa romper com seus métodos de trabalho costumeiros e solucionar um novo problema. O resultado não pode ser uma obra de arte – exceto, talvez, sob circunstâncias muito incomuns. Assim como a criança, o aspirante a artista se defronta com uma tarefa para a qual ele não tem preparação técnica, e muitas das dificuldades que afligem a criança também o afligirão. Daí a semelhança aparente entre os desenhos de crianças e os do homem primitivo. As tentativas de ambos ocorrem em situações similares. Um caso muito característico deste tipo foi contado a mim pelo Sr. Birket-Smith. Ele pediu para um esquimó de Iglulik desenhar com um lápis numa folha de papel uma caçada de morsa. O nativo foi incapaz de realizar esta tarefa, e, depois de várias tentativas, ele pegou uma presa de morsa e entalhou a cena inteira em marfim, usando uma técnica que ele conhecia.

Figura 59b Bordado, índios huichol, México.

Figura 60 Traje decorado de pele de peixe, Rio Amur.

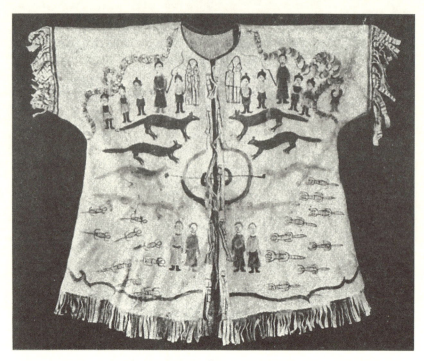
Lâmina VI Traje de xamã, Rio Amur.

O contraste entre a representação pela representação e a representação como uma obra de arte aparece claramente em muitos casos. Eu escolhi alguns exemplos. Os índios das montanhas no noroeste do México vestem roupas lindamente bordadas ou tecidas, cujos desenhos se baseiam em grande parte em motivos espanhóis. Padrões heráldicos e figuras animais isoladas combinadas com formas geométricas são os elementos constitutivos (fig. 59*a*). Além destes tecidos bordados, que são de qualidade excelente, encontramos pequenos panos bordados (fig. 59*b*) que são enfiados em flechas e servem o propósito de representar uma oração a uma divindade. Um esboço grosseiro de uma criança expressa uma oração pela saúde da criança; um de um veado, uma oração pelo sucesso na caça. As flechas com os panos enfiados são presas ao telhado de sapê de um templo, onde ficam até se desfazerem. Elas não pretendem ser obras de arte, apenas representações que servem a um propósito temporário; daí o desprezo pela forma e pela exatidão do trabalho manual.

Observações muito semelhantes podem ser feitas sobre o vestuário das tribos do Amur. As roupas de pele usadas pelas pessoas, particularmente em ocasiões festivas, são lindamente ornamentadas por apliques ou pinturas. Os ornamentos são em parte geométricos, em parte representativos. Figuras de pássaros e peixes são abundantes (fig. 60). Por outro lado, os trajes pintados dos xamãs são de execução grosseira (lâmina VI). Eles representam conceitos mitológicos e seu valor se deve apenas a seu significado. O interesse não está centrado na forma. Em comparação com vestimentas normais eles são grosseiros, pois a beleza da execução é de importância menor.

Figura 61 Fileira superior: ideogramas de índios ojibwa; fileira inferior, de índios dakota.

Encontramos um terceiro exemplo nos índios norte-americanos das Grandes Planícies. Sua arte representativa, no sentido estrito do termo, se confina quase totalmente a uma forma grosseira de escrita ideográfica. Eles não desenvolveram uma boa técnica de pintura e as formas de cavalos, homens, búfalos e tendas são meramente lembretes de incidentes na vida do povo. As figuras (fig. 61) não são ornamentais de modo nenhum e não têm relação nenhuma com o objeto em que foram desenhadas. Elas são feitas somente com o propósito de representação. Elas não são arte no sentido rígido do termo. Julgando a partir do caráter das figuras e de seu uso podemos dizer com segurança que o interesse artístico está inteiramente ausente. Nós podemos até aplicar esta observação à escrita ideográfica dos mexicanos antigos (fig. 62), que, em comparação com sua escultura, é de valor inferior. Veremos posteriormente que, ainda assim, há uma relação definida entre o estilo artístico e as formas de pintura não artística (cf. p. 163s.).

Figura 62 Pintura mexicana do Códice Bourbônico.

Incidentalmente, podemos observar aqui que a diferença de interesse às vezes leva a estilos artísticos contrastantes, se a obra representativa também for executada numa técnica controlada perfeitamente. Assim, os americanos do noroeste, que têm um estilo de arte muito característico, às vezes fazem entalhes que pretendem enganar pelo seu realismo. Numa de suas cerimônias, uma pessoa é aparentemente decapitada e, depois da decapitação, a cabeça é mostrada erguida pelos cabelos. Esta cabeça é feita de madeira, com grande cuidado, num modo muito realista. Ela não apresenta nenhuma das características estilísticas dos entalhes e pinturas da costa noroeste (cf. fig. 156, p. 183).

Voltamos agora a uma consideração dos desenhos representativos simples e grosseiros. A inferência mais importante que podemos fazer a partir do estudo de tais representações, tanto gráficas como plásticas, é que o problema da representação é resolvido, antes de tudo, pelo uso de formas simbólicas. Não há nenhuma tentativa de delineação precisa. Nem o homem primitivo nem a criança acreditam que o desenho ou a figura que produzem é realmente um retrato preciso do objeto a ser representado. Um calombo redondo num cilindro alongado podem representar a cabeça e o corpo; dois pares de faixas transversais arredondadas finas e retas, os braços e as pernas; ou, num desenho, um círculo sobre um retângulo podem sugerir a cabeça e o corpo; linhas retas, braços e pernas; linhas divergentes curtas nas pontas dos braços e pernas, mãos e pés.

A ruptura entre a representação simbólica e o realismo pode ocorrer de dois modos. O artista pode tentar expressar a forma do objeto a ser representado num contorno vigoroso e subordinar toda consideração de detalhes ao conceito da massa como um todo. Ele pode até descartar todos os detalhes e cobrir a forma com decorações mais ou menos fantasiosas sem perder o efeito do realismo do contorno geral e da distribuição de superfícies e de massas. Por outro lado, ele pode tentar oferecer uma representação realista dos detalhes e sua obra pode consistir num conjunto deles, com pouca atenção para a forma como um todo.

a   *b*

Figura 63 *a*, figura entalhada, Filipinas; *b*, figura de mármore representando harpista, Thera.

Um exemplo excelente do primeiro método é o entalhe em madeira das Filipinas, figura 63*a*. A cabeça e o tórax demonstram a concentração do artista nas superfícies delineadoras e um desprezo completo do detalhe. O mesmo método é utilizado na figura de um harpista pertencente à arte antiga das Cíclades (fig. 63*b*).

Na figura 64, uma máscara africana, as superfícies da testa, olhos, bochechas e nariz são as determinantes da forma, que foi tratada decorativamente com a maior liberdade. Não há orelhas; os olhos são fendas com ornamentos geométricos; a boca, um círculo encerrando uma cruz. Na figura 65, representando um entalhe pintado da Nova Guiné, o contorno do rosto, enfatizado pela linha do couro cabeludo, os olhos e a boca, é facilmente reconhecido, mas todas as outras partes são tratadas de modo puramente decorativo.

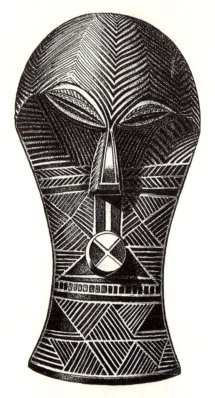

Figura 64 Máscara de madeira, Urua, Congo.

Figura 65 Tábua entalhada, Golfo da Papua, Nova Guiné.

O método oposto é encontrado, por exemplo, na pintura e em relevos egípcios onde os olhos, o nariz, as mãos e os pés são mostrados com um bom grau de realismo, mas compostos em modos que distorcem a forma natural e que são impossíveis em termos de perspectiva (fig. 66). Um exemplo ainda melhor é o desenho da figura 67, uma tentativa de um dos melhores artistas haidas do norte da Colúmbia Britânica de ilustrar uma história de uma águia carregando uma mulher para longe. O rosto da mulher evidentemente pretende ser uma visão de três quartos. Percebe-se uma pintura facial na bochecha esquerda; a orelha esquerda só é mostrada vista em perfil; a boca com dentes é colocada sob o nariz numa mistura de perfil completo e visão frontal, e foi movida para o lado direito do rosto. No lábio inferior está um grande botoque mostrado *en face*, pois só com este ângulo o artista conseguiu mostrar o botoque com sua superfície oval característica. O nariz parece ser desenhado em perfil, apesar das narinas aparecerem *en face*.

Figura 66 Pintura egípcia.

Figura 67 Desenho haida representando uma águia carregando uma mulher.

Numa representação gráfica de objetos, podemos escolher entre dois pontos de vista: podemos considerar essencial que todos os traços característicos sejam mostrados, ou o objeto pode ser desenhado como ele aparece em qualquer momento dado. No primeiro caso, nossa atenção se dirige primariamente aos traços permanentes que são mais notáveis e pelos quais reconhecemos o objeto, enquanto outros que não são característicos, ou de qualquer maneira menos característicos, são considerados irrelevantes. No último caso, nos interessamos apenas no retrato visual que recebemos em qualquer momento dado, e nos traços salientes que nos chamam a atenção.

Este método é mais realista do que o outro apenas se afirmarmos que a essência do realismo é a reprodução de uma única imagem visual momentânea, e se a seleção daquilo que nos parece ser uma característica saliente receber um valor superior.

Na escultura ou na modelagem, de modo geral, estes problemas não aparecem da mesma forma. Também aqui podemos dirigir a atenção primariamente para a representação do essencial, e podem aparecer os mesmos princípios de seleção que são encontrados nas artes gráficas, mas o arranjo das partes não oferece as mesmas dificuldades que sempre estão presentes na representação gráfica. Assim que o homem se defronta com o problema de representar um objeto tridimensional numa superfície bidimensional, e de mostrar numa única posição permanente um objeto que muda sua aparência visual de tempos em tempos, ele precisa fazer uma escolha entre estes dois métodos. É fácil entender que uma visão de perfil de um animal onde apenas um olho é visto e em que um lado inteiro desaparece pode não satisfazer como uma representação realista. O animal tem *dois* olhos e *dois* lados. Quando ele se vira, eu vejo o outro lado; ele existe e deve fazer parte de um retrato satisfatório. Numa visão frontal, o animal aparece escorçado. A cauda está invisível, assim como os flancos; mas o animal tem cauda e flancos e eles deveriam estar ali. Nós nos defrontamos com o mesmo problema em nossas representações de mapas do mundo inteiro. Num mapa na projeção de Mercator, ou em nossos planisférios, nós distorcemos a superfície do globo para que todas as partes sejam visíveis. Nós nos interessamos apenas em mostrar, do modo mais satisfatório possível, as inter-relações entre as partes do globo. Nós combinamos numa figura aspectos que nunca poderiam ser vistos juntos de uma só vez. O mesmo vale para desenhos arquitetônicos ortogonais, particularmente quando duas perspectivas adjacentes em ângulos retos uma à outra são trazidas em contato, ou em cópias de desenhos onde as cenas ou desenhos retratados num cilindro, num vaso ou num pote esférico são desenvolvidas numa superfície plana para mostrar de uma vez só as inter-relações das formas decorativas. Em desenhos de objetos para estudo científico, nós às vezes também podemos adotar um ponto de vista semelhante, e para elucidar relações importantes, desenhar como se fôssemos capazes de olhar por trás ou através do objeto. Momentos diferentes são representados em diagramas onde movimentos mecânicos são ilustrados e onde, para explicar a operação de um dispositivo, várias posições das partes móveis são mostradas.

Na arte primitiva, ambas as soluções foram tentadas: a perspectiva e também a demonstração das partes essenciais combinadas. Como as partes essenciais são símbolos do objeto, podemos chamar este método de simbólico. Eu repito que no método simbólico representamos as características que são consideradas permanentes e essenciais, e que o desenhista não faz nenhuma tentativa de se confinar a uma reprodução daquilo que ele realmente vê num momento dado.

É fácil demonstrar que estes pontos de vista não estão ausentes de modo nenhum na arte europeia. A combinação de momentos diferentes na mesma pintura aparece rotineiramente na arte mais antiga – por exemplo, quando na pintura de Michelangelo Adão e Eva aparecem num lado da árvore do conhecimento no Paraíso e sendo expulsos pelo anjo no outro lado da árvore. De fato, toda tela grande contém uma combinação de visões diferentes. Quando dirigimos nossos olhos para uma cena, nós vemos distintamente apenas uma área limitada, e quanto mais longe os pontos do centro, mais eles aparecem embaçados e indistintos. Não obstante, a maioria das pinturas antigas de cenas grandes representa todas as partes com a mesma distinção, como elas aparecem aos nossos olhos quando eles vagueiam e absorvem todas as partes diferentes uma por uma. Rembrandt forçou a atenção do espectador sobre suas figuras principais através de luzes fortes, como nas espadas na grande cena da conspiração de Claudius Civilis e seus batavos contra os romanos, mas as figuras distantes têm contornos distintos, ainda que em cores escuras. Por outro lado, Hodler, em seu quadro de um duelo, atrai nossa atenção para as pontas das espadas que são pintadas num contorno vigoroso, enquanto todo o resto fica mais indistinto quanto mais longe está do ponto onde o interesse do artista se concentra.

Traços considerados como características permanentes têm um papel até na arte moderna. Até muito recentemente, a aparência do homem era concebida como essencialmente permanente. De qualquer maneira, as mudanças fortes que efetivamente ocorrem em posições diferentes não foram pintadas até muito recentemente. Uma pessoa de pele clara em pé entre um arbusto verde e uma parede de tijolos vermelhos certamente tem um rosto verde de um lado e vermelho do outro, e se o sol brilhar em sua testa ela pode ficar às vezes intensamente amarela. Ainda assim, nós não estamos, ou pelo menos não estávamos, acostumados a representar estes traços eminentemente realistas. Em vez disso, nós concentramos nossa atenção sobre o que é permanente na aparência do indivíduo como vista na costumeira luz do dia difusa. Nós estamos acostumados a ver as luzes momentâneas acidentais enfraquecidas em favor da impressão permanente.

Nas representações simbólicas primitivas, estes traços permanentes aparecem da mesma forma, às vezes fortemente enfatizados. Perceberemos imediatamente que os desenhos de crianças são essencialmente do caráter descrito aqui. Eles não são imagens da memória, como Wundt afirma, exceto na medida em que os símbolos são lembrados e são lembranças, mas sim composições daquilo que, para a mente da criança, parece essencial, e talvez também parece factível. Uma pessoa tem dois olhos que têm sua forma mais característica na visão frontal, um nariz proeminente que é mais notável de perfil; mãos com dedos que são melhor vistos quando as palmas estão voltadas para frente; pés cuja forma só fica clara de perfil. O corpo é essencial, assim como as roupas, daí as assim chamadas "fotos de Röntgen"[1] em que as partes cobertas são desenhadas. Estes desenhos são uma coleção de símbolos agrupados de forma mais ou menos satisfatória através de um contorno geral, apesar de traços singulares poderem estar fora de lugar. Os mesmos traços predominam costumeiramente em desenhos primitivos. Quando Karl von den Steinen pediu que índios sul-americanos desenhassem um homem branco, eles colocaram o bigode, como um símbolo característico, na testa, pois era suficiente colocá-lo como um símbolo no maior espaço disponível. As pinturas egípcias, com sua mistura de visões frontais e de perfil, e objetos transparentes através dos quais partes ocultas podem ser vistas (fig. 68), devem ser interpretadas do mesmo modo. Elas não são de modo nenhum prova de uma falta de habilidade de ver e desenhar em perspectiva; elas meramente demonstram que o interesse do povo se concentrava na representação completa dos símbolos.

Figura 68   Desenhos egípcios; acima: tigela e jarro; abaixo: pessoa dormindo com cobertor.

Quando um peso excepcionalmente grande está ligado ao símbolo, de modo a superar inteiramente o interesse no contorno, a forma geral pode ser diminuída, e surgem formas que, de nosso ponto de vista da perspectiva, perdem qualquer aparência de realismo. O caso mais característico deste tipo é encontrado na arte da costa noroeste da América, em que a forma animal inteira é reduzida a um conjunto de símbolos desconectados. Um castor é representado adequadamente por uma cabeça grande com dois pares de incisivos grandes e uma cauda escamosa (cf. p. 184s.). Neste caso, entretanto, não lidamos mais com representações grosseiras, e sim com uma arte altamente desenvolvida. Sua forma prova que em seu desenvolvimento a representação simbólica teve importância fundamental.

---

1. O que hoje em dia chamamos de radiografias, imagens de raios X, descobertos por Wilhelm Röntgen [N.T.].

Figura 69 Entalhe esquimó em presa de morsa, Alasca.

Figura 70 Pinturas em pedra bosquímanas.

A segunda forma de representação é através do desenho em perspectiva, em que utiliza-se a impressão visual momentânea, independentemente da presença ou ausência de símbolos característicos. Este método não está de modo nenhum ausente nos desenhos de homens primitivos e também nos de crianças, mas ele não é tão comum quanto a representação simbólica. De certo modo, a maioria das formas simbólicas grosseiras contém um elemento de perspectiva, ainda que ele não se estenda para a figura inteira, apenas para partes que são compostas mais ou menos habilmente de modo a manter uma aparência do contorno geral.

Este é o caso nas pinturas egípcias e australianas, e também na escrita ideográfica norte-americana (cf. fig. 61, 62). Em outros casos, a arte do desenho em perspectiva alcança uma excelência real. As silhuetas dos esquimós podem ser mencionadas como um exemplo (fig. 69). Suas figuras são sempre pequenas, entalhadas em marfim, chifres ou ossos, e preenchidas com hachuras ou com pigmentos pretos. A forma e a pose são bem-feitas. Apesar de geralmente não existir um arranjo em perspectiva de grupos, cada figura é bem-executada e produz uma impressão visual única. Nós encontramos a perspectiva de grupos nas pinturas em pedra da África do Sul (fig. 70), não perfeita, mas indicada pelo recorte das figuras e pelos tamanhos relativos dos objetos próximos e daqueles vistos à distância. O realismo em perspectiva de figuras únicas é ainda mais desenvolvido nas pinturas de homens do final do paleolítico, encontradas nas cavernas no sul da França e na Espanha (fig. 71). Esforços menos hábeis da representação em perspectiva não são raros. Em esteiras da região do Congo e em chapéus de cesta da Ilha de Vancouver (fig. 72) ocorreram tentativas bastante desajeitadas. Nos objetos da primeira região, temos animais em perfil; nos da segunda, cenas de caça a baleias: homens partindo numa canoa e trazendo de volta uma baleia arpoada.

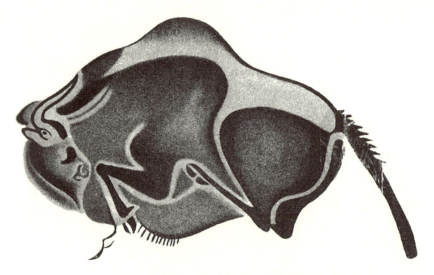

Figura 71   Pintura paleolítica representando bisão.

São muito mais comuns entalhes em madeira, osso ou pedra, ou objetos de cerâmica que não são simbólicos e pretendem representar melhor a natureza. São exemplos entalhes em marfim dos esquimós, chukchis e koryaks (fig. 73), entalhes pré-históricos e cerâmica da América do Norte.

Figura 72 Chapéu dos índios nootka.

Como afirmado anteriormente, não podemos fazer uma divisão rígida entre os dois métodos de representação. Na maioria dos casos, as representações simbólicas apresentam pelo menos em parte a perspectiva, ou na manutenção da forma geral ou na exibição de partes em forma de perspectiva; enquanto representações em perspectiva podem conter elementos simbólicos. Quando um índio pueblo pinta a forma de um veado com um bom grau de precisão de perspectiva (cf. fig. 142, p. 167), mas adiciona a ela uma linha que vai da boca ao coração como um símbolo essencial da vida; ou quando os símbolos são dispostos com um bom grau de correspondência à ordem em perspectiva, nós temos formas em que ambas as tendências podem ser observadas. De fato, encontramos algum grau de simbolismo convencional em todo desenho ou pintura, que aumenta quanto mais esboçada for a obra; em outras palavras, quanto mais a representação é confinada a características salientes. Isto é particularmente verdadeiro de todas as formas de caricatura.

Se a arte representativa realmente se transformasse no realismo absoluto, a fotografia a cores estereoscópica seria o maior tipo de arte, mas isto obviamente não é o caso. Deixando de lado a atração emocional do objeto em si, uma cópia precisa de um objeto natural, como uma flor de vidro, um entalhe pintado, uma imitação de sons naturais ou uma pantomima podem atingir uma atração emocional intensa, eles podem empolgar nossa admiração devido à habilidade de execução; seu valor artístico sempre dependerá da presença de um elemento formal que não é idêntico à forma encontrada na natureza.

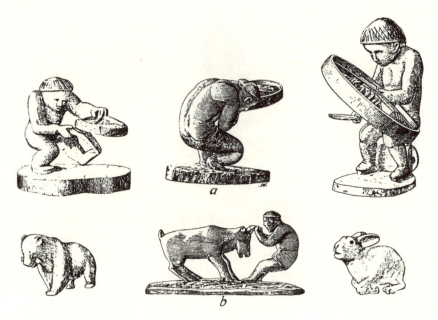

Figura 73 Entalhes koryaks.

É preciso enfatizar os pontos de vista distintos a partir dos quais os dois métodos de representação gráfica se desenvolvem, porque o desenvolvimento do desenho em perspectiva é muitas vezes representado como um estágio superior do método simbólico, mais grosseiro. Entretanto, ambos têm fontes psicológicas distintas que permanecem ativas tanto na história inicial da arte quanto na posterior. Vierkandt[2] designa os vários métodos de representação como sugestivo (*andeutend*), descritivo (*beschreibend*) e em perspectiva (*anschaulich*). Os dois primeiros correspondem ao que chamei aqui de simbólico. Eles diferem apenas no caráter mais ou menos fragmentário dos símbolos. O tipo em perspectiva não surge a partir dos dois primeiros como resultado de uma evolução; ele se baseia numa atitude mental distinta, cuja presença inicial se manifesta pelas pinturas realistas em perspectiva de várias tribos primitivas.

A teoria de um desenvolvimento contínuo da arte simbólica para a realista é uma das várias tentativas de provar um desenvolvimento contínuo das formas culturais, uma evolução firme e sem rupturas. Este ponto de vista teve uma influência profunda em toda a teoria da etnologia. A evolução, significando a mudança contínua dos pensamentos e das ações, ou a continuidade histórica, deve ser aceita sem reservas. Mas isto não se aplica quando ela é concebida como significando o desenvolvimento contínuo universalmente válido de uma forma

---

2. "Das Zeichnen der Naturvölker". *Zeitschrift für angewandte Psychologie*, vol. 6, 1912, p. 347s.

cultural a partir de um tipo precedente, como o suposto desenvolvimento das formas econômicas da coleta de alimentos, depois o pastoreio e finalmente a agricultura. Em tempos passados, supunha-se que estes três estágios eram característicos de todo o desenvolvimento humano, até que foi reconhecido que não há nenhuma conexão entre a invenção da agricultura e a domesticação dos animais – a primeira se desenvolveu através da ocupação de mulheres que juntavam as fontes de alimentos vegetais, a segunda através da devoção dos homens à caça. Os homens não tinham ocasião para se familiarizar com o manuseio de plantas, e as mulheres tinham as mesmas poucas oportunidades para lidar com animais. Portanto, é impossível que o desenvolvimento da agricultura e do pastoreio sejam derivados das mesmas fontes.

Não seria menos arbitrário pressupor que as formas sociais devem ter se desenvolvido numa sequência regular universalmente válida, com um estágio sempre se baseando no mesmo estágio precedente em todas as partes do mundo. Não há nenhuma evidência que nos obrigaria a pressupor que organizações matrilineares sempre precederam organizações patrilineares ou bilaterais. Pelo contrário, parece muito mais provável que a vida dos caçadores em unidades familiares isoladas, ou a de grupos maiores em áreas mais férteis, levou a resultados completamente diferentes. Podemos esperar evolução contínua apenas em casos onde as condições sociais e psicológicas são contínuas.

Depois desta breve digressão, voltemos ao nosso assunto. As representações se tornam obras de arte apenas quando a técnica de sua manufatura é controlada perfeitamente, pelo menos por um certo número de indivíduos; em outras palavras, quando elas são executadas por um dos processos que são industrialmente de uso comum. Onde se pratica o entalhe, podemos esperar formas artísticas em entalhes; onde a pintura, a cerâmica ou o trabalho em metal predominam, encontramos a forma artística nos produtos das indústrias onde se alcança o maior grau de habilidade técnica. Os esquimós entalham em marfim, chifres ou ossos, com os quais eles fazem seus arpões e muitos outros utensílios; seus melhores trabalhos representativos são feitos com a faca e consistem em pequenos entalhes e marcas nas quais eles aplicam os mesmos métodos que empregam todos os dias. Os neozelandeses entalham madeira, fazem trabalhos delicados em pedra e pintam; suas melhores obras representativas são feitas por estes métodos. Trabalho em metal e entalhes em marfim de Benin (fig. 74), máscaras de Camarões (fig. 75), entalhes em madeira da costa noroeste da América (cf. fig. 154-156, p. 181, 183), cerâmica do Peru, das terras iorubás (fig. 76), da América Central e de Arkansas (fig. 77, p. 93), a cestaria dos pimas, bordados (cf. fig. 39, p. 55) e tecidos dos peruanos são outros exemplos.

Figura 74 Peça fundida de bronze, Benin.

Como as representações que pretendem ter valor artístico são feitas na técnica mais altamente desenvolvida, não surpreende que o estilo formal da técnica ganhe influência sobre a forma da representação. As linhas angulares da tecelagem com materiais grossos e as formas em degrau das diagonais que são determinadas por esta técnica frequentemente têm efeitos nas representações e se tornam parte integrante de um estilo local. Desenvolve-se uma relação íntima entre os elementos formais e representativos que faz com que a representação receba um valor formal completamente separado de sua significância. Quanto mais profunda a influência do elemento formal e decorativo sobre o método de representação, mais provável será que os elementos formais recebam um valor emocional. Estabelece-se uma associação entre estas duas formas que leva, por um lado, à convencionalização do desenho representativo e, por outro, à imputação de significância a elementos formais. Seria muito arbitrário pressupor um desenvolvimento unilateral do representativo para o formal ou vice-versa, ou mesmo falar de uma transformação gradual de uma forma representativa para uma convencional, porque a própria representação artística só pode proceder com base nas formas desenvolvidas tecnicamente. Discutiremos posteriormente esta questão com mais profundidade (cf. p. 123s.).

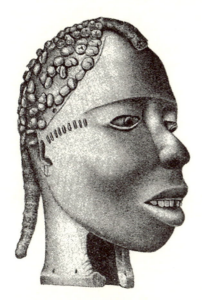 

Figura 75 Máscara, Rio Cross, Camarões.

Figura 76 Cabeça de terracota de Ife, Nigéria.

Podemos observar em todos os aspectos da vida a influência controladora do padrão, ou seja, de alguma forma típica de comportamento. Assim como nós pensamos num padrão de causalidade material e objetiva, o homem primitivo pensa num padrão em que a causalidade subjetiva é um elemento importante. Assim como nossas relações pessoais com parentes de sangue são determinadas pelo padrão de nossa família, também as relações correspondentes em outras sociedades são governadas por seus padrões sociais. A interpretação do padrão pode mudar, mas sua forma é capaz de continuar por longos períodos.

Podemos observar a mesma estabilidade de padrão nos produtos artísticos do homem. Quando um tipo definido é estabelecido, ele exerce uma influência dominante sobre novas tentativas artísticas. Quando seu controle continua por um período longo, pode ocorrer que as representações fiquem presas num molde de ferro e que os assuntos mais diversos acabem recebendo formas semelhantes. Seria então como se o padrão antigo fosse mal-interpretado e novas formas se desenvolvessem a partir dele. Assim, de acordo com Von den Steinen, os figurinos em entalhes das Marquesas, que originariamente representavam duas figuras de costas uma para a outra, determinaram o tipo de representações completamente novas, ou, como ele prefere dizer, eles foram mal-interpretados e desenvolvidos de formas novas. Eu não duvido que em alguns casos este processo de má interpretação ocorra, mas ele não nos interessa agora. Exemplos notáveis da influência subjugante de um padrão podem ser encontrados em muitas partes do mundo.

O estilo da costa noroeste da América é tão rígido que todas as figuras animais representadas em superfícies planas são feitas no mesmo molde (cf. p. 183s.); a frequência esmagadora da espiral na Nova Zelândia é outro exemplo; as figuras animais entrelaçadas da arte germânica do início da Idade Média; os padrões angulares dos índios norte-americanos (cf. p. 174); tudo isto ilustra a mesma condição. Numa arte cuja técnica não admite o uso de linhas curvas e na qual padrões decorativos se desenvolveram, não há espaço para linhas curvas, e os contornos curvos dos objetos são repartidos em formas angulares. Os padrões, ou, como normalmente falamos, o estilo, dominam a arte formal e também a representativa.

Entretanto, o estilo não é de modo nenhum completamente determinado pelas tendências formais gerais que discutimos, nem pelas relações entre estes elementos e o campo decorativo; e sim depende de muitas outras condições.

É preciso discutir mais um ponto aqui. Chamamos a atenção para a ausência aparente de elementos puramente formais na arte das tribos que são, de um ponto de vista econômico e industrial, as mais primitivas, a saber, os bosquímanos modernos da África do Sul, os esquimós da América do Norte ártica, os australianos e, em tempos remotos, os caçadores paleolíticos. Esta afirmação não é exatamente correta, como Vierkandt já observara, porque outras tribos que vivem no mesmo nível industrial não compartilham destas características; particularmente os veddahs[3] e os habitantes das Ilhas Andamão. Além disso, não é nada certo que as esculturas de pedra sul-africanas tenham sido feitas pelos bosquímanos. Parece bastante certo que as melhores esculturas registradas foram feitas em tempos anteriores e que os bosquímanos vivos sabem pouco sobre sua origem. Nas pinturas e petróglifos sul-africanos e nas obras de arte das outras tribos mencionadas acima, encontramos uma arte realista altamente desenvolvida que exibe uma verdade surpreendente de percepção de perspectiva, tanto em repouso quanto em movimento. Verworn baseou nesta observação uma distinção entre o que ele chama de arte fisioplástica e ideoplástica; a primeira contém imagens visuais verdadeiras e momentâneas, a segunda representa a natureza remodelada pelo pensamento e, portanto, num estilo convencional.

---

3. Povo nativo do atual Sri Lanka, hoje conhecido como Wanniya-Laetto [N.T.].

Figura 77   Cabeça de cerâmica de Arkansas.

Eu não acredito que seja sustentável designar estes estilos a níveis de cultura distintos, pois representações fisioplásticas não estão de modo nenhum confinadas às tribos de estrutura econômica mais simples, e elas também não são comuns a todas estas tribos, como acabamos de indicar. Nestas questões, assim como em todas as outras questões étnicas, nós precisamos evitar tratar as tribos como unidades padronizadas demais. As variações individuais na aparência física assim como na vida mental são tão importantes na sociedade primitiva quanto na nossa. Há artistas e artesãos em todas as formas de sociedade, assim como há crentes e descrentes; há artistas criativos que ascendem acima do nível do artesão hábil e há comerciantes que se satisfazem em aderir de modo submisso, ainda que preciso, a padrões existentes. Onde a arte representativa caiu sob o controle rígido da técnica, há pouca oportunidade para o desenvolvimento de um estilo naturalista; onde a técnica é livre, lá também podemos esperar formas livres. Esta condição ocorre de dois modos, a saber, naqueles casos em que a arte representativa não é escravizada por uma técnica unilateral, e sob condições onde se alcançou um alto grau de liberdade no uso de vários processos técnicos. Um estudo do conjunto inteiro de produtos artísticos mostra que onde se pratica uma técnica que dá liberdade ao desenvolvimento da forma, ocorrem formas naturalistas, ou seja, formas relativamente livres de maneirismos estilísticos, ainda que às vezes com generalizações ousadas. O entalhe em madeira, ossos, marfim ou pedras e a modelagem em argila são as principais artes que oferecem esta liberdade, que não é encontrada tão facilmente na representação gráfica. Portanto, encontramos em muitas culturas que de outro modo estão sob controle estrito do estilo convencional, pelo menos ocasionalmente, figuras que são de modo geral naturalistas. Exemplos são encontrados na arte da costa do Pacífico norte; em peças fundidas de bronze, entalhes em madeira e figuras de argila da África (fig. 74-76); na cerâmica dos antigos habitantes do Arkansas (fig. 77); e em trabalhos em pedra mexicanos, assim como na cerâmica peruana. Por outro lado, nosso realismo moderno se baseia na emancipação de um único estilo rígido que controla toda a produção artística. Tal liberdade não é encontrada no mesmo grau na arte primitiva, com seu número mais limitado de processos técnicos.

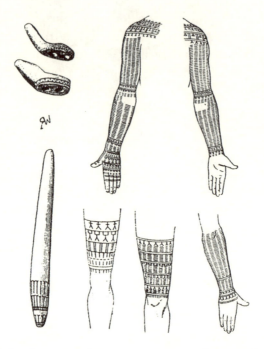

Figura 78 Entalhes em marfim e osso, e tatuagem de esquimós orientais.

Um outro erro me parece fundamentar a teoria proposta por Max Verworn. É não apenas incorreto pressupor que representações próximas à natureza estão confinadas a tribos de nível econômico e industrial mais inferior, mas também é possível demonstrar que pelo menos aquelas que vivem no momento atual têm arte ideoplástica, além da fisioplástica. Isto é particularmente verdadeiro para os esquimós. Apesar deles produzirem um número notável de entalhes e marcas realistas, eles também têm vários desenhos geométricos convencionais que são de ocorrência regular. Os mais predominantes entre eles são linhas em forma de aguilhão alternantes e a sequência de figuras em forma de Y (fig. 78). Esta última às vezes tem um significado simbólico, da mesma forma que outros desenhos geométricos convencionais entre outros grupos de pessoas. Com pequenos círculos no final do Y bifurcado, ela é interpretada como uma flor. Além disso, as roupas dos homens e das mulheres são sempre decoradas com motivos que indicam ou enfatizam as partes do corpo que recobrem, como as escápulas ou o esterno. Esta arte convencional entre os habitantes do Alasca é particularmente ideoplástica no sentido de Verworn.

Nós também mostramos exemplos da arte ornamental geométrica dos bosquímanos (fig. 8, p. 28); entretanto, nós não sabemos se ela tem um significado simbólico. Sua arte ornamental é muito escassa porque eles têm pouquíssimas coisas que podem ser ornamentadas.

Parece mais do que provável que o homem do final do paleolítico, cujos implementos estão quase no mesmo nível daqueles das tribos primitivas modernas, que adornava seu corpo e que usava ornamentos geométricos em seus implementos de ossos, também decorava suas roupas e outras posses perecíveis das quais não resta nenhum traço. Se imaginarmos os restos dos índios das planícies modernos, ou dos australianos, expostos por milhares de anos ao clima úmido da Europa, nada restaria para nos dar uma indicação da complexidade de sua cultura e da existência de sua arte simbólica, ou seja, ideoplástica.

3
Simbolismo

Nós vimos que podemos distinguir dois elementos na arte dos povos primitivos; um puramente formal em que a fruição se baseia apenas na forma, e outro em que a forma é preenchida com significado. Neste segundo caso, a significância cria um valor estético ampliado, com base nas conexões associativas do produto ou do ato artístico. Como estas formas são significativas, elas devem ser representativas – não necessariamente representativas de objetos tangíveis, mas às vezes de ideias mais ou menos abstratas.

Em nossa discussão anterior nós também demonstramos que a arte representativa pode ser, e geralmente é, fortemente influenciada pela forma técnica, de tal modo que em muitos casos o protótipo natural não é imediatamente reconhecido.

É notável que, na arte de muitas tribos por todo o mundo, ornamentos que nos parecem puramente formais são associados com significados, ou seja, são interpretados. Karl von den Steinen descobriu que os padrões geométricos dos índios brasileiros representavam peixes, morcegos, abelhas e outros animais, apesar dos triângulos e losangos em que eles consistem não terem nenhuma relação aparente com estas formas animais. O desenho no topo da figura 79 representa morcegos, indicados pelos triângulos pretos. A figura abaixo dele representa o uluri, um pequeno objeto de barro usado por mulheres no lugar de uma tanga. A terceira figura representa um peixe, cujas escamas grandes são indicadas por losangos. A quarta e a quinta figuras também representam peixes, enquanto a última se chama "abelhas jovens".

Figura 79 Ornamentos dos awetis, Brasil.

Figura 80 Ornamentos dos karajás.

Figura 81 Padrões de cestaria da Guiana Britânica; *a*, cobra perseguindo sapo; *b*, homem; *c*, cão; *d-f*, noz-moscada selvagem.

Vários pratos de argila que representam animais eram caracterizados em parte por cabeças, membros e caudas distintos, enquanto outros não tinham nenhuma semelhança com as formas que os nativos afirmavam que representavam. Entretanto, existe uma similaridade geral de forma entre as formas puramente convencionais e as realistas, o que sugeriu a Von den Steinen a conclusão de que as primeiras se desenvolveram a partir das segundas. Posteriormente, Ehrenreich corroborou estas observações tanto na América do Sul quanto na América do Norte. Um pequeno número de desenhos com nomes é mostrado na figura 80. Os losangos na primeira figura no topo representam colmeias de vespas e podem ser comparados às abelhas jovens na figura 79. A faixa em zigue-zague na segunda figura, de disposição simétrica com elementos de comprimentos diferentes repetidos ritmicamente, representa morcegos. Na forma, ela é idêntica ao pássaro fragata da Nova Irlanda (cf. fig. 101, p. 114). A terceira figura a partir do topo representa as marcas da pele de uma cascavel, e as figuras restantes também são marcas da pele de várias cobras.

Figura 82 Padrões de cestaria da Guiana Britânica; *a*, centopeia; *b*, capim da savana; *c-f*, caramujos; *g*, borboletas; *h-j*, cobras.

W.E. Roth registrou a significância dos desenhos da cestaria dos índios da Guiana Britânica[1]. Alguns destes desenhos contêm figuras realistas, mas a maioria deles são derivados geométricos de faixas em zigue-zague e formas em grega, tais quais ocorrem na cestaria de barbante grosso em muitas partes do mundo. A maioria destas formas é explicada como animais; algumas identificadas por sua forma, outras imitam o padrão da pele ou sugerem partes do corpo. Também há várias representações de plantas (fig. 81, 82). Em algumas delas, o significado da forma é reconhecido facilmente, como na cobra perseguindo um sapo (fig. 81*a*) ou na forma humana (fig. 81*b*). O corpo da cobra é representado por uma grega larga, e sua cabeça por um triângulo. À direita da cabeça está o sapo. O cão mostrado na figura 81*c* é menos evidente. As interpretações dos desenhos nas figuras 81*d*, *e* e *f*, e na figura 82 parecem bastante arbitrárias. As gregas na figura 81*d-f* representam a noz-moscada selvagem. Em *e*, a barra vertical que conecta o T duplo representa os galhos principais, a barra horizontal os secundários. A figura 82*a* se chama centopeia, *b* capim da savana, *c-f* caramujos, *g* borboletas, e os três desenhos *h-j* representam cobras. O quadrado no padrão do canto inferior esquerdo de *j* é a cabeça da cobra.

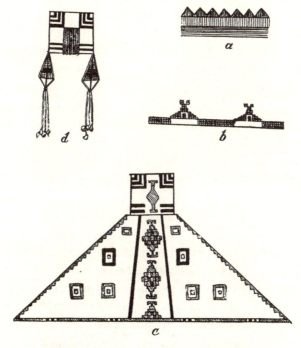

Figura 83 Desenhos dos índios cheyennes.

---

1. ROTH, W.E. "Introductory Study of Arts, Crafts, and Customs of the Guiana Indians". *38th Annual Report of the Bureau of American Ethnology*, 1924, p. 354s. Washington.

Ehrenreich foi o primeiro a observar o simbolismo altamente desenvolvido dos índios norte-americanos, e sua observação impulsionou os estudos da arte norte-americana que foi instituída, em grande parte, pelo Museu Americano de História Natural em Nova York. Ele fez suas observações entre os cheyennes, e, devido à sua importância, elas podem ser citadas aqui[2]: "As representações de fenômenos celestiais são encontradas em seu desenvolvimento maior entre as tribos pueblos agrícolas, para quem todo o culto consiste essencialmente em *performances* mágicas para garantir a chuva. Além disso, são usados motivos geográficos como montanhas, rios, trilhas, e locais de acampamento que são importantes para os índios que habitam as pradarias infindáveis. Um exemplo típico é encontrado no ornamento retirado de um mocassim (fig. 83*a*), em que uma série de triângulos azul-escuros representa montanhas, uma faixa azul-clara um rio, e uma vermelha, uma trilha. Um segundo ornamento, também retirado de um mocassim (fig. 83*b*), mostra uma série de tendas. Pontos vermelhos nas tendas triangulares representam fogueiras.

As capas de berços geralmente são ricamente ornamentadas. O desenho de um espécime que adquiri é de interesse peculiar devido à representação de ideias abstratas (fig. 83*c*, *d*). Como de costume, a superfície superior da capa é branca, uma cor que, no simbolismo dos índios, designa o céu e a vida. A margem é formada por uma linha verde e a superfície inteira é dividida em três campos por duas linhas azuis convergentes. Os campos laterais grandes são estritamente simétricos. Eles contêm três grupos de estrelas representadas por retângulos. A linha mais baixa – quatro retângulos vermelhos envolvendo centros verdes – representa estrelas grandes e brilhantes; e a linha superior, vermelha sem centros, são os filhos das estrelas. Não está claro se com isto eles querem dizer as estrelas menores ou estrelas cadentes.

O campo intermediário, cercado por linhas azuis, representa o caminho da vida da criança. Neste campo encontramos figuras verdes peculiares que têm pontas em forma de T na parte de cima e de baixo. Elas têm forma de losango e envolvem um padrão xadrez vermelho e amarelo. Elas designam a boa sorte da criança, ou os sucessos que ela terá na vida. Neste caso, o verde simboliza o crescimento e o desenvolvimento; o amarelo, a maturidade e a perfeição; o vermelho, o sangue, a vida e a boa sorte; e tudo isto está relacionado às divindades. A borda inferior da capa é interrompida em ambos os lados por pequenos quadrados brancos e azuis. Estes representariam a idade da criança. Eu não aprendi o que eles queriam dizer com esta expressão. Talvez eles se referissem à passagem das estações, já que a alternação entre azul e branco significa a mudança de inverno e verão.

---

2. *Ethnologisches Notizblatt*, vol. II, 1, 1899, p. 27s.

A capa termina numa aba quadrada que tem no centro um losango verde que termina em barras cruzadas, mas que é menor e mais simples do que as figuras correspondentes no campo central. Ele representa o coração. As linhas e ângulos azuis nos cantos da aba continuam da mesma forma no lado oposto. Elas representam os eventos inesperados da vida. Apetrechos em ambos os lados são as orelhas da criança; as linhas curtas de contas bordadas na parte de trás da aba representam o cabelo da criança".

Com base nestes resultados, realizou-se um estudo um tanto extenso do simbolismo da arte indígena americana, durante o qual A.L. Kroeber investigou a arte dos arapahos; Roland B. Dixon, das tribos californianas; Clark Wissler, dos sioux e dos pés-pretos; e H.H. St. Clair, dos shoshones. Posteriormente, o estudo foi estendido para áreas adjacentes.

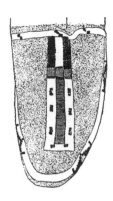 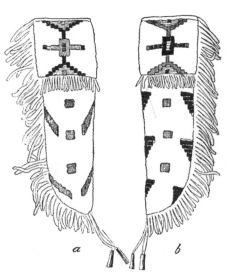

Figura 84 Mocassim, arapaho.   Figura 85 Estojo de facas, arapaho.

Os resultados obtidos por Kroeber indicam uma semelhança próxima entre o simbolismo dos arapahos e dos cheyennes. Aqui também ideias abstratas aparecem em número considerável. Será suficiente dar alguns exemplos. Num mocassim[3] (fig. 84), "a faixa longitudinal significa o caminho até o destino. Uma faixa curta no calcanhar do mocassim (não mostrada na figura) significa a ideia oposta, o lugar de onde partimos. A variedade de cores na faixa maior representa uma variedade de coisas (que naturalmente têm muitas cores diferentes) que de-

---

3. KROEBER, A.L. "The Arapaho". *Bulletin of the American Museum of National History*, vol. XVIII, p. 39-40.

sejamos possuir. Os pequenos retângulos azul-escuros são símbolos chamados de *'hiiteni'*[4]. A borda branca deste mocassim, devido à sua cor, representa a neve. As figuras nele representam colinas com árvores eretas. A faixa sobre o peito do pé significa 'subir a colina e descer novamente' (sua parte intermediária fica elevada em relação às pontas devido ao peito do pé). Os pontos nesta faixa representam lugares expostos pela neve derretida". A bainha de faca[5] representada na figura 85 "tem no topo uma cruz que significa uma pessoa. Os triângulos acima e abaixo dela são montanhas. Na parte inferior, na linha do meio, há três quadrados verdes, símbolos da vida ou da abundância. Linhas inclinadas vermelhas apontando para os quadrados são pensamentos ou desejos direcionados aos objetos desejados, representados pelos símbolos da vida".

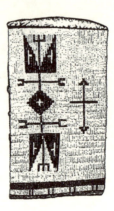

Figura 86 Perneira, índios sioux.

Observações entre os índios sioux feitas por Clark Wissler tiveram resultados semelhantes. O desenho numa perneira (fig. 86) servirá como um exemplo. Ele representa uma batalha[6]. O losango central é aqui o corpo de um homem. Os triângulos grandes são as tendas da aldeia em que a batalha ocorreu. As figuras dentadas representam ferimentos e sangue; as linhas retas que as apoiam, o voo de flechas. As linhas cruzadas representariam flechas e lanças.

Os assiniboine, um ramo próximo dos sioux, não ofereceram muitas informações sobre o significado dos desenhos, mas os poucos fragmentos coletados

---

4. Explica-se *hiiteni* como significando vida, abundância, comida, prosperidade, bênçãos temporais, desejo ou esperança de comida, oração por abundância, ou as coisas que se deseja (KROEBER, A.L. Ibid., p. 40).

5. Ibid., p. 88.

6. WISSLER, C. "Decorative Art of the Sioux Indians". *Bulletin of the American Museum of Natural History*, vol. XVIII, p. 253.

por Robert H. Lowie[7] mostram que os princípios encontrados entre outras tribos não são, ou não eram, desconhecidos para eles. Os desenhos encontrados num tambor ilustram isto (fig. 87):

"O campo central cinza é ele próprio um tambor; os anéis concêntricos ao redor dele são símbolos de arco-íris, e os quatro conjuntos de linhas inclinadas (amarelas, pretas e esbranquiçadas) representam o brilho do sol. A cor verde entre estas linhas denota as nuvens; os quatro anéis que seguem, o arco-íris, e o anel externo, não têm um significado identificável. No outro lado, há uma estrela no centro; o círculo preto representa a noite, a cor azul na circunferência, o crepúsculo, e as linhas oblíquas vermelhas, amarelas e brancas, o brilho do sol".

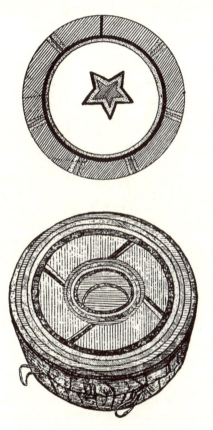

Figura 87 Tambor dos assiniboine.

Alguns desenhos arapaho são interpretados como representando características geográficas ou uma aldeia em seu ambiente geográfico. No espécime mos-

---

7. LOWIE, R.H. "The Assiniboine". *Anthropological Paper of the American Museum of National History*, vol. IV, p. 26.

trado na figura 88, "os dois triângulos grandes nas pontas representam tendas; o losango central, duas tendas; entre eles, uma faixa branca com pontos pretos representa uma trilha de búfalos com rastros de búfalo nela. Os quatro triângulos obtusos vermelhos nos lados são montanhas; pequenos triângulos amarelos cercados por eles são tendas; as linhas azuis duplas envolvendo o padrão inteiro representam cordilheiras de montanhas. Pequenos retângulos nesta borda, de cor vermelha e amarela, representam lagos".

Figura 88 Bolsa de couro cru, arapaho.   Figura 89 Desenho de *parfleche*, shoshone.

Interpretações geográficas são muito comuns entre a maioria das tribos indígenas das Grandes Planícies. Montanhas, cavernas, árvores, riachos, lagos, trilhas e tendas são simbolizadas costumeiramente nas formas angulares de suas pinturas e bordados. Comparada a elas, a associação entre ideias abstratas e formas geométricas é bastante rara.

Alguns exemplos podem também ilustrar as explicações dadas por índios shoshones[8]. As interpretações são em grande parte geográficas. Na figura 89, o retângulo central vermelho representa o solo; o verde, árvores ao fundo. Neste campo verde está um lago, indicado pela área azul no centro, a linha amarela que divide o campo central é uma enseada do lago. O triângulo obtuso azul nos lados do retângulo central representa montanhas com lenha. Os triângulos nos

---

8. Retiradas de observações de H.H. St. Clair na reserva Wind River. Lowie não conseguiu obter nenhuma explicação na agência Lemhi, Idaho.

lados menores também são montanhas. O cume amarelo é o sol brilhando nas montanhas, a parte intermediária vermelha do triângulo é o solo, a área verde na base, a grama ao pé das montanhas. Nos cantos, encontramos pequenos triângulos representando areia e, sobre eles, a luz amarela do sol.

Numa segunda *parfleche* shoshone, triângulos obtusos no retângulo central e triângulos menores nas faixas longitudinais nas bordas representam montanhas, uma linha vermelha no centro representa um rio, e triângulos retos são *tipis*[9].

Outra *parfleche* shoshone de padrão semelhante foi explicada da seguinte maneira: uma linha azul envolvendo um retângulo interno é um forte ou uma paliçada cercada pelo inimigo, representado por quadrados vermelhos ou verdes na borda. Uma linha amarela e vermelha através do centro é a passagem pela qual o povo escapa.

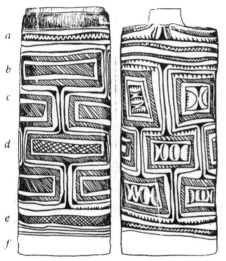 

Figura 90 Estojo de bambu, Melanésia.   Figura 91 Tigela zuni, quebrada e com bordas desgastadas.

Um ornamento explicado consistentemente pela geografia também foi descrito por Stephan (fig. 90). A linha em zigue-zague superior (*a*) representa uma cobra; os campos retangulares sob ela (*b*), o mar movido pelo vento. Os cantos escuros do retângulo (*c*), indicam águas calmas ou profundas. O campo central com hachura em cruzes (*d*), a chuva no mar ou ondulações na água. As faixas inferiores (*e*, *f*) e a faixa no topo (*a*) não pertencem ao retrato do mar, (*e*) é explicada como as nervuras da folha do coqueiro, (*f*) como um tipo de capim.

---

9. Tendas cônicas características dos índios norte-americanos [N.T.].

No lado oposto, (*a*) não é explicada, (*b*) é uma cobra. O resto do desenho se encaixa com o padrão geográfico, (*c*) são pedras atingidas por vagalhões.

Eu agradeço a Senhorita Ruth L. Bunzel pela seguinte interpretação consistente de uma tigela zuni – parte de uma tigela funda cuja parte superior foi quebrada. O informante dela a explicou do seguinte modo (fig. 91): "Nós chamamos o desenho de 'nuvem solitária'. Quando uma pessoa não comparece às danças quando eles dançam pela chuva, depois de sua morte ela vai para o Lago Sagrado e quando todos os espíritos das outras pessoas mortas voltam a Zuni para fazer chover, ela não pode ir, e precisa esperar lá sozinha, como uma pequena nuvem solitária que permanece no céu depois que as nuvens de tempestade passaram. Ela apenas fica sentada esperando sozinha, sempre olhando e olhando para todas as direções, esperando alguém chegar. É por isso que colocamos olhos fitando todas as direções".

Figura 92   Objeto cerimonial, índios huichóis, México.

Interpretações simbólicas consistentes[10] também foram dadas para objetos cerimoniais dos índios huichóis[11].

Num "escudo frontal", um objeto sagrado (fig. 92), símbolos de fertilidade são representados por figuras geométricas: "A cruz no centro representa quatro nuvens no horizonte, os segmentos coloridos que completam o círculo interno representam pássaros vermelhos e azuis (andorinhões) pairando sobre as nuvens. No segundo círculo temos cruzes representando milho vermelho, amarelo e azul.

---

10. LUMHOLTZ, C. "Symbolism of the Huichol Indians". *Memoirs of the American Museum of Natural History*, vol. III, p. 125, fig. 133.

11. Povo indígena mexicano que se denomina wixáritari [N.T.].

Na zona exterior está uma linha em zigue-zague vermelha e azul representando Mãe Água do Leste, uma divindade. Nove triângulos entre a cabeça e a cauda da serpente, agrupados, representam o mezcal (um cacto narcótico) que é considerado relacionado ao milho e como uma súplica por chuva e saúde".

Um outro exemplo é uma proteção dorsal sacrificial (fig. 93)[12], em que o símbolo (*a*) representa uma serpente, (*b*) nuvens brancas, (*c*) nuvens negras, (*d*) chuva (faixas amarelas e brancas), (*e*) três flores, (*f*) uma vinha de abóbora, estes dois representando a vegetação que surge depois da chuva; e (*g*) a terra com suas colinas.

Representações semelhantes são encontradas em bordados de trajes tecidos – assim, uma linha em zigue-zague numa bolsa[13] (fig. 94) representa relâmpagos, e as cruzes, as Plêiades.

Passando para a Polinésia, von den Steinen[14] nos deu uma descrição completa das tatuagens dos habitantes das Ilhas Marquesas, pela qual parece que nas mentes dos nativos os desenhos têm significância definida. Eu menciono uma série de triângulos pretos em bases retangulares, chamados de Fanaua, mulheres que morreram ao dar à luz (fig. 95*a*); as nuvens cúmulo do vento norte (fig. 95*b*). Na figura 95*c* a linha superior foi chamada por um informante de "o sujeito com passo de galo", a inferior de "o herói Pohu e sua casa". Outro informante de outra aldeia designou as figuras com braços erguidos como abortos lendários consistindo num peito, e as figuras inferiores semicirculares e retangulares como outros que consistiam apenas em costelas. Sobre as duas figuras análogas, 95*d* e *e*, a primeira é chamada de caranguejo, a segunda de tartaruga, enquanto 95*f* é chamada de banho do herói Kena.

Nós encontramos em nossa civilização casos em que a composição de formas ou cores possui uma significância simbólica completamente separada de seus valores formais. O caso mais óbvio é o das bandeiras nacionais. Elas não são apenas ornamentais, possuindo também um apelo emocional forte. Elas evocam o sentimento de patriotismo nacional e seus valores não podem ser compreendidos numa base puramente formal, já que estão fundamentados na associação da forma com campos definidos de nossa vida emocional. O mesmo vale para alguns símbolos. Na Alemanha, no período atual, a suástica como o símbolo do antissemitismo e a estrela de Davi como o símbolo judai-

---

12. LUMHOLTZ, C. "Symbolism of the Huichol Indians". *Memoirs of the American Museum of Natural History*. Op. cit., p. 146, fig. 173.

13. LUMHOLTZ, C. "Decorative Art of the Huichol Indians". *Memoirs of the American Museum of Natural History*, vol. III, p. 325, fig. 257.

14. VON DEN STEINEN, K. *Die Marquesaner und ihre Kunst*. Berlim, 1925. Cf. tb. HANDY, W.C. "Tattooing in the Marquesas". *Bernice P. Bishop Museum – Bulletin 7*. Honolulu, 1922.

co têm significância política muito definida e são capazes de animar as paixões mais violentas quando usadas para propósitos decorativos – não devido à sua forma, mas por causa da reação emocional às ideias que elas representam. Insígnias militares, emblemas de sociedades secretas, emblemas de estudantes e outras insígnias exercem a mesma influência através de suas associações. Devido ao valor emocional forte destes padrões e ao caráter específico das associações, o uso do ornamento pode ser restrito a classes especiais de objetos, ou reservados para classes ou indivíduos privilegiados. Assim, entre nós, a cruz ou a bandeira não podem ser usadas de modo apropriado em todos os lugares e em todos os momentos, e insígnias de postos militares são restritas àqueles que têm o direito de usá-las. Do mesmo modo, objetos totêmicos só podem ser usados pelos privilegiados, e não por aqueles que pertencem a outro totem. Valores emocionais fortes são associados costumeiramente com todas as formas usadas em rituais importantes. Os ornamentos simples de casca de cedro pintados de vermelho usados pelos índios da Colúmbia Britânica têm esta atração porque os apetrechos ornamentais simbolizam os dons que o portador recebeu de seu protetor sobrenatural.

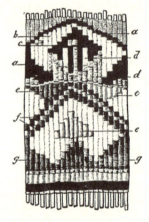

Figura 93 Objeto cerimonial tecido, índios huichóis, México.

Figura 94 Desenho de uma bolsa, índios huichóis.

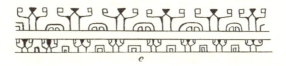

Figura 95 Desenhos de tatuagens, Ilhas Marquesas.

Reconhece-se imediatamente que estas condições só valem quando a interpretação do ornamento, e com ela sua significância emocional, estão estabelecidas firmemente na mente das pessoas; se todas elas reagem sem falta e sem hesitação ao mesmo padrão. Isto não é o caso de modo nenhum em todos os lugares. Pelo contrário, conhecemos muitos casos em que há uma vacilação considerável quanto ao significado do símbolo. Uma pessoa pode interpretá-lo de um modo, outra, de outro. Por exemplo, nos desenhos dos índios californianos, a mesma forma será chamada por pessoas diferentes, ou até pela mesma pessoa em momentos diferentes, ora um pé de lagarto, ora uma montanha coberta por árvores, ora uma garra de coruja. É concebível que um indivíduo possa sentir um valor emocional forte de um desenho, mas, num caso de associações variáveis, o símbolo não tem um valor emocional que deve ser acatado pela tribo inteira. Quanto mais variáveis forem as associações tribais e individuais, menos relevante ele será. Eu acredito que esta também é a razão que explica por que, entre nós, uma arte expressionista é impossível, ou pelo menos por que ela não pode atrair as pessoas como um todo. É possível para um artista treinar um grupo de seguidores e admiradores quanto ao simbolismo que ele cultiva, mas é extremamente improvável que esse simbolismo se desenvolva de modo a ser sentido automaticamente por todos nós. Na música, existem algumas poucas associações deste tipo. Nós sentimos, por exemplo, a diferença de temperamento entre tons maiores e menores; o temperamento dos primeiros é alegre e energético; dos segundos, gentil, soturno ou até mesmo triste. É bom lembrar que estes tons emocionais não estão de modo nenhum conectados em todos os lugares a estas duas formas, mas que na música de outros povos que têm algo comparável a nossos maior ou menor, as relações podem ser muito diferentes. Nós também sentimos uma certa energia ligada ao tom de mi bemol maior, mas isto sem dúvida se deve a associações muito específicas que não são válidas em outras áreas culturais.

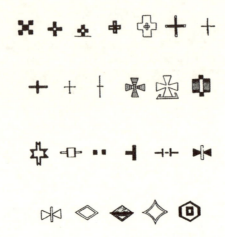

Figura 96   Padrões representando a estrela, arapaho.

A arte expressionista requer um pano de fundo cultural muito firme e uniforme, como aquele possuído por muitos povos de estrutura social simples, mas isso não pode existir em nossa sociedade complexa, com seus interesses múltiplos que se cruzam e sua grande variedade de situações que criam centros emocionais diferentes para cada um de seus numerosos estratos.

É, portanto, importante saber se existem associações firmes entre forma e significância, e se estas associações são acompanhadas por reações emocionais fortes.

A primeira questão pode ser investigada de dois modos: estudando a variedade de formas usadas para representar os mesmos objetos e, inversamente, ilustrando a variedade de explicações dadas à mesma forma. Desenhos arapaho colecionados por Kroeber oferecem um campo favorável a este estudo. O conjunto de formas interpretadas como estrelas (fig. 96) se baseia na tendência da arte dos índios das planícies de usar figuras triangulares e quadrangulares e linhas estreitas, e na escassez de polígonos. Encontramos, portanto, como representações de estrelas, cruzes, grupos de quadrados, losangos e uma cruz com asas triangulares. Na última figura da série, muito excepcional, a estrela é representada por um hexágono. Em alguns casos, a associação entre a forma e seu significado se torna mais inteligível devido ao ambiente geral em que o elemento do desenho é encontrado, como, por exemplo, através do contraste de cores entre o desenho e o fundo[15].

Figura 97 Padrões representando pessoas, arapaho.

Figura 98 Padrões representando borboletas, arapaho.

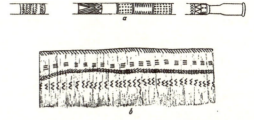

Figura 99 Exemplos de divisas de Neu-Mecklenburg; *a*, bambu entalhado; *b*, esteira bordada. A divisa à esquerda no bambu representa uma folha de palmeira, um bracelete ou um verme; o mesmo desenho na esteira, rastros de um crustáceo.

A variedade de formas usadas para representar uma pessoa pode servir como outro exemplo (fig. 97). Algumas delas são semelhantes às formas usadas para representar a estrela.

Ainda outro exemplo é a representação de borboletas (fig. 98). Nesta série, encontraremos um dos desenhos que representa a estrela.

Inversamente, um losango é explicado como uma pessoa, uma tartaruga, o umbigo, uma montanha, um lago, uma estrela, um olho. A composição do desenho não é suficiente de modo nenhum para explicar por que estas interpretações variantes devem ser usadas.

Um retângulo significa um círculo de acampamento, uma cabana de galhos de árvore, uma montanha, a terra, um búfalo ou a vida; um triângulo envolvendo uma figura retangular ou pentagonal (cf. fig. 117, p. 126) é explicado como uma montanha com árvores, uma caverna na montanha, uma cabana de galhos ou uma tenda.

A segunda forma na figura 98 é explicada como uma borboleta ou a estrela da manhã.

No bordado com contas, encontramos frequentemente um desenho central na forma de um losango, com linhas retas estendendo-se de seus ângulos agudos. Nas pontas delas, desenhos triangulares ou outras formas pequenas são pendura-

---

15. Cf. KROEBER, A.L. "The Arapaho". *Bulletin of the American Museum of Natural History*, vol. XVII.

das. Na figura 152 (p. 175) alguns destes desenhos são mostrados. O primeiro foi retirado de uma bolsa (*j*); o losango central representa uma pessoa, os desenhos triangulares nas pontas das linhas, cascos de búfalo. Um desenho semelhante (*k*) de um mocassim representa o umbigo e flechas; o fundo é a neve. Num terceiro exemplo (*q*), o losango central representa uma tartaruga, as linhas, suas garras, e os pequenos padrões nas pontas destas linhas, ovos.

Um outro exemplo da variação de explicações do mesmo desenho é encontrado em desenhos da Nova Irlanda[16] (fig. 99). A divisa representa a folha de uma palmeira, uma pulseira, um verme, o pé de um pássaro, rastros de um crustáceo, ou espinhas de peixe.

A grande variedade destas interpretações da mesma figura e das muitas formas pelas quais as mesmas ideias são expressas mostram claramente que os termos pelos quais os desenhos são descritos não podem ser concebidos simplesmente como nomes: em vez disso, existe uma certa associação entre o padrão artístico geral e várias ideias que são selecionadas de acordo com o uso tribal, e também de acordo com o interesse momentâneo da pessoa que fornece a explicação.

Muitas vezes, o conjunto de ideias associadas a formas segue um padrão bastante definido em cada tribo. Podemos comparar esta condição com atitudes que assumimos em relação a formas que podem ter vários tipos de conotação simbólica. Para um canadense, uma bandeira britânica sobrepujada por folhas de bordo seria prontamente associada com um sentimento patriótico, e, nesta conexão, a folha de bordo tem uma significância definida[17]; em outras combinações ela pode aparecer com um significado bastante diferente. Uma folha de bordo vermelha pode simbolizar o outono.

Durante a [Primeira] Guerra Mundial, a mão ensanguentada foi usada em cartazes para incitar a população ao ódio, porque ela simbolizava a crueldade imaginária do soldado alemão e esta associação foi cultivada assiduamente de todos os modos. Em outro ambiente, uma mão ensanguentada pode ser um símbolo de sofrimento ou de sacrifício, como a mão vermelha impressa em paredes de igrejas ou santuários.

Uma rosa branca pode ser um símbolo de morte ou de inocência. Uma lua crescente pode evocar uma ideia da Turquia, de uma linda noite de verão, ou ela pode ser concebida puramente como uma forma.

---

16. STEPHAN. *Neu-Mecklenburg*, p. 114, fig. 120. A mesma figura é encontrada em *Südseekunst*, do mesmo autor, p. 15, fig. 19, com explicações um tanto diferentes, supostamente devido a um descuido.

17. O Canadá só adotou sua bandeira atual, sem referências ao Império Britânico, em 1965 [N.T.].

Não apenas a significância dos desenhos é variável, mas também a explicação das formas encontradas no mesmo objeto parece muitas vezes muito incoerente. Não são muito numerosos os casos em que encontramos um simbolismo consistente claramente definido que se estende para o padrão inteiro.

Considerando as informações oferecidas por Stephan em relação a pinturas e entalhes da Melanésia[18], as explicações, por mais variadas e incoerentes, são dadas sem hesitação e, apesar dos mesmos elementos do padrão não receberem a mesma interpretação todas as vezes, o agrupamento completo, expresso em qualquer momento dado, parece estar claro na mente da pessoa que fornece a explicação.

Na grande maioria dos casos a interpretação nos parece completamente incoerente. Os termos pelos quais as mesmas formas são designadas por indivíduos diferentes e em momentos diferentes são tão variados que é difícil pressupor que estamos lidando meramente com nomes de elementos de desenhos.

Como um exemplo típico da falta de relação entre os símbolos que compõem um ornamento, podemos mencionar uma bainha de faca arapaho[19] (fig. 100). "As linhas verdes que formam um quadrado no topo representam rios. A figura dentro delas é uma águia. As duas grandes partes escuras desta figura também são trilhas de gado. As duas fileiras de triângulos no corpo da bainha representam pontas de flecha. Os quadrados no meio são caixas, e as linhas entre eles são a cruz convencional da estrela da manhã. Os pequenos quadrados no pendente pendurado na ponta da bainha são trilhas de gado".

Como outro exemplo, selecionei um objeto decorado da Nova Irlanda descrito por Stephan. Na figura 101 (*a*) representa um pássaro fragata, (*b*) espinhas de peixe, (*c*) botões para fios de conchas usadas como dinheiro, (*d*) braços de homens e (*e*) uma cabeça de peixe. Num remo (fig. 102), as espirais representam os opérculos de um caramujo; os triângulos conectados, as asas do pássaro fragata. Em outros espécimes, as espirais representam frondes de samambaias jovens.

---

18. STEPHAN, E. *Südseekunst*, p. 86.

19. KROEBER. "The Arapaho". *Bulletin of the American Museum of Natural History*, vol. XVIII, p. 87.

Figura 100 Bainha de faca bordada, arapaho.

Figura 101 Tábua pintada, Neu-Mecklenburg.

Figura 102 Remo decorado, Neu-Mecklenburg.

Na arte da costa do norte do Pacífico, figuras convencionais recebem significados totêmicos definidos. Não há um consenso geral sobre sua significância, mas muitas formas recebem um significado de acordo com a afiliação totêmica do proprietário, para quem elas adquirem então um valor baseado em seu significado. As explicações de um desenho de cobertor (fig. 103) obtidas por G.T. Emmons e John R. Swanton podem servir como exemplo. De acordo com Emmons, o desenho representa uma baleia mergulhando, e nos campos laterais temos corvos sentados. A cabeça com narinas e boca é mostrada abaixo. A face central representa o corpo, os olhos invertidos no decorrer da borda superior, a cauda. De acordo com Swanton, o desenho representa uma loba com filhotes. A cabeça é mostrada abaixo. As pernas traseiras e os quadris são representados pelos dois olhos invertidos grandes e os ornamentos adjacentes no decorrer da borda superior. O rosto no meio do desenho representa, como de costume, o corpo do animal. Os pequenos desenhos de olhos, com orelhas e penas de asas adjacentes, no meio de cada lado do corpo, são interpretados como as pernas dianteiras e os pés. Os desenhos nos painéis laterais são explicados como lobos jovens sentados.

Figura 103 Cobertor de lã de cabrito montês, Tlingit, Alasca.

Parece provável que onde quer que interpretações variadas da mesma forma, ou de formas muito próximas, ocorram na mesma unidade social, existam condições deste tipo.

Nós não temos nenhuma informação que nos permitiria decidir se as ideias expressas são inteiramente incoerentes. É concebível que possa haver associações que desconhecemos que criam uma unidade maior daquela que aparece superficialmente. Minha impressão é que, ligado à interpretação, existe um certo tom emocional que pode ser fraco, mas que, ainda assim, não é desprezível no efeito estético do objeto inteiro.

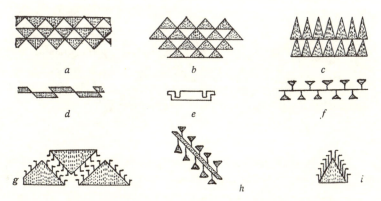

Figura 104 Padrões de cestaria dos índios pomos, Califórnia.

Parece que, num número considerável de casos, padrões ornamentais têm nomes definidos que sempre são aplicáveis, não importa em que combinação o desenho ocorra. Muitos padrões de cestaria californiana são deste tipo. Barrett[20] oferece os nomes de padrões decorativos usados pelos índios pomos, dos quais eu selecionei alguns como ilustração (fig. 104). Os pomos do norte e do leste chamam a figura 104*a*, *b* de borboletas; os pomos centrais as chamam de pontas de flecha; a designação de *c* é pontas de flecha afiadas. Os pomos do norte chamam *d* de faixa larga pontiaguda, costas de veado ou dardos para um jogo; os pomos centrais a chamam de pé de corvo ou rastros de corvo; os pomos do leste, zigue-zague ou marcas do leste. O desenho *e* é chamado de plumas de codorna; *f* e *h*, pelos pomos do norte, "pontas afiadas e no meio cobra d'água listrada"; os pomos centrais os chamam de "parecido com pontas de flecha delgadas", e os triângulos soltos, pescoço de tartaruga. Os pomos do leste chamam os desenhos de borboleta e "no meio (gaya), cobra d'água listrada". O desenho *g* é chamado pelos pomos do norte de espaços vazios e padrões de ponta de codorna; pelos pomos do leste, borboletas e plumas de codorna; *i*, pelos pomos centrais, pontas de flecha com plumas de codorna.

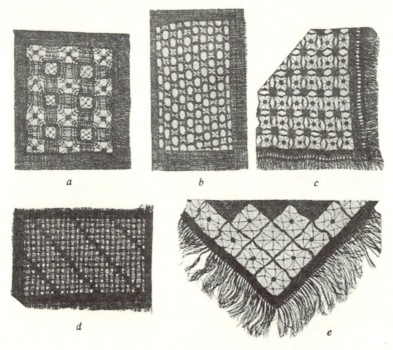

Figura 105 Bordado em bainha aberta, México.

---

20. BARRETT, S.A. "Pomo Indian Basketry". *University of California Publications in American Archaeology and Ethnology*, vol. VII, n. 3.

Este uso corresponde a nossos termos quando falamos, por exemplo, do padrão "ovo e dardo". Entre os habitantes das Ilhas Shetland, padrões em meias tricotadas são chamados de "flores", e "flores" serve como um sinônimo de padrão. O bordado de bainha aberta do México também tem nomes[21]. Aqui encontramos nomes como, por exemplo, "Jesus Menino", "Colmeia" (*a*) (fig. 105), "Olho de Perdiz" (*b*), "Semente e Casca de Tomate" (*c*), cipó (*d*), "Teia de Aranha" (*e*). O mesmo vale para os bordados do Paraguai[22].

Desenhos com nomes entre povos mais primitivos são particularmente comuns na África, onde, de acordo com todos os investigadores, os desenhos complexos são concebidos como compostos de elementos simples que possuem nomes.

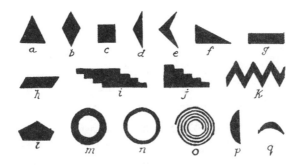

Figura 106 Desenhos de Ruanda.

Czekanowski[23], ao discutir os ornamentos encontrados em Ruanda (fig. 106), diz: "Tendo em vista a simplicidade dos ornamentos de Ruanda, seus elementos são facilmente determinados. Nós os enumeraremos aqui de acordo com seus nomes: aljava (*a*); escudo (*b*); painço (*c*); faca (*d*); ponta de flecha (*e*); pessoa bondosa (*f*); argola de uma lança (*g*); asas de uma andorinha (*h*); cauda grande (*i, j*); flechas (*k*). Os três últimos padrões podem ser considerados formas compostas. O pentágono ocupa uma posição excepcional. Todos estes elementos consistem em linhas retas. As curvas ocorrem como segmentos, crescentes, espirais e círculos. Círculos de linhas grossas são chamados de pulseiras (*m*); os de linhas finas, braceletes (*n*)". A ornamentação geral consiste em fileiras horizontais de triângulos ou losangos pretos num fundo simples ou um triângulo branco

---

21. *Journal American Folk-Lore*, vol. 33, 1920, p. 73s.

22. ROQUETTE-PINTO, E. "On the Nandutí of Paraguay". *Proceedings of the Congress of Americanists*. Gotenburg, 1925, p. 103s.

23. CZEKANOWSKI, J. *Wissenschaftliche Ergebnisse der Deutschen Zentral-Afrika Expedition, 1907-1908*, vol. VI, parte I, p. 329s.

num fundo preto. O desenho de ponta de flecha (*e*) aparece em fileiras longas, e a ponta de um toca a base de outro. Faixas em zigue-zague em fileiras diagonais ou verticais dos padrões *i* e *j* também ocorrem. O ponto característico parece ser que apenas os elementos do padrão completo possuem nomes.

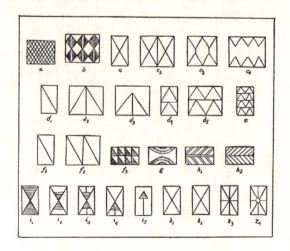

Figura 107 Desenhos dos pangwe.

Eu infiro a partir da descrição de Tessmann[24] que, entre os pangwe[25] da África Ocidental, também os elementos soltos de padrões possuem nomes, enquanto as várias combinações não têm explicações como as que encontramos na América ou na Melanésia. Na figura 107 estão representados padrões de entalhe em madeira nomeados da seguinte maneira: (*a*) lima; (*b*) cordão de conchas de búzios, (*c*, *d*) folha triangular usada para adornar flechas para bestas (triângulo com base larga); ponta de dinheiro de ferro, ponta de lança (triângulo com base estreita); (*e*) cauda de tatu; (*f*) talho; (*g*) arco-íris; (*h*) espinha de peixe; (*i*) lança triangular; (*k*) teia de aranha.

Sobre os bushongos, Torday[26] diz que a nomenclatura não é certa (p. 216). "Os bushongos não consideram o desenho como um todo, e o dividem em vários padrões elementares. Eles tomam um destes elementos como característicos da figura inteira e chamam o desenho inteiro por este termo. Os motivos obtidos

---

24. TESSMANN, G. *Die Pangwe*. Vol. I. Berlim, 1913, p. 243s.

25. Povo mais conhecido como mpongwe, no atual Gabão [N.T.].

26. TORDAY, E. & JOYCE, T.A. "Notes ethnographiques sur les peuples communément appelés Bakuba etc. – Les Bushongo". *Documents ethnographiques concernant les populations du Congo Belge*, vol. II, n. 1, 1910, p. 217, 219. Bruxelas.

com a interrupção de padrões tecidos[27] em intervalos regulares são constituídos de detalhes pequenos que são encontrados em várias combinações com outros motivos. Portanto, devido à mente analítica dos nativos, resulta o fenômeno curioso de que o mesmo nome pode ser dado a dois desenhos, aparentemente muito diferentes, pelo menos no que tange à impressão geral, e que nativos do sexo oposto darão nomes diferentes para o mesmo desenho porque cada um deles considera um elemento particular como a parte principal". Os padrões muito parecidos na figura 108*b* e *d* são derivados de fios entretecidos (fig. 108*a*). A forma *b* se chama "imbolo" (entretecido?); *c* se chama xilofone, e *d* o pé de Matarma. Os bangayos chamam o mesmo padrão de entalhe (*e*, *f*) de costas e cabeça da píton. Os padrões 108*g* e *h* são chamados de joelho, e *i* de nó.

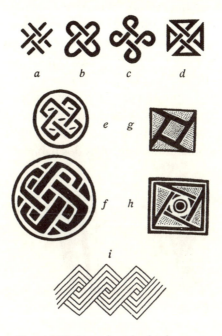

Figura 108 Desenhos dos bushongos.

A significância dos ornamentos primitivos também foi estudada de outro modo. Em vários casos, demonstrou-se que podemos dispor séries de maneira a colocar numa das pontas uma representação realista de um objeto. Passo a passo, podemos chegar a formas cada vez mais convencionais que mostram uma semelhança distinta com a anterior, mas que terminam num desenho geométrico puramente convencional em que o estágio inicial mal pode ser, ou não é, reco-

---

27. Ou seja, o elemento que consiste num fio da trama mostrado entre dois fios da urdidura e os elementos semelhantes adjacentes, formados na tecelagem simples de cima para baixo.

nhecido. Eu creio que o primeiro a descobrir este fenômeno foi Frederic Ward Putnam, que descreveu o desenvolvimento (nome que escolheu) dos pés ocos e fendidos da cerâmica de Chiriquí (Costa Rica) a partir da forma de um peixe até um desenho puramente convencional (fig. 109). A ele seguiram-se outros que realizaram estudos de transições semelhantes em outras partes do mundo. William H. Holmes descreveu os chamados vasos de jacaré de Chiriquí, mostrando as relações entre o desenho de jacaré e curiosas formas pintadas irregulares (cf. fig. 129, p. 141). Hjalmar Stolpe e, no mesmo período, Charles H. Read (fig. 110) discutiram as relações entre figuras humanas e desenhos geométricos em ornamentos polinésios; Haddon estudou os chamados desenhos de flechas de crocodilo (fig. 111) e de pássaro fragata (fig. 112) na Nova Guiné em sua transição gradual de formas razoavelmente realistas em que o crocodilo e o pássaro são facilmente reconhecíveis até tipos geométricos em que o protótipo está completamente obscuro. Relações semelhantes são encontradas nas urnas faciais de tempos pré-históricos (fig. 113), onde em algumas delas encontramos uma face perfeitamente clara e distinta, enquanto em outras há apenas algumas protuberâncias que, devido à sua posição, lembram a face. George Grant MacCurdy nos leva de volta a Chiriquí, onde ele reuniu, a partir de coleções de museus, séries de tipos começando com a forma do tatu e terminando com pequenas pontas decorativas (fig. 114). Von den Steinen encontrou fenômenos similares nas tatuagens dos habitantes das Marquesas.

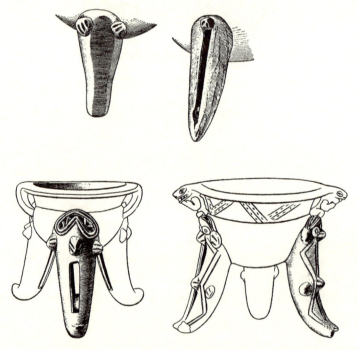

Figura 109 Pés de pratos de cerâmica, Chiriquí, Costa Rica.

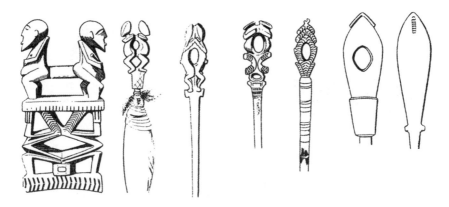

Figura 110 Ornamentos polinésios.

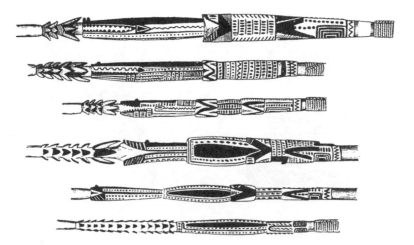

Figura 111 Flechas de crocodilo, Nova Guiné.

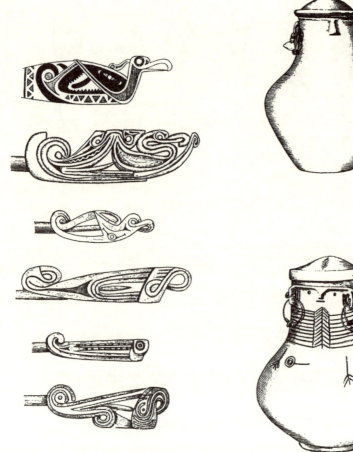

Figura 112 Desenhos representando pássaro fragata e crocodilo.

Figura 113 Urnas faciais.

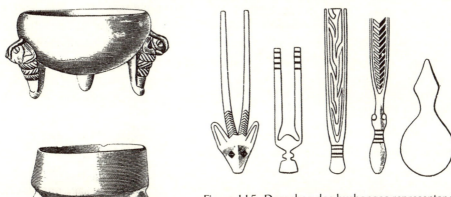

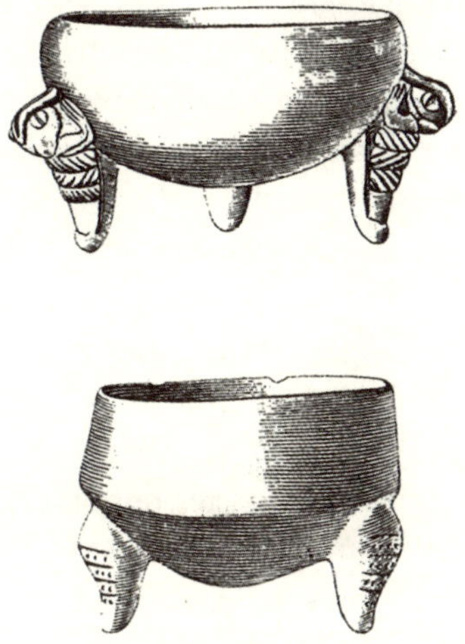

Figura 115 Desenhos dos bushongos representando a cabeça do antílope e o besouro.

Figura 114 Desenhos de tatu, Chiriquí.

Em alguns casos, a semelhança notável dos padrões que contradiz a diversidade dos nomes sugere uma relação histórica entre as formas. Este é o caso, por exemplo, com os padrões de antílope e de besouro dos bushongos (fig. 115). A semelhança entre a cabeça de antílope realista (*a*) e o desenho do besouro (*d*) é evidente. Entretanto, não é necessário pressupor uma transição do desenho do antílope para o do besouro, e a pergunta deve ser respondida por até que ponto a forma estilística pode ter moldado as duas representações na mesma forma ou, por outro lado, por que uma forma ornamental pode ter contornos que, por um lado, expressam uma cabeça de antílope e, por outro, o corpo de um besouro[28].

Aqui surge um problema importante: se devemos pressupor que todas estas formas são desenvolvimentos a partir do realismo para o convencionalismo, como frequentemente se supõe, ou se o processo inverso não pode também ter ocorrido, a saber, que existia um desenho geométrico e então ocorreu um desenvolvimento gradual para uma forma realista, que um significado foi inserido no padrão geométrico e que deste modo surgiram as formas significativas. Infelizmente, quase não há evidências históricas e somos obrigados a nos basear em evidências indiretas. Não podemos seguir o excelente exemplo oferecido por Riegl em seu estudo detalhado da história da introdução das linhas curvas na arte mediterrânea.

Entretanto, nós podemos aplicar o método geográfico, o único que possibilitou desemaranhar parte do desenvolvimento histórico de povos que não

---

28. TORDAY, E. & JOYCE, T.A. "Notes ethnographiques sur les peuples communément appelés Bakuba etc. – Les Bushongo". Op. cit., vol. II, n. 1, 1910, p. 212.

possuem registros escritos, e de culturas cujo desenvolvimento não pode ser traçado por evidências arqueológicas. É possível estabelecer com um alto grau de probabilidade a relação de formas culturais e sua disseminação gradual através de um estudo da distribuição de fenômenos étnicos e de suas variações nas seções da área em que eles são encontrados. Este método é estritamente análogo àquele aplicado por biólogos em seus estudos da distribuição gradual de plantas e de animais.

Em nosso caso, precisamos tentar traçar a distribuição de desenhos e também as interpretações dadas a eles por tribos diferentes. Se encontrarmos interpretações consistentes da mesma forma em áreas grandes, talvez até formas mais realistas num distrito central, e formas mais convencionais em partes remotas do país, mas em todas elas a mesma interpretação, teremos que considerar isto uma evidência plausível de uma origem dos tipos convencionais a partir de uma representação realista. Se, por outro lado, descobrirmos que na área inteira formas realistas e convencionais estão distribuídas irregularmente e que, além disso, não há convergência entre os significados de formas idênticas ou semelhantes, então a origem de formas convencionais a partir de realistas seria bastante improvável. Teríamos então que escolher entre duas possibilidades: ou a forma se disseminou gradualmente por toda a área e recebeu um significado independente de cada povo – em outras palavras, o significado foi inserido no padrão – ou um estilo dominante forçou um conjunto de representações realistas a se reduzir aos mesmos padrões geométricos.

Neste último caso teríamos que analisar os processos pelos quais formas realistas se transformam gradativamente em formas convencionais irreconhecíveis; no primeiro caso, os processos pelos quais uma forma representacional se desenvolve a partir de uma convencional.

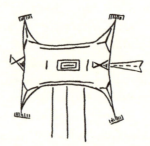

Figura 116   Desenho representando o búfalo, arapaho.

É fácil demonstrar que ambos os caminhos são possíveis. Quando os índios das planícies representam um búfalo numa forma angular dura, como um couro esticado com pernas, cabeça e cauda (fig. 116); e se também um retângulo sem estes apêndices é chamado de búfalo, pode muito bem ser o caso que o couro de búfalo foi abreviado, por assim dizer, que o couro foi inserido no retângulo. O processo de inserção não é de modo nenhum desconhecido entre nós. Nós enxergamos formas realistas ao contemplarmos montanhas e nuvens, e também em marcas em rochas, e gostamos da brincadeira fantasiosa que dota formas naturais com novos significados. Não há razão para duvidarmos que a mesma tendência valha para povos primitivos. As observações de Koch-Grünberg[29] entre os nativos da América do Sul provam este ponto. Ele nos conta que os índios, ao acampar num local de embarque de carga para esperar que os rios se tornem navegáveis, pegam marcas acidentais em pedras e, quebrando-as, as transformam em formas sugeridas pelos contornos naturais, ou então eles pegam as linhas deixadas por um grupo anterior que se entreteve do mesmo modo até sua brincadeira ser interrompida quando puderam reiniciar sua jornada. Nós também temos amplas evidências que mostram que pedras de formas curiosas são não apenas comparadas com seres animados, mas também efetivamente consideradas como homens ou animais transformados em pedras. Por exemplo, os índios pueblos contam, em sua lenda de migração, que uma pessoa ou um animal ficou cansado devido à fadiga da longa viagem, sentou-se, e foi transformado em pedra. Eles ainda apontam para formas de um gavião, um homem, um urso e uma mulher carregando uma cesta. Na Ilha de Vancouver, eles mostram os rastros do herói cultural onde ele teria pisado numa pedra. No interior da Colúmbia Britânica, uma grande rocha é considerada como a cesta do Coiote[30].

---

29. KOCH-GRÜNBERG, T. *Südamerikanische Felszeichnungen*. Berlim, 1907.

30. TEIT, J.A. "The Thompson Indians of British Columbia". *Publications of the Jesup North Pacific Expedition*, vol. I, p. 19.

Figura 117 Desenhos dos índios norte-americanos; os nove primeiros, arapaho; os seis seguintes, algonquinos do leste; na última linha, o primeiro hopi; os seguintes espécimes arqueológicos da região dos pueblos.

Eu exemplificarei este ponto discutindo um desenho disseminado entre os índios da América do Norte. Sua arte decorativa se caracteriza pelo uso de linhas retas, triângulos e retângulos que aparecem em várias combinações. Uma das formas mais típicas é a de um triângulo isósceles envolvendo um retângulo, às vezes com esporas na base (fig. 117). Este desenho é encontrado numa área extensa. Ele ocorre com maior frequência nas grandes planícies, mas também nos planaltos ocidentais e entre os índios pueblos (fig. 118). No oeste, ele é encontrado entre as tribos dos bosques, e alguns padrões peculiares da Nova Inglaterra e do interior de Labrador são bastante parecidos com ele. A semelhança estilística, ou, melhor, identidade do padrão nas planícies é tão grande que não é possível conceber que ele tenha se desenvolvido a partir de várias fontes independentes. Ele é parte integral do estilo artístico geral da área e se desenvolveu ou num lugar, ou, o que parece mais provável, através da confluência de atividades artísticas de várias tribos. Há trinta ou quarenta anos, sob influência forte da teoria evolucionista, o etnólogo psicologizante poderia ter interpretado esta semelhança como resultado da uniformidade da reação da mente humana a causas ambientais idênticas ou semelhantes – como Daniel G. Brinton explicou a semelhança entre as mitologias algonquinas e iroquesas. Entretanto, o desenvolvimento de nossa ciência desde então estabeleceu tão firmemente o fato de que mesmo as culturas mais primitivas precisam ser tratadas como tendo um desenvolvimento histórico não menos complexo do que o da civilização, que a teoria da origem independente de fenômenos quase idênticos em áreas contíguas não pode mais ser sustentada e foi abandonada por todos os estudiosos sérios.

Figura 118 Desenho triangular, pueblo pré-histórico.

Quando estudamos a significância do padrão, descobrimos a maior divergência de significado possível. Como já foi dito anteriormente, indivíduos diferentes de uma tribo não dão a ele o mesmo significado, mas encontramos em cada tribo tendências mais ou menos decididas a certas interpretações. O desenho às vezes é realizado de modo inclinado, e os lados do triângulo se estendem levemente para além do vértice. Assim se expressa a forma de uma tenda com varas, porta e estacas para prender sua cobertura. Em outras ocasiões, o triângulo é mais obtuso e representa uma colina. Ele pode ser colocado num fundo branco, que significa neve ou areia; linhas azuis estendendo-se para baixo a partir da base indicam fontes de água e pequenos triângulos podem ser colocados no triângulo interno. Assim, ele se torna a montanha mítica na qual, no começo do tempo, os búfalos eram mantidos, localizada numa planície coberta de neve. Nos declives da montanha crescem árvores. Novamente, muito diferente é a interpretação dada pelos índios pueblos. Em sua terra árida, a maior necessidade é a chuva, sem a qual suas safras murcham e a fome ameaça o povo. A vida comunitária se centra ao redor da ideia de fertilidade a ser obtida através da abundância de chuva. Consequentemente, eles interpretam o símbolo como uma nuvem da qual a chuva cai. Como sua arte é de estilo muito menos angular que a dos índios das planícies, eles muitas vezes trocam o triângulo por um semicírculo e alcançam uma semelhança realista maior com as nuvens ao sobrepor três destes semicírculos, dos quais as linhas da chuva fluem. Quando passamos para os planaltos ocidentais, encontramos entre os shoshones o desenho regular do triângulo obtuso aplicado e explicado com base em características geográficas; para eles, ele sugere passos de montanha e um forte protegido por paliçadas. Mais ao norte, não encontramos o retângulo envolto, mas o triângulo e as esporas na base persistem. Ele é explicado como a pata de um urso, o triângulo sendo a sola do pé, e as esporas, as garras. Nos bosques do leste ocorrem novas alterações. O triângulo agora é muito estreito, de modo que não há mais espaço para o retângulo interior, que é reduzido a um triângulo. Os lados do triângulo são produzidos além do vértice, ainda mais do que ocorre entre os índios sioux, e um número considerável de linhas verticais quase retas é adicionado aos lados. A forma tem agora uma certa semelhança com a cauda de um peixe, e é assim interpretada. As alterações na Nova Inglaterra são ainda mais curiosas. O triângulo e o retângulo interno ainda estão inconfundivelmente presentes, mas linhas curvas, características da arte do leste da América do Norte, são adicionadas. A interpretação mudou mais uma vez. O padrão é um símbolo da aldeia, ou da tribo e de seu chefe.

Não encontramos nenhuma indicação, em nenhuma destas tribos, da existência de formas mais realistas a partir das quais o triângulo convencional poderia ter sido derivado. As formas realistas das tribos ocidentais são quase exclusivamente ideogramas grosseiros, e não se pode traçar nenhuma transição do ideograma para padrões geométricos ornamentais. As formas realistas das tribos do leste são encontradas particularmente em esteiras e tecelagem. Estas também não exibem nenhuma relação com as formas triangulares que estamos discutindo. A teoria de que o padrão se desenvolveu sob a coerção de um estilo dominante que forçou várias formas realistas ao mesmo molde não encontra apoio nos fatos, porque faltam formas transicionais. Concluímos, portanto, que a uniformidade de forma e a diferença de significados não se devem a uma geometrização de formas realistas, mas a uma inserção de significância em padrões convencionais antigos. Esta posição é corroborada pela incerteza que prevalece em relação a muitos dos significados. Os pés-pretos, de acordo com Clark Wissler[31], praticamente não têm sentimento nenhum quanto à significância destes desenhos. Os arapahos se comportam de modo um tanto diferente em ocasiões diferentes. Parafernálias cerimoniais podem ter um significado bastante definido, mas roupas, bolsas e outros objetos recebem interpretações bastante subjetivas e que exibem, portanto, grandes diferenças individuais.

A importância da posição social, ou, talvez melhor, dos interesses sociais do dono de um objeto para determinar o significado dos ornamentos foi demonstrada mais claramente entre os índios sioux. Em épocas passadas, sua ornamentação era feita em bordados com agulhas de porco-espinho, mas hoje estas foram substituídas por contas. Homens e mulheres usam em grande parte os mesmos desenhos ornamentais, mas com significados diferentes. Um padrão em forma de losango com apêndices de triângulos duplos, quando encontrado num berço ou na perneira de uma mulher é interpretado como uma tartaruga, símbolo associado ao nascimento e maturidade da mulher. Encontrado na perneira de um homem, ele significa um inimigo morto[32].

---

31. *Bulletin of the American Museum of Natural History*, vol. XVIII, p. 276.

32. WISSLER, C. "Decorative Art of the Sioux Indians". *Bulletin of the American Museum of Natural History*, vol. XVIII, p. 253, 273.

Mencionarei mais um caso em que o processo efetivo de inserção foi observado. Um dia, quando eu visitava a Colúmbia Britânica, eu comprei uma bolsa tecida de uma mulher idosa. Ela estava decorada com uma série de losangos e pequenas figuras bordadas em forma de cruz. Ao perguntar, descobri que a bolsa fora comprada de uma tribo vizinha e que sua nova dona não sabia nada sobre a significância original do padrão – se é que tal significância existia, o que é duvidoso, pois a tribo em questão não se dá a interpretações. A nova dona achava que os losangos se pareciam com uma série de lagos ligados por um rio. As cores diferentes dos losangos, para ela, pareciam sugerir as cores dos lagos; uma borda verde, a vegetação da margem, uma área amarela, a água rasa, e um centro azul, a água profunda. A interpretação não lhe parecia suficientemente clara, e, para enfatizá-la, ela adicionou, com o bordado, figuras de pássaros voando para os lagos. Assim ela deu maior realismo à sua concepção e a tornou mais inteligível para seus amigos (lâmina VII).

Os estojos de agulhas dos esquimós do Alasca oferecem um exemplo excelente de uma elaboração de formas geométricas para realistas. É preciso lembrar que todas as tribos esquimós, do leste e do oeste, gostam muito de entalhar e que produzem muitas figuras pequenas de animais sem nenhum propósito prático, apenas pelo prazer da criação artística, e que muitos de seus implementos pequenos recebem formas de animais. A mente da pessoa que trabalha com marfim está imbuída da ideia de representação animal. Os estojos de agulhas do Alasca têm uma forma estereotipada à qual a maioria dos espécimes se conforma (fig. 119). O tipo consiste num tubo levemente alargado no meio, com rebordos na parte superior, e calombos laterais sob os rebordos em lados opostos. No corpo do tubo, entre os rebordos, fica uma longa face côncava estreita, destacada dos rebordos e do corpo do tubo por linhas paralelas com pequenas bifurcações nas pontas inferiores. Linhas limitam os lados e pontas dos rebordos e da ponta superior da face côncava, e encontra-se uma faixa com dentes alternados debaixo do tubo. Este tipo supostamente está relacionado ao tipo antigo de estojo de agulhas da Baía de Hudson, que se caracteriza por uma forma tubular, rebordos na parte superior e um par de asas grandes na parte central do tubo. Eu creio que estas são os protótipos dos pequenos calombos nos lados do tipo do Alasca. Eles às vezes são tão pequenos que mal podem ser vistos, mas podem ser sentidos quando os dedos passeiam pela superfície do tubo. De qualquer modo, a maioria dos espécimes do Alasca é do tipo descrito aqui. As variações de forma geométrica são muito leves[33].

---

33. Cf. BOAS, F. "Decorative Designs on Alaskan Needlecases". *Proceedings of the United States National Museum*, vol. XXXIV, 1908, p. 321-344. Washington, D.C.

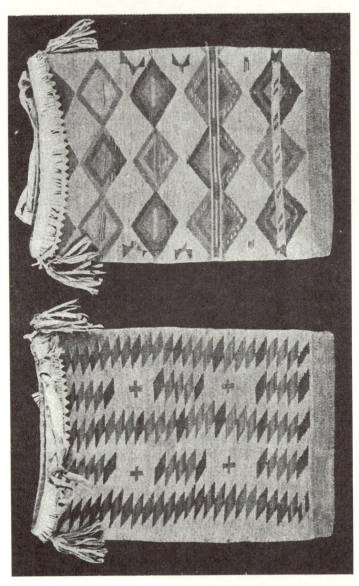

Lâmina VII Bolsa tecida, Colúmbia Britânica.

Em vários casos, parte do estojo de agulhas, ou até o objeto inteiro, é elaborado em formas representativas. Em alguns espécimes, os calombos receberam a forma de cabeças de foca. Um aumento leve, e a adição de olhos e boca são suficientes para produzir este efeito (fig. 119c). Em outros casos, os rebordos foram transformados em cabeças de morsa (fig. 119d) ou em outras formas animais que se encaixam com a forma do rebordo (fig. 119e). Adicionando um ponto para o olho e removendo a parte interior do rebordo, a forma exterior é essencialmente preservada e a forma da corpulenta cabeça de morsa com suas grandes presas é atingida com sucesso; ou o motivo de morsa pode ser repetido de modo a obscurecer consideravelmente a forma original do estojo de agulhas. Adicionando uma cabeça de foca na ponta inferior, a parte inferior do objeto recebe, mais ou menos, a forma de uma foca.

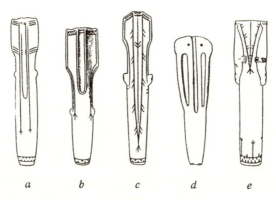

Figura 119   Estojos de agulhas, Alasca.

É importante notar que em todos os espécimes deste tipo persiste o ornamento de dentes duplos, ainda que ele interfira com a cabeça de foca que muitas vezes é adicionada na ponta inferior. Parece muito improvável que as várias formas animais adicionadas aos estojos de agulha tenham sido as formas primárias a partir das quais a forma geométrica se desenvolveu. Pelo contrário, a distribuição ampla e a grande frequência das formas geométricas, sua conformidade ao estilo geométrico esquimó e a ocorrência deste estilo geométrico em espécimes que não imitam formas animais favorecem completamente a suposição de que a forma inicial era geométrica, qualquer que tenha sido a origem dos rebordos e dos calombos. Supostamente, o hábito de entalhar formas animais induziu o artista a produzir as variantes descritas aqui.

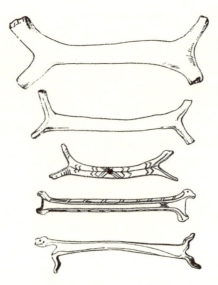

Figura 120 Carretéis de esquimós, Alasca.

Igualmente interessantes são os carretéis usados pelos esquimós do Alasca. Seu protótipo é um pedaço de chifre de caribu cortado como visto na figura 120. Isto, entretanto, se transformou em formas animais. Um dos espécimes tem uma decoração geométrica no corpo, e três das pontas são elaboradas como cabeças de animais. Em outro espécime, as duas pontas de um lado receberam a forma de cabeças de foca ligadas por uma longa linha com as barbatanas mostradas no lado oposto. Outro espécime foi tratado como uma forma muito distorcida de um lobo. A cabeça está numa das pontas de um lado, as pernas anteriores em outra ponta do mesmo lado; as duas pernas posteriores foram entalhadas nas duas pontas do lado oposto.

Observações semelhantes podem ser feitas sobre utensílios para endireitar flechas e facas de neve dos esquimós do Alasca[34].

---

34. NELSON, E.W. "The Eskimo about Bering Strait". *Annual Report Bureau of American Ethnology*, vol. XVIII, lâminas 40, 48, 94.

Figura 121 Visores e vasilhame, Ammassalik.

Os exemplos que ofereci demonstram, sem chicanas, que o processo de inserção existe e explica a significância de muitas formas geométricas; e que não é preciso pressupor em todo e qualquer caso que o ornamento geométrico seja derivado de representações realistas. Hjalmar Stolpe, a cujas pesquisas sobre a arte primitiva devemos tanto, tinha uma opinião exagerada sobre a importância de desenhos realistas, pois ele acreditava que toda forma geométrica precisava ter sido derivada de uma representação. Stephan expressa a mesma opinião. Eu talvez possa ilustrar o ponto de vista de Stolpe com um exemplo. Entre os esquimós do leste da Groenlândia, encontramos uma decoração para visores que consiste em pedaços chanfrados de marfim colocados lado a lado. Stolpe explicou esta forma como uma derivação de entalhes representando focas, abreviada devido à repetição rítmica do desenho da foca (fig. 121). Entretanto, nós sabemos que os esquimós, ao fazerem pequenos blocos de marfim usados para a manufatura de cavilhas ou outros objetos semelhantes, cortam a presa da morsa exatamente desta forma, de modo que, através de um processo técnico, eles se familiarizaram com a forma ornamental. Portanto, não é indispensável pressupor uma origem realista para o desenho.

É interessante comparar o processo com o qual estamos lidando com outros fenômenos étnicos de importância semelhante. A conclusão essencial que retiramos de nossas observações é que a mesma forma pode receber significados diferentes, que a forma é constante, mas a interpretação variável, não apenas tribalmente mas também individualmente. Pode-se demonstrar que esta tendência não está confinada de modo nenhum à arte, estando presente também na mitologia e no cerimonialismo, e que também aqui a forma exterior permanece, enquanto as interpretações que a acompanham são vastamente diferentes. No caso da mitologia, podemos observar que do mesmo modo como os padrões têm uma distribuição ampla, o mesmo ocorre com motivos de mitos, ou mesmo histórias inteiras que são encontradas em áreas extensas. Por exemplo, a história bem conhecida do voo mágico, um dos contos de fada de distribuição mais ampla, ocorre em várias localidades norte-americanas. Entre os esquimós, ela é oferecida como uma explicação para a origem da névoa; na Colúmbia Britânica, ela serve para explicar a origem de certos cerimoniais de canibalismo. Um outro exemplo é a chamada história do marido das estrelas, um conto de duas garotas que foram levadas para o céu pelas estrelas. A história é muito disseminada e é contada como uma explicação de uma grande variedade de fenômenos. O filho de uma das mulheres se torna o herói cultural e destrói os monstros que infestam o mundo. Costumes, cerimoniais e prerrogativas de clãs são explicados por este conto, de acordo com os interesses principais das tribos em questão. Os mitos da natureza colecionados em todas as partes do mundo por Dähnhardt[35] estão cheios de exemplos deste tipo: as características mais diversas são explicadas pelas mesmas histórias. Isto mostra que não se sustenta pressupor que as histórias se desenvolveram a partir do efeito imediato de observar fenômenos naturais; em vez disso, as histórias eram preexistentes e a parte explicativa foi adicionada posteriormente, precisamente do mesmo modo que as formas artísticas preexistiam e seu significado foi adicionado de acordo com a disposição mental peculiar do indivíduo ou da tribo.

A mesma observação foi feita em relação a cerimoniais. A chamada dança do sol é realizada por quase todas as tribos das grandes planícies. A apresentação geral da cerimônia é essencialmente a mesma em todos os lugares, mas tribos diferentes adicionaram detalhes característicos especiais. O significado, por outro lado, apresenta variações muito maiores. Num caso, a *performance* ocorre para cumprir uma promessa feita quando a ajuda sobrenatural é invocada em tempos de crise; em outro caso, ela é realizada para obter o direito de propriedade de um pacote sagrado[36], e ainda como uma cerimônia tribal sazonal[37].

---

35. DÄHNHARDT, O. *Natursagen*, vol. 4. Leipzig, 1912.

36. Coleções de relíquias com propriedades mágicas presentes em vários povos indígenas norte-americanos [N.T.].

37. SPIER, L. *Anthropological Papers of the American Museum of Natural History*, vol. XVI, 1921, p. 457s.

Estes três exemplos ilustram que a explicação psicológica de um costume e seu desenvolvimento histórico não são os mesmos de modo nenhum; pelo contrário, devido a interpretações secundárias que são estabelecidas com o passar do tempo e cujo caráter geral depende do interesse cultural do povo, é muito mais provável que a explicação psicológica seja bastante independente dos acontecimentos históricos efetivos. O mero fato de que uma tribo explica formas de acordo com um certo padrão não prova que elas se desenvolveram a partir de representações reais dos objetos que agora representam.

Talvez possamos admitir que, no caso especial do triângulo norte-americano que discutimos, o argumento seja convincente porque não existem formas transicionais, mas que, entretanto, quando encontramos uma série de formas quase contínua, começando com a mais realista e terminando com uma puramente geométrica, não se pode evitar a conclusão que o desenvolvimento foi na direção do realismo para o convencionalismo. Eu já indiquei que, enquanto não houver provas históricas, a sequência pode muito bem ser invertida. Em todos os casos que foram descritos com base em investigação direta entre povos primitivos sobre o significado de desenhos, formas realistas e convencionais ocorrem ao mesmo tempo. Seria então necessário dar uma razão para explicar por que alguns artistas excelentes usam um estilo e outros igualmente bons usam o outro; ou por que mesmo o próprio artista pode combinar os dois estilos.

Normalmente se afirma que a execução relaxada causa a deterioração do padrão e que, por causa disto, surgem mal-entendidos. Eu não considero esta explicação sustentável sob as condições da vida que valem entre os povos primitivos, porque não existe execução relaxada entre nativos que fazem utensílios para seu uso próprio. A cerâmica e a pintura dos índios sul-americanos, observadas por Von den Steinen, as flechas de crocodilo da Nova Guiné, os entalhes de pássaro fragata, são todos feitos com cuidado. Nós muitas vezes observamos que os povos usam objetos inferiores para a troca com tribos vizinhas, enquanto mantêm o material bom para si mesmos. Por exemplo, os nativos da Ilha de Vancouver adulteram com sabugueiro os bolos de frutas que fazem para vender, enquanto aqueles que são feitos para consumo caseiro recebem as frutas mais valiosas, como mirtilo e *salmonberries*[38], sem adicionar outros materiais de valor inferior. Esta tendência, particularmente quando combinada com o desejo de manufaturar rapidamente grandes massas de material, leva a trabalhos malfeitos. Surge então a pergunta: o que acontece em casos deste tipo? Será que o trabalho relaxado leva a mal-entendidos e ao convencionalismo? Balfour tentou esclarecer o processo. Ele deixou um indivíduo copiar um desenho e usou a primeira reprodução como um original para uma segunda cópia.

---

38. Fruta nativa da América do Norte que lembra a framboesa [N.T.].

Continuando deste modo, ele recebeu as transformações mais surpreendentes. Tais resultados podem ocorrer quando trabalhos executados numa técnica altamente desenvolvida são imitados por pessoas de habilidade menor. O exemplo padrão é o da degeneração das moedas gregas quando copiadas por imitadores celtas[39] que levou a um rompimento completo do desenho original. Entretanto, este exemplo não é apropriado, porque normalmente não lidamos com cópias de desenhos emprestados de povos de maior desenvolvimento técnico, mas sim com aqueles que pertencem a uma única tribo.

Eu tive oportunidades de observar o efeito da produção industrial e da execução relaxada em alguns materiais mexicanos. No oeste do México fazem-se pratos de cabaça de árvore cobertos com laca laranja. Através do processo de cor desvanecida, estas são cobertas com desenhos em laca verde. Esta atividade provavelmente tem origem espanhola. Espécimes antigos feitos de madeira são de qualidade excelente. Eles são decorados, em sua maioria, com formas de animais, veados, peixes etc. Atualmente, os trabalhos são de execução muito mais pobre e os objetos são vendidos em mercados, como em Oaxaca (fig. 122). Em alguns espécimes, os desenhos de peixe de tipo antigo ainda são usados, mas também encontramos, até com maior frequência, padrões de folhas, e podemos aqui aparentemente observar exatamente o tipo de mal-entendido descrito por Balfour. A região das guelras se torna a base da folha. A cabeça do peixe corresponde à base da folha; as nadadeiras, e as espinhas do peixe, as nervuras da folha. Como tanto o peixe quanto a folha ocorrem em tempos modernos, pode-se duvidar de estarmos lidando com uma transformação efetiva, com um mal-entendido real. Pode muito bem ser que o processo psicológico envolvido seja, em vez disso, a substituição de assuntos velhos por novos, em cujo processo o assunto novo foi rigidamente controlado pela antiga forma estereotipada. Veremos que condições deste tipo são frequentemente muito potentes.

Figura 122 Desenhos de vasilhames feitos de cabaça de árvore, Oaxaca.

---

39. Cf. EBERT, M. *Reallexikon der Vorgeschichte*, vol. 6, p. 301s.

Um outro bom exemplo é a cerâmica feita para vender pelos antigos habitantes do Vale do México. Aqui, a cerâmica era feita em grande quantidade e, como descrita por Sahagun[40], vendida nos mercados. Os vasilhames mostram claramente o efeito da produção industrial e a desatenção resultante. A cerâmica asteca é fundamentalmente de tipo uniforme. Em Culhuacán, uma pequena aldeia aos pés da Sierra de la Estrella, um tipo grosseiro destes artigos era feito. Grandes massas de cacos de barro são encontradas no solo pantanoso que era usado, em tempos antigos, como jardins de canteiros elevados. A cerâmica é grossa, laranja-escura pintada de preto. Ela é uma forma local acentuada, mais escura que os artigos de Texcoco (fig. 123); as linhas pintadas são largas e grosseiras, enquanto as de Texcoco são muito delicadas. Os padrões são fixos, mas a rapidez da manufatura desenvolveu um estilo definido, análogo aos estilos de caligrafia. Cada pintor tinha seu próprio método de usar o pincel, e o resultado era que sua individualidade podia ser facilmente reconhecida[41]. Eu selecionei aqui alguns exemplos para mostrar o efeito da desatenção no desenho. É essencial notar que no mesmo espécime as linhas são sempre desenhadas do mesmo modo; ou seja, que a mão do pintor seguia hábitos motrizes muito definidos.

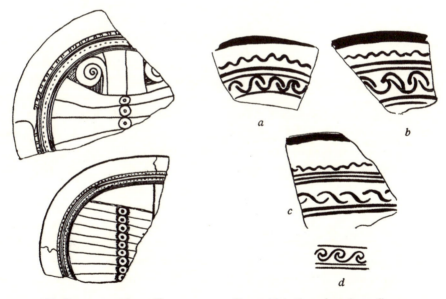

Figura 123 Fragmentos de vasilhames de cerâmica, Texcoco.

Figura 124 Desenhos de vasilhames de cerâmica, Culhuacán.

---

40. SAHAGUN, B. *Historia general de las cosas de Nueva España*. México, 1830, vol. 3, p. 56 [org. por C.M. de Bustamente].

41. Cf. BOAS, F. & GAMIO, M. *Album de collecciones arqueológicas*. México, 1912.

Um dos desenhos mais simples é instrutivo em relação ao efeito da desatenção e o desenvolvimento do estilo individual. Um dos elementos decorativos consiste numa série de figuras entrelaçadas em forma de S (fig. 124). Percebemos que, na figura 124*b*, as linhas que parecem ter se desenvolvido a partir das formas em S estão se degenerando em curvas simples, enquanto em *c* as linhas são desenhadas mais cuidadosamente. A figura 124*d* representa a decoração do lado exterior de um vasilhame, e aqui as curvas em forma de S foram ligadas cuidadosamente e estão se desenvolvendo num novo padrão.

Figura 125 Desenhos de vasilhames de cerâmica, Culhuacán.

Um outro padrão simples que ilustra o efeito da produção rápida consiste numa repetição regular de uma curva e duas marcas verticais. Parece provável que a forma seja derivada de um círculo seguido de marcas verticais como as encontradas na cerâmica bem pintada de Texcoco (fig. 125*a*). Os espécimes correspondentes de Culhuacán são mostrados na figura 125*b, c*. Enquanto em alguns casos a curva é um círculo desenhado mais ou menos cuidadosamente (*b, c*) ela tem, de modo geral, a forma de uma espiral. Uma das características mais notáveis do desenvolvimento deste padrão é a tendência de mudança da direção das marcas verticais para uma posição inclinada (fig. 126). De acordo com a tendência do pintor, as marcas se inclinam ou fortemente da direita em cima para a esquerda embaixo (*a, b* interno, *c, d* externo), enquanto em *e* e *f* as marcas são da esquerda para a direita. Na rápida criação destas formas, as linhas verticais são transformadas em ganchos. Elas são tão características que parece perfeitamente possível reconhecer a mesma mão nestes espécimes.

Há ainda outro modo pelo qual tratar o desenho. Na figura 127*a* a espiral está na direção oposta àquela que normalmente recebe, e uma única linha divisória vertical é colocada entre as duas espirais; o final da primeira espiral toma o lugar da segunda linha vertical. Aqui, mais uma vez, o método de tratamento é consistente. Em alguns casos, a linha da espiral, em vez de terminar abruptamente, continua sob as marcas verticais (*b*). Em outro caso, uma linha horizontal separada simples ou dupla é colocada sob a espiral (*c*).

Um desenho frequente do qual muitos espécimes foram coletados consiste numa espiral com curvas adicionadas. Supostamente, ele é derivado de um círculo e linhas retas (fig. 128*a*). Numa execução rápida, o centro do círculo é ligado à circunferência de modo que a linha inteira se transforma numa espiral. Às vezes, as espirais se transformam num gancho simples (*b*), e o ponto mais baixo da circunferência do círculo é continuado na linha horizontal adjacente. Na grande maioria dos espécimes, a distinção entre o círculo e a linha adjacente pode ser reconhecida por um giro repentino, ou ao menos por uma inclinação na linha horizontal mais baixa (*c*). A forma que se desenvolve a partir do padrão original depende inteiramente do giro peculiar do pincel usado pelo artista. Em muitos casos (*b*, *c*) a espiral, continuando na linha horizontal mais baixa e voltando para a linha horizontal central, é feita numa pincelada e a linha horizontal superior é adicionada por um movimento separado, adjacente ao meio e formando um gancho. Em outros casos (*d*, *e*), a espiral e a linha horizontal mais baixa são desenhadas da mesma forma. As linhas horizontais, entretanto, são feitas separadamente desenhando-se um ângulo reto, provavelmente de cima para baixo, e adicionando-se uma linha central. Nestes casos, a horizontal termina no lado oposto num ângulo agudo. Na figura 128*f*, as duas linhas horizontais são separadas da curva; em *g*, elas são muito longas, e aparentemente a do meio é feita com a mesma pincelada da espiral. O método de produção de *h* é o mesmo aplicado em *b* e *c*, mas a linha horizontal superior é de tamanho muito reduzido. O mesmo método é aplicado em *i* com a diferença que a horizontal superior é girada para cima e termina abruptamente, e as horizontais superior e intermediária são feitas na forma de uma única curva de ferradura. Em *j* e *k* aplica-se um método bastante diferente – a espiral permanece como antes, mas as linhas horizontais são feitas separadamente na forma de um 3. Em *l* e *m* a curva toda é feita numa linha contínua que levou à duplicação da horizontal intermediária na forma de um anel. Em *n* as três horizontais são tratadas de modo bastante diferente; a figura longa em S que começa acima à esquerda substitui as linhas ligadas à horizontal mais baixa. Um princípio semelhante, mas começando no lado oposto, é aplicado em *o*, onde as três horizontais assumem a forma de uma espiral que termina numa espora quase vertical. Em *p* reconhecemos uma forma onde a curva em S é feita separadamente; no meio, há uma linha horizontal adicional e, além disso, a parte inferior da curva em S está ligada à horizontal inferior. A forma *q* é invertida e, ao ligar a curva em S ao centro da espiral, surge uma forma divergente.

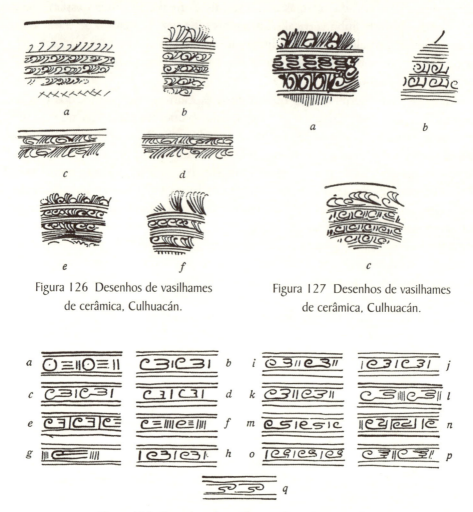

Figura 126 Desenhos de vasilhames de cerâmica, Culhuacán.

Figura 127 Desenhos de vasilhames de cerâmica, Culhuacán.

Figura 128 Desenhos de vasilhames de cerâmica, Culhuacán.

Eu creio que muitas das formas altamente irregulares que ocorrem na cerâmica pintada devem ser explicadas da mesma forma. Uma outra instância deste tipo é representada pela chamada cerâmica de jacaré de Chiriquí (fig. 129), na qual W.H. Holmes baseou seu argumento da degeneração gradual de formas realistas em convencionais. Apesar do vaso em si ser bem-feito, a pintura é quase sempre relaxada; evidentemente, o resultado da produção em massa. O traço mais característico da decoração desta cerâmica é o trabalho com linhas e pontos. Todos os desenhos são caracterizados pelo uso de linhas pretas e vermelhas entremeadas por pontos. Tanto os desenhos geométricos quanto as formas animais são executados grosseiramente. O professor Holmes chamou atenção ao fato que os pontos são usados para indicar as escamas dos jacarés, mas este fato não prova que todos os pontos são derivados de escamas de jacarés. Formas como as mostradas acima à direita na figura 129 podem muito bem ser entendidas como tentativas de decoração geral com linhas e pontos pretos e vermelhos mal-executados. Isto parece mais provável, já que o triângulo com pontos tem uma distribuição muito mais ampla do que os motivos de jacarés. Uma representação do jacaré poderia então ser explicada como executada de acordo com a técnica aplicada a motivos geométricos. Por causa da execução relaxada, a forma animal pode se degenerar de acordo com os hábitos motrizes do artista individual. Entretanto, isto não provaria que o jacaré, como tal, é mais antigo do que a decoração em linhas e pontos. É preciso ter em mente também que o focinho voltado para cima do jacaré, muitas vezes enfatizado como um meio de identificação, é um caractere de distribuição muito mais amplo do que o próprio motivo de jacaré. Representações de macacos também o exibem, e o encontramos em representações do interior da Costa Rica e de algumas partes da América do Sul. Tudo isto também vale para o curioso apêndice de nuca que ocorre na Costa Rica e também na América do Sul.

Figura 129 Desenhos de jacaré da cerâmica Chiriquí.

Igualmente instrutiva é a aplicação de pequenos nós e filetes à cerâmica, que foi explicada pelo Dr. G.G. MacCurdy como resultado da degeneração de figuras de tatu[42]. A característica essencial de toda esta produção é o uso de pequenos nós e filetes aplicados à superfície do vasilhame ou a algumas de suas partes, como pés, pescoço, ombro ou alça. Estes anexos são decorados com uma série de impressões paralelas curtas. Um nó oval com uma única linha medial (ou mais de uma) é muitas vezes usado para indicar um olho; um nódulo semelhante com várias linhas paralelas indica o pé; uma série de filetes curtos paralelos com linhas cruzadas paralelas curtas são aplicados a formas que representam animais, mas também são encontrados nos corpos de vasos. O Dr. C.V. Hartman[43] e S.K. Lothrop[44] descrevem os mesmos motivos técnicos de outras partes da Costa Rica. Em caráter técnico, eles são tão parecidos com os espécimes de Chiriquí que é difícil duvidar que sejam derivados da mesma fonte. Este método de decoração se espalhou amplamente. Seu uso se estende pela América Central e as Índias Ocidentais. Ele é mais característico de produtos arcaicos – em particular, figurinos deste período antigo são sempre modelados através da fixação de nós e filetes. Durante este período, o olho era regularmente representado por um nódulo com uma ou várias incisões. Esta técnica também é encontrada no Equador[45] até períodos mais recentes. No período tolteca, o adorno de vasilhames através da decoração de nódulos fixados atingiu seu maior desenvolvimento. Na América do Norte, ele não é comum. Incisões de filetes ocorrem em restos da região do interior do Mississipi, mas mesmo aqui eles não são uma das características acentuadas. Em contraste com sua frequência na cerâmica altamente desenvolvida da América Central antiga, podemos notar sua raridade na África, onde formas altamente desenvolvidas não estão ausentes de modo nenhum, e onde tampas com figuras animais poderiam sugerir prontamente a aplicação do método[46]. Isto também vale para a cerâmica pré-histórica da Europa. O nódulo aparece na cerâmica de Michelsberg, em Jaispitz (Morávia) e em algumas outras localidades tardias. É apenas nas decorações de engobo (barbotina) da *terra sigillata*[47] que

---

42. GRANT, G. MacCurdy. "A Study of Chiriquian Antiquities". *Memoirs Connecticut Academy of Arts and Sciences*, vol. 3, 1911, p. 48s.

43. HARTMAN, C.V. *Archaeological Researchers in Costa Rica*. Stockholm, 1901.

44. LOTHROP, S.K. "Pottery of Costa Rica and Nicaragua". *Museum of the American Indian, Heye Foundation*. Nova York, 1926.

45. SAVILLE, M.H. *The Antiquities of Manabi, Ecuador*. Nova York, 1910.

46. Cf. um ornamento em relevo num vasilhame de argila vermelha de Banana, Congo Belga. *Annales du Musée du Congo – Notes analytiques sur les collections ethnographiques*, vol. 2, 1907, lâmina III, fig. 34: "Les industries indigènes". Bruxelas.

47. Estilo de cerâmica do Período Romano [N.T.].

encontramos algo que se pareça com a ornamentação de apliques americana, mas, como o material é aplicado num estado semifluido, ele não atinge a mesma liberdade de tratamento. Os nós que ocorrem na cerâmica pré-histórica europeia aparentemente foram feitos em imitação das decorações de bronze perfurado e pertencem a um período posterior. Figuras animais adicionadas feitas de argila, como aquelas encontradas em Gemeinlebarn, também parecem ser imitações de obras em metal e nunca alcançaram o desenvolvimento tão característico da arte cerâmica da América Central.

Os pés de guizo fendidos característicos da cerâmica de Chiriquí provam de modo ainda mais conclusivo do que a aplicação de filetes e nós que as formas artísticas desta província precisam ser consideradas como um desenvolvimento especial de formas características de uma área muito mais ampla. Este tipo de pé está disseminado para muito além do território em que as formas de peixe prevaleciam[48].

Somos então levados à conclusão de que o uso de nós e filetes para criar motivos de tatu está relacionado historicamente ao método de decorar vasilhames através da fixação de peças separadas. O motivo de tatu só pode então ser uma aplicação especializada da criação de motivos animais a partir dos elementos em questão. Os elementos em si não devem ser considerados primariamente como símbolos do tatu, e nem todos os animais criados a partir destes elementos devem ser interpretados como tatus.

O ponto essencial desta consideração está na distribuição ampla de motivos técnicos e formais através de áreas grandes, ainda que com detalhes diferentes em várias localidades. Estes motivos técnicos e formais são os materiais com os quais o artista opera, e determinam a forma particular que um motivo geométrico ou realista assume. Se o filete e nó entalhados são os materiais com os quais a mão e a mente do artista operam, eles ocorrerão em todas as suas representações.

Os investigadores que tentaram provar que formas convencionalizadas se originam através de um processo de degeneração das representações ignoraram, de modo geral, a forte influência de hábitos motrizes e de arranjos formais sobre o estilo resultante. Nos casos em que há uma tendência a organizar motivos decorativos em painéis retangulares, em áreas circulares, ou em campos definidos de outras maneiras, o resultado terá que ser muito diferente de outros em que o artista dispõe habitualmente seu material em campos grandes ou em faixas contínuas. O hábito de decorar a cerâmica através da modelagem e da adição de formas em relevo precisa levar a resultados diferentes daqueles que são obtidos através da pintura ou do entalhe. O uso de linhas e o hábito de usar pontos ou círculos também afetará o estilo resultante. Eu penso que não pode haver muita

---

48. Cf. BOAS, F. & GAMIO, M. *Album de colecciones arqueológicas*. México, 1912, lâminas 36, 42, 51.

dúvida que se um artista tem o hábito de usar desenhos de pontos combinados com linhas e se, depois, ele tentar representar um animal, este método particular será aplicado à representação. A origem dos hábitos motrizes provavelmente deve ser procurada nos processos técnicos, e a origem dos arranjos nos mesmos processos e nas formas de utensílios familiares.

Nosso exame de produtos feitos em fábricas mostra que o processo de desatenção, ou de execução relaxada, leva antes de tudo ao desenvolvimento de características individuais cuja melhor comparação é com a caligrafia. Maneirismos acentuados permitem que reconheçamos a mão do artesão. É apenas quando uma pessoa extraordinariamente cuidadosa e engenhosa opera com este material tradicional que surgem novas formas, análogas àquelas descritas por Balfour. Admitiremos imediatamente que estas condições não ocorrem com frequência na sociedade primitiva.

Figura 130 Bordado chinês representando morcegos.

Eu creio que uma outra causa é mais potente para efetuar uma modificação de desenhos. Padrões ornamentais precisam ser ajustados ao campo decorativo em que são aplicados. O artista raramente se satisfaz em representar parte de seu assunto, cortando-o onde o campo decorativo termina. Ele preferirá distorcer e ajustar as partes de maneira que todas caibam no campo que ele tem à sua disposição. Quando um pássaro é representado com asas abertas, que ocupariam aproximadamente um campo quadrado, e o espaço a ser decorado é longo e estreito, o artista pode contorcer o corpo e a cauda, e esticar as asas para que o desenho seja encaixado no espaço disponível. Henry Balfour[49] nos dá como exemplo o ajuste de figuras de morcegos chinesas para uma faixa ornamental (fig. 130).

Os índios da costa noroeste da América do Norte, que sempre tomam as maiores liberdades com as formas exteriores de animais, não hesitam em distorcê-los de modo a permitir que o artista ajuste o animal ao campo decorativo. Seu método será discutido em maiores detalhes mais abaixo (cf. p. 180s.).

Em discos de conchas dos montes do Tennessee, a cascavel é representada deste modo (fig. 131). A cabeça da cascavel, com a mandíbula superior virada para cima, é reconhecida imediatamente na figura 131*a*. Atrás da boca enxerga-se o olho, representado por vários círculos. O corpo continua pela borda inferior

---

49. *The Evolution of Art*, 1893, p. 50.

para a direita e termina à esquerda, num guizo. A analogia entre a figura *b* e *a* é facilmente reconhecida; a diferença essencial consiste no fato que o corpo em *b* não é decorado; o guizo está acima e atrás do olho. A figura *c* ainda preserva a mesma forma, mas, além das decorações encontradas nos espécimes anteriores, há o longo anel com pequenos círculos envolvendo o olho. A posição em *d* é levemente alterada; é fácil reconhecer o olho e, logo à direita dele, mais reta do que nos espécimes anteriores, está a boca com uma presa. O corpo está na mesma posição de antes, seguindo a borda do disco e terminando num guizo. Em *e*, a boca é muito encurtada e o olho é reduzido a um único círculo pequeno, enquanto o corpo e a cauda mantêm seus traços característicos.

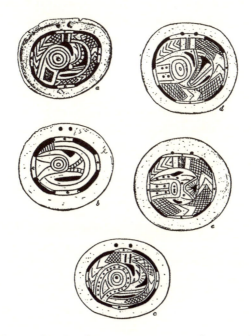

Figura 131 Concha com representação de cascavel.

Os elementos formais que foram discutidos no início do livro exercem uma influência extensa nas formas decorativas. As exigências da simetria num campo decorativo requerem ajustes que podem modificar consideravelmente a forma representativa. Um efeito peculiar da simetria invertida pode ser visto nos escudos de Bornéu onde o escudo inteiro representa o rosto de um demônio; metade à esquerda da linha vertical intermediária para cima, a outra metade de cabeça para baixo[50].

---

50. HEIN, A.R. *Die bildende Künste bei den Dayaks of Borneo*, fig. 48, 49, 51.

Muito mais potente do que as necessidades de ajuste formal é a tendência simbólica, que é capaz de levar a abreviações em que a representação é reduzida a suas menores indicações. Em nossas discussões anteriores, vimos que as representações simbólicas são muito comuns e que em muitos casos o próprio símbolo é representado de um modo com mais ou menos perspectiva. Onde quer que a arte do povo oscile entre os modos simbólico e representativo de delineação, surge a oportunidade para a ocorrência de formas realistas e abreviadas, lado a lado. A esta classe pertencem as urnas faciais, as representações pré-históricas de figuras humanas em pedra, e mesmo nossos bustos e retratos podem ser considerados uma continuação desta prática, pois eles são fragmentários ao mostrar apenas a parte do corpo em que consideramos que o caráter do indivíduo está expresso mais claramente; em parte porque o resto do corpo está sempre coberto por roupas inexpressivas que escondem qualquer individualidade que possa existir. O caráter principal de formas deste tipo será a tendência a sugerir um objeto pela indicação de alguns de seus traços mais característicos. Seria provavelmente errôneo falar, nestes casos, de uma ruptura gradual da forma realista e o desenvolvimento a partir dela de uma forma convencional, pois não é isto que realmente acontece. Os dois tipos ocorrem lado a lado.

4
Estilo

Nós precisamos tratar agora do problema de estilos artísticos individuais. Os elementos formais gerais de que falamos antes, a saber, a simetria, o ritmo e a ênfase ou delimitação da forma não descrevem adequadamente um estilo específico, pois eles embasam todas as formas de arte ornamental. A arte representativa é mais apta a desenvolver características diferenciais, pois em cada área as representações simbólicas, em perspectiva e as oscilantes têm características peculiares e acentuadas. Os princípios da seleção simbólica e o método de composição ajudam a individualizar as formas de arte representativas; mas, além deles, muitos elementos formais são partes integrais de todo estilo artístico, e dão a ele seu caráter mais específico. O neozelandês, o melanésio, o africano, o americano do noroeste, o esquimó – todos eles têm o hábito de entalhar figuras humanas de modo geral. Todos eles são representativos, e ainda assim a proveniência de cada um é facilmente determinada devido a características formais muito definidas.

Dirigiremos nossa atenção a uma elucidação dos princípios através dos quais podemos descrever estilos artísticos. Também nos perguntaremos até que ponto as condições históricas e psicológicas sob as quais os estilos artísticos se desenvolvem e florescem podem ser compreendidas.

Será bom começarmos com um problema simples. Nós vimos que podemos considerar como obras de arte implementos não decorados feitos através de uma técnica controlada perfeitamente – em outras palavras, feitos por um virtuose. Por exemplo, machados de pedra polida; pontas de flecha ou lança lascadas, pontas de lança de ferro, colheres, caixas; resumindo, qualquer objeto de uso cotidiano, desde que a forma que podemos reconhecer em espécimes grosseiros seja trabalhada numa técnica perfeita. Objetos deste tipo, usados para os mesmos propósitos, não têm de modo nenhum a mesma forma em todo lugar. Os espécimes acumulados em museus etnológicos provam que, até tempos muito recentes, antes da contaminação por produtos europeus, cada localidade e também cada período cultural desenvolvera tipos fixos que eram seguidos rigidamente.

Esta observação é ilustrada pelos utensílios de tempos pré-históricos assim como por aqueles coletados entre as tribos primitivas de nossa era. Os bastões de arremesso dos esquimós podem servir como exemplo. Eles são usados para dar um ímpeto maior à arma de arremesso manual. O princípio de seu uso é o mesmo entre todas as tribos esquimós, mas eles apresentam formas locais altamente especializadas, de aparência tão distinta que cada tipo pode ser relacionado com certeza com a região de onde vem (fig. 132).

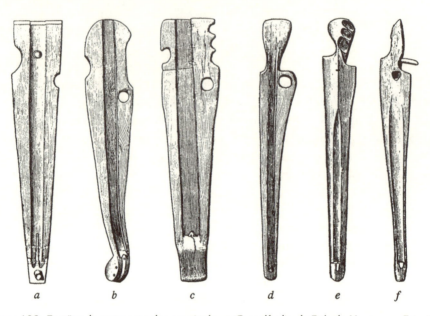

Figura 132 Bastões de arremesso dos esquimós; *a*, Groenlândia; *b*, Baía de Ungava; *c*, Estreito de Cumberland; *d*, Point Barrow; *e*, Alasca (localização exata duvidosa); *f*, Cabo Nome.

Para os propósitos de nossa investigação, é importante entender as razões que causam esta fixidez de tipo. Numa ferramenta como o bastão de arremesso, isto está obviamente relacionado ao modo de seu uso. A tábua desajeitada da Ilha de Baffin deve ser difícil de manejar na mão de um nativo que aprendeu a usar o bastão fino e pontudo do Mar de Bering. A adaptação da mão ao cabo não permite o uso de formas que requeiram movimentos musculares incomuns, que diminuiriam a precisão e facilidade de uso. Portanto, as variações de forma estão confinadas aos limites estabelecidos pelos hábitos motores fixos do povo. Mesmo que uma variação de forma seja atraente para os olhos, ela não será adotada se exigir um novo ajuste das mãos. Quanto mais fundamentais os hábitos motores que determinam a forma do implemento, menos provável será um desvio do tipo costumeiro.

Os hábitos motores que encontram expressão nas formas dos utensílios são, em parte, altamente especializados – como aqueles exigidos para o uso de bastões de arremesso a que acabamos de nos referir –, mas outros são de caráter muito mais geral, e parece que grandes divisões da humanidade foram caracterizadas por hábitos deste tipo que influenciam as formas de seus implementos e bens domésticos. A restrição às ilhas do Oceano Pacífico do processo de produzir fogo por fricção em fenda; as áreas de diferentes tipos de lançamento de flechas descritas por Edward S. Morse; o uso extenso de clavas de arremesso na África e sua insignificância relativa em muitas partes da América são exemplos deste tipo.

Um exemplo curioso da estabilidade dos hábitos motores é encontrado entre os esquimós; não obstante sua grande inventividade, os esquimós antigos não parecem ter usado o serrote para cortar ossos grandes. O corte era sempre feito através da perfuração de buracos próximos uns dos outros na linha em que o osso deveria ser dividido. Quando havia buracos suficientes, as partes eram separadas com um golpe de martelo ou através de uma cunha; parece que este povo desconhecia completamente os serrotes de pedra lascada.

Podemos citar um outro exemplo: os índios da costa do Pacífico norte, do sul do Alasca até o centro da Ilha de Vancouver, não praticam a arte de lascar pedras. Todo o seu trabalho em pedra era feito ou com pedras duras que eram serradas, malhadas, quebradas e polidas, ou com pedras moles que podiam ser cortadas com facas e alisadas com materiais de polimento. As lindas lâminas lascadas características de seus vizinhos esquimós ao norte e de seus vizinhos índios nos planaltos interiores e das tribos da costa sul estão completamente ausentes aqui.

Observações semelhantes podem ser feitas quanto ao manuseio da faca. O entalhador em madeira norte-americano dos dias de hoje usa principalmente a faca curva, cuja lâmina forma parte de uma superfície em espiral. Espécimes arqueológicos deste tipo são raros[1], de modo que não é certo se este método de corte era usado extensivamente em tempos antigos. Atualmente ele está sem dúvida distribuído por todo o continente[2]. A faca é usada como uma rasoura, sendo puxada em direção ao corpo. Na África, por outro lado, o entalhe é feito com uma grosa e uma faca de lâmina dupla reta[3]. Eu só encontrei uma vez uma menção do uso de uma faca curva em formato de foice, aplicada para desbastar uma flecha e, supostamente, para propósitos semelhantes. Schweinfurth[4] menciona

---

1. SMITH, H.I. "Archaeology of the Thompson River Region". *Publications of the Jesup North Pacific Expedition*, vol. I, fig. 352*d*, p. 418. • TEIT, J. "The Thompson Indians". Ibid., fig. 125, 126, p. 184. Talvez também a faca de dente de castor. Ibid., fig. 49, p. 144.

2. MASON, O.T. *Report U.S. National Museum*. Parte 1, 1897, p. 725s.

3. WEISS, M. *Die Völkerstämme im Norden Deutsch-Ostafrikas*, p. 421s.

4. SCHWEINFURTH, G. *Im Herzen von Afrika*. 3. ed., p. 349.

que os mangbetus são o único povo nas regiões que ele visitou – incluindo até os egípcios – que estão familiarizados com o uso da faca para entalhar de lâmina simples, enquanto todos os outros usam a faca de lâmina dupla. Os povos que falam o idioma ila supostamente também usam uma lâmina de lança para entalhe[5].

Outro exemplo que ilustra nosso argumento é apresentado pelos martelos usados pelos índios da costa noroeste da América do Norte. As tribos costeiras de Washington usam um martelo de mão feito de uma pedra simples com uma cabeça lateral; as tribos da Ilha de Vancouver, um martelo de mão também feito de uma pedra simples com um cabo cilíndrico e uma cabeça chata na ponta inferior[6]; os do norte da Colúmbia Britânica, um percutor pesado atado a um grande cabo de madeira.

Hábitos de movimento ou de posição encontram expressão no vestuário e no mobiliário doméstico de outro modo. Tribos onde agachar no chão é comum não usam banquetas ou cadeiras. Aquelas acostumadas a deitar de lado não usam apoios para a cabeça, que são encontrados entre povos com penteados elaborados que deitam de costas.

As roupas das mulheres são adaptadas ao modo pelo qual elas carregam suas crianças. O capuz da mulher esquimó da Ilha de Baffin acomoda a criança carregada nas costas. A bota larga das mulheres da Ilha de Southampton e dos estilos antigos do Estreito de Hudson serviam para proteger a criança carregada no quadril.

Não é provável que os hábitos dos povos tenham se originado a partir das formas dos bens domésticos que eles usavam. É muito mais provável que as invenções tenham sido determinadas por hábitos mais antigos. Em tempos mais recentes, a relação pode ter sido invertida, já que cada geração estabiliza seus hábitos de acordo com os objetos aos quais estão acostumados.

Uma permanência semelhante da forma de utensílios ajustados a hábitos motores definidos existe nos tempos modernos, como ilustrada pela rigidez da forma de muitas ferramentas de artesãos ou a permanência do teclado do piano.

O mesmo conservadorismo, ainda que baseado no treinamento de outro órgão sensorial, é encontrado na estabilidade das formas das letras de nosso alfabeto. Na escrita, tanto os hábitos motores firmemente estabelecidos quanto a fixidez das associações entre a imagem visual e a forma ajudam a estabilizar formas antigas e dificultar inovações.

A estabilidade da linguagem é outro fenômeno do mesmo tipo. As características fonéticas fundamentais de uma linguagem se baseiam em hábitos motores; o uso do vocabulário e de formas gramaticais se baseia parcialmente em associa-

---

5. SMITH, E.W. & DALE, A.M. *The Ila-speaking Peoples of Northern Rhodesia*. Vol. I, p. 199.

6. BOAS, F. "The Kwakiutl of Vancouver Island". *Publications of the Jesup North Pacific Expedition*. Vol. 5, p. 314s.

ções auditivas. Em todos estes casos: no uso de ferramentas, formas e linguagem, a mente se ajusta tão completamente ao uso de hábitos motores definidos, e a certos tipos de associação entre impressões sensoriais e atividades definidas, que uma resistência à mudança aparece como a atitude mental mais natural; pelo simples motivo de que o contrário exigiria o esforço de desaprender e reaprender. É preciso compreender que isto não implica numa estabilidade absoluta, que não existe, apenas na resistência individual a mudanças repentinas.

Esta resistência é expressa de outro modo através de uma ligação emocional a formas costumeiras. No domínio das ferramentas, talvez não seja tanto o prazer da brincadeira que induza o homem a dedicar tanto trabalho à manufatura de seus utensílios, mas sim o amor da ferramenta especial que ele usa, um amor que implica no prazer com os movimentos costumeiros além da forma do implemento. Esta atitude mental é uma das fontes mais importantes do conservadorismo na forma dos objetos de uso, e da tendência de dar a eles a maior excelência técnica possível. A intensidade da relação emocional entre uma pessoa e sua ferramenta é naturalmente maior quando o criador e o usuário são a mesma pessoa; ela diminui com a facilidade de obtenção de substitutos. Aqui está uma das causas da rápida decadência da beleza da forma dos utensílios nativos imediatamente quando ferramentas e manufaturas europeias são introduzidas.

Apesar da falta de variação nas formas dos utensílios e em sua caracterização regional serem muitas vezes expressões de hábitos motores definidos, ou de outras reações sensoriais que estão firmemente associadas a atividades úteis que se tornaram culturalmente fixas, há outros casos em que a retenção conservadora da forma não pode ser explicada desta maneira. Isto é particularmente verdadeiro quando o uso de um objeto não depende consideravelmente de sua forma. O fato de uma cesta ser redonda ou oblonga, angular ou sem cantos não influencia o modo de seu uso, a não ser que ela sirva como uma cesta para carregar objetos. Ainda assim, em muitos casos a familiaridade estabelecida através do uso longevo dos objetos pode facilmente levar a uma ligação emocional que se expressa na permanência da forma, e na recusa em aceitar novas formas não familiares para o uso cotidiano, uma resistência emocional à mudança que pode ser expressa de várias formas – como um sentimento de impropriedade de certas formas; como um valor religioso ou social particular, ou como um medo supersticioso da mudança. A permanência da forma também é favorecida pela participação de muitos indivíduos na manufatura de objetos. Na maioria dos casos, cada pessoa supre suas próprias necessidades. O número de mentes originais certamente não é maior nas sociedades primitivas do que na nossa, ainda que eu não acredite que ele seja menor. A maioria dos produtores dos objetos de uso cotidiano é, portanto, imitadora, não criadora, e a massa de produtos uniformes que está em uso e que é vista constantemente restringirá a liberdade de imaginação das mentes originais. O desejo de tentativas deliberadas de criar algo novo que caracteriza as indústrias de nossa época não está presente, assim como não está presente entre nossos camponeses, enquanto eles não forem contaminados por influências da cidade. Eu não quero afirmar que as formas primitivas são absolutamente estáveis. Nada estaria mais longe da verdade; mas a busca consciente de mudanças que caracteriza nossos modismos é rara. Nós também somos conservadores quanto a formas cuja modificação exigiria mudanças fundamentais de hábitos.

A estabilidade dos arranjos internos de casas, não obstante todas as variações de detalhes; a adesão a tipos de janelas usados em países diferentes; as formas de igrejas e nossa comida local são todos exemplos de um grau considerável de conservadorismo. Isto também vale, ao menos parcialmente, para os padrões fundamentais de vestuário masculino e feminino.

O conservadorismo da forma é sentido em muitos casos em que um objeto é feito com um material novo. O abandono do material antigo pode ser causado pela falta de uma fonte adequada do material antigo, ou pode ser uma inovação causada por um impulso criativo interno. Ele constitui uma ruptura com o passado. Entretanto, as formas antigas são muitas vezes mantidas. Tais substituições são mais prováveis de acontecer quanto mais plástico for o material novo. A cerâmica, e, em menor grau, a madeira e também a pedra são os principais materiais em que as formas podem ser imitadas de modo geral. A cerâmica presta particularmente para a manufatura de uma grande variedade de formas. Quando a habilidade necessária para temperar o barro na modelagem e na queima é atingida surge a oportunidade para copiar uma grande variedade de formas. Assim, encontramos pratos e colheres de conchas, vasilhames de cabaça e formas de cestas imitadas na cerâmica. Nós continuamos a fazer isso. Temos em nossa porcelana chinesa inúmeros exemplos de cópias até dos melhores tecidos. Na África, encontramos lamparinas de barro que são evidentemente derivadas das formas das lamparinas de bronze da Antiguidade onde os pés complicados são imitações de arame, e muitos vasilhames de cerâmica parecem ser cópias de cestas. Por exemplo, os pratos cerimoniais de argila com cabo dos índios pueblos se parecem mais com cestas do que com formas de cerâmica.

Tendo em vista a grande frequência de formas imitadas na cerâmica, propôs-se a teoria de que todas as formas da cerâmica devem ter se originado de protótipos que foram criados primeiramente em alguma outra técnica. O Professor Schuchardt[7] pressupõe que as primeiras formas neolíticas com bases pontudas devem ser cópias de cantis feitos de couro. Cushing e Holmes[8] defenderam

---

7. SCHUCHARDT, C. *Alteuropa*. Berlim, 1919, p. 44.

8. HOLMES, W.H. *Origin and Development of Form and Ornament in Ceramic Art*. • CUSHING, F.H. "A Study of Pueblo Pottery". *Fourth Annual Report* – Bureau of Ethnology. Washington, 1886. Há, entretanto, evidências de que os potes eram moldados em cestas, e depois removidos e queimados.

a teoria de que a cerâmica e os padrões da cerâmica se desenvolveram a partir da cestaria, de que os potes eram antes de tudo modelados sobre uma cesta e que a cesta, com sua cobertura de argila, ia então para o fogo. A cesta era assim queimada e o vasilhame de argila permanecia na forma da cesta. Em corroboração desta teoria, apontou-se que cestas cobertas de argila realmente foram encontradas, em cuja superfície o padrão ornamental que normalmente é encontrado na cesta foi pintado na argila. Estas tentativas não me parecem convincentes. A cerâmica mais antiga que conhecemos é muito grosseira e não se parece com nenhuma outra forma técnica. Os esquimós faziam lamparinas de barro não queimado que parecem ser meramente moldadas com as mãos. Parece muito mais provável que a queima do barro tenha sido descoberta quando alimentos eram cozidos em solo argiloso ou em buracos em terrenos argilosos do que cestas sejam tornadas à prova d'água pela aplicação de argila e que a cesta, cuja fabricação é um processo trabalhoso, tenha sido então intencionalmente destruída. Entretanto, eu não desejo introduzir uma nova teoria não provada para substituir outras. Para nosso propósito, é suficiente reconhecer as cópias frequentes de formas naturais e técnicas na cerâmica.

O mesmo ocorre, ainda que não tão extensivamente, no trabalho em madeira e até em pedra, particularmente em pedras moles que podem ser trabalhadas com uma faca. Cópias de madeira de objetos feitos de chifre de búfalo ocorrem na África. Muitos dos cálices de madeira lindamente entalhados da região do Congo parecem, para mim, vasos de cerâmica, mantidos eretos por apoios de pedra. Entalhes em madeira imitam formas feitas pressionando-se pedaços juntos. Em algumas regiões, encontramos vasilhames de pedra da mesma forma normalmente usada para vasilhames de madeira. Os machados de pedra europeus pré-históricos são os mais conhecidos entre as formas de pedra de imitação, sendo cópias das formas de armas de bronze usadas por regiões mais ao sul, ou os sofás de pedra da antiga América do Sul, cópias de assentos de madeira.

Até agora falamos apenas das formas gerais dos objetos, mas não de decoração nem de ornamentos. Nós vimos em nossa discussão dos elementos puramente formais que a técnica às vezes causará padrões nas superfícies dos objetos manufaturados. Nós mencionamos os padrões produzidos pela lasca de pedras, pelo enxó e pela tecelagem com material grosso. Não há como exagerar a importância destes padrões de superfície para o desenvolvimento do ornamento. Quando uma tábua grande é trabalhada com o enxó, o trabalhador precisa ajustar sua posição para conseguir cobrir a tábua inteira. Dependendo do modo que ele se move, padrões diferentes de superfícies adjacentes podem aparecer. Os padrões que se desenvolvem naturalmente quando um tecelão brinca com sua técnica são muito mais importantes, ou seja, quando ele ou ela não está mais satisfeito com a simples tecelagem para cima e para baixo, e começa a pular linhas e assim introduz ritmos de movimento mais complexos. A solidez do tecido requer alternações de pulos, e a sarja, portanto, leva imediatamente a padrões de superfície diagonais. Quanto mais complexos os movimentos rítmicos, mais complexos serão os padrões. Tentou-se traçar a origem de todos os padrões decorativos importantes a esta fonte. Eu suponho que isto seja um exagero, porque outras condições podem muito bem levar à descoberta de desenhos. Eu deliberadamente digo descoberta, e não invenção, pois eu creio, junto com os investigadores que pretendem derivar todos os padrões da tecelagem, que a invenção intencional é menos importante do que a descoberta de possibilidades que passam a ser observadas como um efeito da brincadeira, particularmente a brincadeira rítmica com processos técnicos.

Eu suponho que a ocorrência de vários elementos ornamentais simples pode ser explicada como determinada tecnicamente. Nós já vimos antes que a linha reta e curvas regulares como o círculo e a espiral pressupõem uma técnica precisa, pois elas são raras demais na natureza para serem consideradas de caráter representativo. A linha reta pode ser o resultado de cortar, dobrar ou dividir alguns tipos de madeira, do uso de juncos ou materiais semelhantes, de esticar fibras e de muitos outros processos. Círculos podem surgir do giro regular de cestaria e cerâmica em espiral; as espirais, através da disposição de placas grossas. A tecelagem com material grosso leva a figuras diagonais, a padrões em xadrez, a diagonais com degraus e a muitas outras formas complicadas. Amarrar com barbante produz linhas retas interseccionando-se em vários ângulos, e também formas paralelas, circulares e em espiral. Nós podemos afirmar com confiança a origem independente em áreas separadas do desenho triangular na cestaria (fig. 104*a*, *b*, p. 115); de formas radiais simples em placas de cestaria em espiral; da cruz suástica, da grega e de muitas outras formas simples, como as espirais da Boêmia pré-histórica, do leste da Sibéria, da Melanésia e do Novo México antigo; da uniformidade de elementos de desenhos da África e da América; da ocorrência do círculo e do ponto central na Europa pré-histórica e entre os esquimós. Os princípios da simetria, do equilíbrio, da repetição rítmica e da ênfase em pontos ou linhas proeminentes se aplicam a todos os tipos de técnicas e muitos levam a desenvolvimentos paralelos.

Nós vimos que, em alguns casos, elementos simples que se desenvolvem independentemente possuem peculiaridades estilísticas que diferenciam uma localidade de outra. Mas mesmo se as formas forem idênticas, é provável que a disposição no campo decorativo dê uma forma específica à arte de cada localidade.

Figura 133 Felpa, Congo.

Os negros do Congo apresentam um exemplo excelente da transferência de desenhos de uma técnica para outra. Seus padrões tecidos consistem em grande parte em faixas que se interseccionam, imitando o entretecido de faixas largas. Estes motivos aparecem na maioria do trabalho decorativo destas tribos. Sua felpa bordada (fig. 133) imita os padrões entretecidos; eles reaparecem em seus entalhes em madeira, particularmente em seus cálices (cf. fig. 52, p. 68) e em entalhes em chifre de búfalo.

Faixas entretecidas que parecem imitações de tecelagem com fios grossos também são muito comuns na arte americana. Elas são encontradas em muitas partes da América do Sul e entre os índios pueblos. Alguns dos entalhes de madeira de Tonga são de estilo evidentemente influenciado pelos métodos artísticos de amarração, que são altamente desenvolvidos nas ilhas do Oceano Pacífico.

Admitindo tudo isto, ainda não fica claro por que existiria o grau de individualização de estilo que é realmente observado mesmo onde processos técnicos similares prevalecem. Os índios da Guiana e os indonésios usam os mesmos métodos de tecelagem com materiais um tanto largos e duros. As condições técnicas que controlam sua cestaria são praticamente as mesmas. Não obstante, os estilos de arte que eles usam são muito distintivos.

Disto nós concluímos que, além da influência da técnica, devem existir algumas outras causas que determinam o estilo individual de cada área. Eu duvido muito que algum dia será possível dar uma explicação satisfatória da origem destes estilos, assim como não podemos descobrir todas as condições psicológicas e históricas que determinam o desenvolvimento da linguagem, estrutura social, mitologia ou religião. Todas elas são de crescimento tão incrivelmente complexo que o melhor que podemos fazer é apenas ter a esperança de desemaranhar alguns dos fios do tecido atual e determinar algumas das linhas de comportamento que podem nos ajudar a perceber o que ocorre nas mentes das pessoas.

Antes de tudo, é preciso voltar a atenção para o próprio artista. Até o momento, consideramos apenas a obra de arte sem nenhuma referência ao criador. Nós nos referimos ao artesão apenas no caso de trabalhos relaxados. Verificamos que seu comportamento, como revelado em sua obra, nos ajudou a entender o destino de seus desenhos. Portanto, podemos esperar que também na questão mais ampla o conhecimento da atitude e ações do artista contribuirão para uma compreensão mais clara da história dos estilos artísticos. Infelizmente, observações sobre este assunto são muito raras e insatisfatórias, pois ele exige um conhecimento íntimo do povo para compreender os pensamentos e sentimentos mais internos do artista. Mesmo com um conhecimento completo, o problema é incrivelmente difícil, pois os processos mentais de produção artística não ocorrem completamente diante da consciência. O tipo mais alto de produção artística está lá, e seu criador não sabe de onde ele vem. Seria um erro pressupor que esta atitude está ausente entre tribos cujas produções artísticas nos parecem tão limitadas por um estilo estrito que haveria pouco espaço para a expressão do sentimento individual e para a liberdade do gênio criativo. Eu me lembro do exemplo de um índio da Ilha de Vancouver que sofria de uma doença recorrente que o confinava à sua cama. Ele fora um bom pintor, mas suas produções não diferiam estilisticamente em nenhuma forma daquelas de sua tribo. Durante sua longa doença, ele sentava em sua cama, segurando seu pincel com os lábios, em silêncio e aparentemente sem prestar atenção ao seu redor. Era difícil até induzi-lo a falar, mas quando ele falava ele discorria sobre suas visões de desenhos que ele não conseguia mais executar. Sem dúvida, ele tinha a mente e a atitude de um artista verdadeiro e inspirado.

O caráter geral das produções artísticas do homem, por todo o mundo, mostra que o estilo tem o poder de limitar a inventividade do artista produtivo; pois, se admitirmos que o gênio em potencial como o que acabei de descrever nasce em todas as culturas, então a uniformidade das formas artísticas numa dada tribo só pode ser entendida através destas limitações.

A restrição da inventividade não se deve, como talvez poderíamos supor, ao hábito de copiar desenhos antigos e a uma lentidão da imaginação do artesão que acha mais fácil copiar do que inventar. Pelo contrário, os artistas primitivos quase nunca copiam. Apenas em casos muito excepcionais encontramos desenhos de trabalho como os que empregamos no bordado, alfaiataria, entalhe em madeira e arquitetura. O trabalho aparece na mente do criador antes dele começar, e é uma realização direta da imagem mental. No processo de execução deste plano, podem surgir dificuldades técnicas que o forçam a alterar suas intenções. Tais instâncias podem ser descobertas facilmente no produto finalizado, e são altamente instrutivas, porque elas iluminam claramente os processos mentais do trabalhador. Podemos ver em particular na cestaria decorada ricamente como tais dificuldades surgem e que influências elas exercem sobre o desenvolvimento do desenho.

Mesmo na manufatura de produtos de massa, como a cerâmica que descrevemos antes (p. 137s.), a cópia claramente não é praticada. Os padrões são tão simples, e requerem um número tão pequeno de movimentos padronizados, que são combinados de várias maneiras. O método de trabalho corresponde estritamente a nosso método de escrever, onde também uma quantidade limitada de movimentos padronizados ocorre numa infinidade de combinações.

Apesar do artesão trabalhar sem copiar, sua imaginação nunca vai além do nível do copista, pois ele meramente usa motivos familiares compostos de modos costumeiros. Não é preciso muita prática para aprender como executar um trabalho sem padrões simples como este. O método de procedimento é o mesmo seguido na arte popular europeia. Os padrões bordados ou tecidos e os entalhes em madeira dos camponeses europeus não são cópias de padrões, e sim os resultados da composição individual. Livros com padrões aparecem apenas quando a arte popular está decadente. Portanto, não obstante a rigidez do estilo, seria difícil encontrar dois objetos com ornamentações idênticas.

Quando os desenhos são muito complexos, e são necessárias simetria rígida e repetições rítmicas, encontramos às vezes o uso de estênceis. Isto também ocorre quando uma pessoa planeja um desenho e outra o executa. Nestes casos, podem ocorrer cópias reais; mas ambas estas instâncias são raras na cultura primitiva e não modificam o quadro geral esboçado aqui.

É interessante ouvir as opiniões de indivíduos que criam desenhos novos. Nós já vimos que a novidade consiste geralmente na combinação em novas maneiras de antigos elementos de padrões. Ainda assim, os autores destes desenhos estão convencidos de que criaram algo novo. Eu tenho informações sobre a atitude destes artistas apenas de índios norte-americanos. Eles chamam desenhos deste tipo de "desenhos de sonho", e afirmam que o novo padrão realmente apareceu para eles num sonho. Esta explicação da origem da nova forma é notavelmente uniforme por todo o continente. Ela foi registrada nas Grandes Planícies, nos planaltos do noroeste e entre os índios pueblos. Não há muita dúvida de que isto é meramente um outro termo para "invenção". Ele exprime um forte poder de visualização que se manifesta quando a pessoa está sozinha e em repouso, quando ela pode deixar a imaginação fluir livremente. Talvez os artistas tenham maior poder eidético do que a maioria dos adultos entre nós. Os poucos indivíduos que criam novas formas deste modo provavelmente têm bom controle sobre a técnica e um domínio amplo sobre muitas formas atuais. Num caso que foi investigado com cuidado por James Teit, a mulher que criou novos padrões de cestaria era também uma das com melhor técnica e tinha domínio completo sobre a maior variedade de formas.

Quando os padrões feitos por artistas individuais são comparados, vemos que o número de desenhos feitos por indivíduos diferentes varia muito consideravelmente. Alguns dominam o conjunto completo de forma, enquanto outros se satisfazem com um pequeno número que repetem continuamente.

O poder controlador de um estilo tradicional forte é surpreendente. Os povos da costa noroeste têm métodos característicos de representar cabeças, olhos, sobrancelhas e juntas; a figura 67 (p. 81) mostra a tentativa de um excelente artista haida que tentou ilustrar o conto de uma águia que carregou uma mulher.

A forma geral da águia é bastante realista, mas o artista não pôde deixar de colocar o desenho característico do olho na junta da asa da águia, e representar a cabeça no estilo convencional em que a águia é mostrada. A mulher que a águia carrega tem os padrões de sobrancelha e bochecha típicos. O estilo penetrou a obra que foi planejada como uma representação realista.

Observações semelhantes podem ser feitas sobre o Wasgo, o monstro marinho fabuloso com corpo de lobo e orelhas grandes. Na figura 134 ele é mostrado carregando uma baleia entre suas orelhas, outra com sua cauda, e uma pessoa na boca. Ele tem o focinho alto característico do lobo, as orelhas voltadas para trás (aqui mostradas como transparentes). As grandes juntas dos ombros e dos quadris e as patas em forma de olhos são características da arte da costa noroeste. A baleia com seus olhos redondos, espiráculo e cauda característicos também se conforma ao estilo artístico local. Ainda assim, o artista tentou criar uma pintura realista.

Figura 134 Pintura haida representando um monstro marinho na forma de lobo, carregando duas baleias.

Figura 135 Desenho haida representando a história de um jovem que capturou um monstro marinho.

Outra pintura do mesmo artista haida, Charles Edensaw (fig. 135), é bastante análoga. Ele tentou ilustrar para mim uma história haida de um homem que capturou o monstro marinho Wasgo colocando um cedro dividido ao meio sob a água. Ele foi mantido aberto através de uma tábua que o segurava. Uma criança foi colocada nele como isca e, quando o monstro apareceu para devorar a criança, o jovem retirou a tábua; a árvore se fechou e capturou o monstro. Neste esboço, a árvore é mostrada pelo ângulo agudo preto com dentes na parte interna que mataram o monstro. A tábua que mantinha a árvore dividida aberta é indicada pela barra preta. O Wasgo na forma de um lobo com uma grande nadadeira dorsal é mostrado mordendo a cabeça da criança, enquanto o jovem senta na árvore. A história continua contando que o jovem veste a pele do Wasgo e sai toda noite para caçar no mar, depositando sua caça na praia da aldeia. Sua sogra afirma ter poderes xamanísticos e finge ter obtido a caça. Quando o jovem deixa claro que foi ele que matou a presa, sua sogra cai, envergonhada pelo jovem. Ela é mostrada à esquerda com um vestido de xamã com guizos de conchas, um avental de xamã, um colar de ornamentos de ossos e a coroa xamanística. Sua posição indica que ela está caindo. Percebe-se que aqui também todas as figuras exibem traços característicos do estilo ornamental da costa noroeste.

Figura 136 Desenho haida representando parte da história do corvo.

Na figura 136 está representada parte da história do corvo. A figura humana no canto superior esquerdo supostamente representa o dono do anzol de halibute. Abaixo dela, vemos o corvo que voa carregando em suas costas o dono do anzol de halibute. De acordo com a história, ele o joga no mar, pega o anzol de halibute e começa a pescar. Este incidente é mostrado no lado direito do esboço. O significado da foca no canto superior direito não está claro.

Nós vimos que, na arte representativa, o tipo particular de perspectiva ou forma simbólica, ou de combinação das duas, determina em parte o estilo local. Precisamos agora nos voltar a uma consideração dos elementos puramente formais que caracterizam o estilo. Podemos distinguir aqui entre as formas de ornamentação e sua composição. Um apanhado geral do campo da arte primitiva nos convence imediatamente da grande variedade de formas elementares e de sua localização precisa. Como exemplo da importância de formas fundamentais, eu escolhi a ocorrência da espiral. Ela é característica da arte da Nova Zelândia, da Melanésia, e das tribos do Amur – para selecionar apenas alguns exemplos típicos. E mesmo assim, como são grandes as diferenças, como são especializadas as espirais de cada uma dessas regiões!

Praticamente todas as espirais da arte primitiva são equidistantes. Podemos facilmente demonstrar que as espirais se desenvolvem de muitas maneiras diferentes. Como Semper afirmou, o enrolamento de fios ou a criação de cestas ou cerâmica por enrolamento sempre leva à descoberta da espiral ornamental. Amarrações com barbante podem ter um resultado semelhante. Em outros casos, a espiral se desenvolve, sem motivos técnicos, a partir de formas naturais. Isto é exemplificado, por exemplo, pelas espirais usadas para expressar as narinas do castor, o urso e a libélula na arte da costa noroeste (cf. fig. 157, p. 184 e 175, p. 191). Entretanto, há dúvidas sobre se a espiral descoberta desta forma seria capaz de se tornar um motivo dominante da arte local.

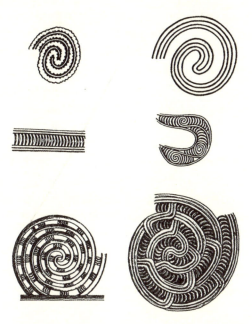

Figura 137 Tipos de espiral da Nova Zelândia.

A espiral entalhada da Nova Zelândia (fig. 137) é geralmente dupla; um braço para dentro e outro para fora, com os dois se encontrando no centro. As espirais são dispostas de modo que seus contornos gerais se harmonizem com o campo decorativo, mas suas curvas exteriores muitas vezes atravessam as bordas. A aparência da espiral é fortemente influenciada pela aplicação de um padrão comum de entalhe, que consiste num grande campo linear com hachuras limitadas por duas ou mais linhas equidistantes. Os dois braços da espiral são ligados por pequenas barras com decorações cruzadas em intervalos regulares. Em outros casos, as próprias espirais são decoradas com linhas cruzadas, enquanto as linhas ao redor são suaves. Às vezes as espirais recebem um contorno chanfrado. Espirais simples consistindo em várias linhas equidistantes ocorrem na tatuagem e em entalhes em madeira representando rostos tatuados. As espirais muitas vezes são conectadas e formam figuras em forma de S, e, quando colocadas serialmente num campo estreito, são acompanhadas por uma série de linhas equidistantes – fragmentos das curvas externas que seriam mostradas se a espiral pudesse ter se desenvolvido livremente.

A espiral do leste da Nova Guiné é em alguns aspectos semelhante à da Nova Zelândia. A espiral dupla é comum em ambas as áreas, assim como as chanfras ou recortes em forma de vieiras na espiral e o preenchimento das nesgas com linhas curvas que acompanham as voltas externas da espiral (fig. 138). A falta de barras de ligamento, da decoração em linhas transversais e o arranjo fundamentalmente diferente do desenho, assim como o tratamento em preto e branco, diferenciam a espiral da Nova Guiné e da Nova Zelândia. Estão ausentes a grande liberdade das formas neozelandesas, a precisão delicada de todos os elementos constitutivos e a multiplicidade de formas conectadas à espiral.

A terceira área em que a espiral é usada extensivamente, a região do Rio Amur, representa formas fundamentalmente diferentes (fig. 139). Enquanto as espirais da Nova Zelândia e da Nova Guiné têm a mesma largura em todo o seu curso, as da região do Amur exibem desenvolvimentos laterais peculiares. As espirais desta área são geralmente simples e largas; ou duplas, mas então as espirais não se encontram. Os contornos das faixas da espiral são de estrituras variadas. Quando o curso geral destas espirais deixa campos que ficariam sem decorações, eles são preenchidos por gavinhas largas, projeções parecidas com folhas ou por ornamentos circulares independentes que ajudam a manter o fundo dividido em faixas que sempre mantêm aproximadamente a mesma largura. Muitas vezes as variações nas linhas das espirais formam figuras animais, particularmente pássaros e peixes; às vezes de forma razoavelmente realista.

Figura 138 Tipos de espiral do leste da Nova Guiné.

Figura 139 Espirais do Rio Amur.

A fixidez de forma ocorre mesmo em desenhos representativos grosseiros feitos sem grande habilidade técnica adquirida em ocupações industriais. Isto é ilustrado notavelmente por algumas formas usadas pelas tribos algonquinas dos bosques a oeste dos Grandes Lagos e também pelas tribos sioux vizinhas. Em seus ideogramas, as figuras aparecem regularmente com ombros largos que afundam em linhas retas até a cintura. A figura às vezes é cortada neste ponto; às vezes se estende da cintura para baixo. A figura 140*a* representa um desenho potawatomi; a figura 140*b* um desenho dos sioux wahpeton do mesmo tipo. Nos calendários de inverno[9] dos sioux publicados por Mallory, a figura humana é representada num estilo bastante diferente (fig. 140*d*). Este tipo ocorre nos calendários La Flamme e Lone-Dog. Podemos comparar estas formas com o símbolo típico usado pelos pés-pretos para representar um inimigo morto, que, de acordo com Wissler, sempre tem a forma dada em *c*. Nas reproduções dos ideogramas a mesma forma aparece, muitas vezes com apenas uma perna. As formas usadas pelos esquimós do Alasca em seus entalhes em ossos, chifres e marfim (*e*) são muito diferentes dos tipos dos índios da planície. As formas são sempre silhuetas pequenas em movimentos ágeis, e o realismo da forma e do movimento dos entalhes esquimós formam um contraste forte quando comparados ao estilo convencional dos índios das planícies e dos bosques. Mesmo as representações ideográficas de

---

9. "Calendários de inverno" (*winter counts*) são ideogramas, normalmente desenhados em couro de búfalo, usados por várias tribos indígenas norte-americanas para registrar eventos importantes para a tribo [N.T.].

homens em movimento, que realmente ocorrem em outros tipos de desenhos de índios das planícies, têm estilo completamente diferente das representações dos esquimós. O estilo das representações da forma humana dos esquimós do leste difere consideravelmente do estilo dos esquimós do Alasca. Eles não usam silhuetas, preferindo desenhar as formas de modo realista, com atenção particular aos detalhes do vestuário (fig. 140*f*).

Figura 140 Ideogramas representando seres humanos: *a*, potawatomi; *b*, wahpeton; *c*, pés-pretos; *d*, dakota; *e*, esquimós do Alasca; *f*, esboços a lápis de um esquimó da costa oeste da Baía de Hudson.

Figura 141 Ideogramas: *a, b, c,* de Cueva de los Caballos; *d,* bosquímanos.

As representações da forma humana feitas pelos bosquímanos e pelo homem paleolítico são muito diferentes. Elas são sempre silhuetas de tamanho grande com exageros fortes de formas características e movimentos do corpo (fig. 141). Obermaier as descreveu em detalhes[10]. Algumas das figuras em movimento vivaz são representadas com linhas para as pernas e corpos, enquanto em outros casos as panturrilhas são mostradas em tamanhos exagerados. As pinturas bosquímanas são de tipo um tanto semelhante às do período paleolítico. Nós encontramos o mesmo exagero no comprimento dos membros e, particularmente, na representação de mulheres, exagero de todos os traços característicos do corpo.

Em quase toda arte podemos reconhecer formas estilísticas definidas. Eu adicionarei alguns outros exemplos com base em certas classes de objetos que ilustram isto.

A Senhorita Ruth Bunzel me ofereceu uma descrição completa da decoração do jarro d'água dos zunis: "Ele se caracteriza por uma grande estabilidade do estilo decorativo. A própria forma do jarro exibe muito pouca variação. A superfície

---

10. OBERMAIER, H. & WERNERT, P. "Las pinturas rupestres del Barranco de Valletorta (Castellon)". *Comisión de investigaciones paleontológicas y prehistóricas*, Madri: Museo Nacional de Ciencias Naturales, 1919 [Mem. 23].

exterior é coberta com argila branca que serve como fundo para decorações pintadas em preto e vermelho. O traço mais característico do esquema decorativo é a separação do campo em áreas claramente definidas traçadas por linhas pretas pesadas. Os modos pelos quais o campo é assim dividido e os desenhos admissíveis em cada seção são todos prescritos definidamente pelos padrões de gosto vigentes.

Em todo jarro é essencial a divisão do campo em duas zonas, conhecidas como gargalo e corpo. Os desenhos de gargalo são sempre usados em pares, quatro ou seis unidades alternadas para cada jarro. Atualmente, a escolha de desenhos para o gargalo está limitada a dois conjuntos de desenhos, e o modo pelo qual eles são combinados é absolutamente fixo. Padrões alternados de losangos e triângulos, ambos altamente elaborados, são usados juntos e, alternativamente, uma voluta e um cajado de orações convencionalizados são usados juntos em outros jarros.

Para o corpo, há uma escolha maior de desenhos, mas esta escolha ocorre entre alguns padrões bem conhecidos, e os modos pelos quais cada um pode ser usado são fixados definidamente. O tipo mais característico e, atualmente, o mais popular é o padrão veado-girassol (fig. 142). Dois grandes medalhões representando girassóis são pintados em lados opostos do jarro. Às vezes pintam-se três medalhões, mas dois é o número preferido. O espaço entre os medalhões é dividido horizontalmente por uma faixa estreita. A faixa pode ser preenchida com pequenos pássaros convencionalizados ou com figuras de volutas entrelaçadas. Em cada um dos espaços formados por esta faixa são pintados dois veados, ambos envolvidos por volutas graciosas, chamadas na terminologia zuni de 'a casa do veado'. No total, oito veados são usados, dois em cada um dos quatro campos. Os veados são sempre pintados exatamente do mesmo modo, em perfil com a cabeça para a direita, e com alguns dos órgãos internos indicados. Não há variação nem nas volutas ornamentais que envolvem a representação. Em jarros pequenos é permitido substituir os veados na parte inferior menor do jarro por um dos vários padrões bem definidos de volutas e curvas, mas qualquer outro desvio do esquema estabelecido é severamente criticado. O primeiro dos dois desenhos da borda mencionados acima é sempre usado com o padrão de veado. A composição inteira, exatamente na combinação descrita, aparece repetidamente em jarros d'água usados atualmente pelos zunis assim como em espécimes mais antigos agora em nossos museus, e a fixidez do tipo é reconhecida claramente por artistas nativos.

Figura 142 Jarro zuni.

Este é apenas um de vários tipos de decoração igualmente fixos preferidos atualmente pelos zunis. Há, por exemplo, uma figura plana muito elaborada repetida em literalmente centenas de espécimes de jarros d'água, e sempre sem nenhuma variação na figura em si ou em sua aplicação ao jarro. Ela é sempre usada em grupos de três e com o segundo dos desenhos da borda. Há também outros tipos, todos eles conhecidos e que podem ser descritos por qualquer ceramista zuni bem-informado. Apesar da invenção de novos desenhos ser considerada eminentemente desejável entre eles, o número real de vasos zunis que não pertencem a um destes tipos reconhecidos é incrivelmente pequeno".

Figura 143 Bordados hausas.

Como um outro exemplo, eu escolhi o estilo de bordado em camisas hausas (fig. 143). Felix von Luschan chamou atenção à rigidez do padrão geral[11]. Um campo alongado estreito no canto superior esquerdo do desenho contornado à esquerda por uma linha branca fina, à direita por um campo branco com longos triângulos pontudos, limita o buraco pelo qual a cabeça passa. O disco branco à esquerda dele repousa, portanto, no lado direito do peito, e o disco superior na escápula direita. A linha que divide o desenho numa parte superior e uma inferior, começando na ponta inferior do corte por onde a cabeça passa, destaca o bordado no corpo da camisa daquele do bolso grande abaixo. A borda superior do bolso sempre é decorada com um desenho central, que consiste num campo quadrado com figuras em xadrez, em cuja esquerda estão dois triângulos, e à direita, três. Há em muitos espécimes, na borda direita do campo, uma faixa circular. O desenho na parte inferior do bolso é, de modo geral, simétrico com o desenho no corpo da camisa. O padrão de flecha com três farpas na borda inferior reaparece no topo, seguido, do lado de dentro, do mesmo tipo de roseta. Entretanto, os dois desenhos diferem quando o padrão de três pontas com o aro ligado se repete à direita do corte para a cabeça, girado em ângulos retos para a porção correspondente da borda do bolso. Este padrão perturba a simetria dos desenhos superiores e inferiores e produz uma distorção do superior que, entretanto, não influencia os elementos do padrão. No bolso abaixo à esquerda há uma faixa retangular com um desenho de folha que forma uma borda interna.

Também há uma grande fixidez de desenhos nas caixas de couro cru dos índios sauk e fox, às quais me referi anteriormente (p. 29s.). O traço característico é a divisão do couro retangular que forma a caixa em três campos no comprimento e cinco na largura. Os cinco campos são determinados pelo modo em que a caixa é dobrada; quatro lados formam a frente, o fundo, as costas e o topo, e o quinto uma aba que cobre a frente. A divisão do comprimento não é determinada deste modo, pois a largura da caixa difere consideravelmente da largura do campo central. Os elementos de desenho têm base em padrões comuns dos índios da parte norte da América do Norte: retângulos divididos por linhas longitudinais centrais e triângulos obtusos em cada lado dela. Devemos notar que a unidade do desenho não é o losango, mas sim o retângulo com dois triângulos obtusos cujo vértice está perto da linha divisória central. Isto aparece claramente no espécime mostrado na figura 144*b* onde cada desenho começa na margem com um triângulo apontando para dentro na direção do triângulo oposto, e também nas outras figuras nas quais, de acordo com o estilo artístico dos bosques do leste, um segmento é substituído por um triângulo agudo. Um segundo elemento nestes desenhos é o triângulo agudo com linhas, ou uma única linha, que se estende a partir do vértice; uma forma que também é comum a todos os índios dos bosques e das planícies.

---

11. LUSCHAN, F. *Beiträge zur Völkerkunde*, p. 50. Padrões do mesmo tipo foram retratados por Leo Frobenius em *Das sterbende Afrika*, lâminas 58-60.

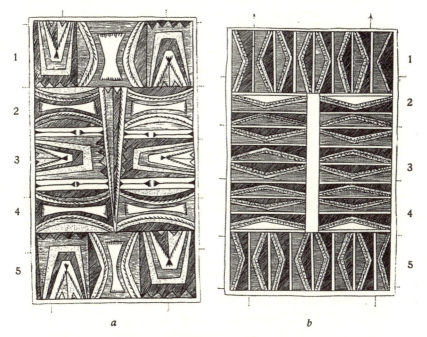

Figura 144 Couro cru pintado, sauk e fox.

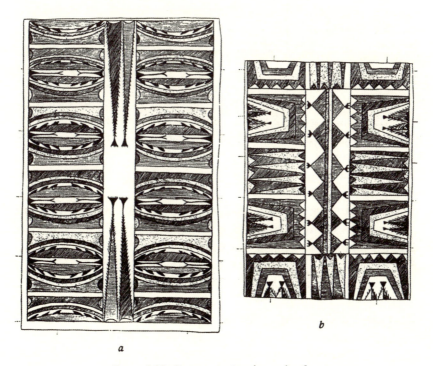

Figura 145 Couro cru pintado, sauk e fox.

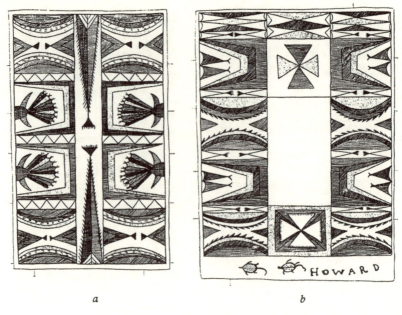

Figura 146 Couro cru pintado, sauk e fox.

Podemos distinguir dois estilos destas pinturas; um em que os cinco campos na largura são tratados de modo que os padrões nos três campos retangulares centrais (2, 3, 4) ficam em ângulos retos em relação àqueles nos dois campos extremos (1, 5). Nos campos centrais, os lados longos dos retângulos são paralelos ao lado estreito do couro e, nos externos, os retângulos são girados de modo que os lados longos são paralelos ao lado longo do couro. O campo central no comprimento se estende apenas pelos três campos intermediários e é muito estreito (fig. 14, 144*a*, *b*). O único ornamento na figura 144*b* é o retângulo com dois triângulos obtusos voltados para o vértice. Aos quatro retângulos em 2, 3, 4 encontramos quatro retângulos correspondentes nos campos 1 e 5. Na figura 144*a* há uma alternação de dois desenhos nestes campos. Há dois triângulos com linhas que se projetam com molduras complexas, e retângulos com os triângulos obtusos transformados em segmentos. Nestes retângulos, falta a linha divisória central. Percebe-se que aqui também o número de retângulos nos três campos internos (2, 3, 4) corresponde ao número nos campos externos (1 e 5), mas sua ordem é invertida. Os triângulos à esquerda e à direita nos campos externos (1 e 5) também estão em posições invertidas. O campo central estreito é ocupado por um único triângulo agudo. Na figura 145*b* temos um arranjo semelhante, mas, no lugar do retângulo com triângulos obtusos, encontramos uma nova disposição de triângulos agudos. A figura 14 (p. 31) difere das que acabamos de descrever porque o campo central é dividido em dois, em vez de quatro. Os triângulos obtusos nos quatro cantos

170

são tratados de maneira um pouco diferente e a figura entre eles no meio do lado curto é tratada como se o desenho essencial fosse o losango, e não o triângulo obtuso. O desenho em forma de coração e as figuras parecidas com estrelas dão a impressão de um novo desenvolvimento de padrões mais antigos.

Nas figuras 13, 15, 145*a* e 146 os retângulos são todos colocados na mesma direção; o lado comprido paralelo ao lado curto do couro. A figura 145*a* consiste inteiramente de segmentos curvos correspondentes aos triângulos obtusos. Nos vértices destes segmentos, os retângulos são divididos por linhas centrais. Cada campo que separa os retângulos contém um triângulo agudo com vértice prolongado. Também encontramos no campo central estreito o triângulo agudo com linhas que se estendem. A figura 15 consiste no triângulo agudo com a moldura normal, mas com pontas cortadas em vez das figuras angulares da figura 145*b*. O campo central é tratado da mesma maneira do campo da figura 145*a*. A figura 13 quase corresponde à figura 145*a*, exceto os campos retangulares, que não são divididos por uma linha central, tendo em vez disso uma figura central um tanto parecida com uma ampulheta envolvendo um triângulo agudo em cada ponta. As cruzes no campo central também são derivadas dos triângulos agudos. Os três campos centrais do lado comprido da figura 146*b* correspondem à figura 144*a*. Como os retângulos no campo marginal do lado curto não estão girados, o desenho de triângulo agudo não se encaixa e encontramos, portanto, o desenho de cruzes em seu lugar. A falta de simetria entre os campos superiores e inferiores extremos é bastante incomum. Na figura 146*a* nós encontramos, como na figura 14, apenas quatro campos. Os desenhos são de caráter semelhante àqueles na figura 146*b*, exceto o desenho de triângulo agudo, que é desenvolvido de modo peculiar.

Figura 147 Couro cru pintado, iowa.

Os ojibwas e os iowas usam um outro método para construir suas caixas. Os lados curtos são feitos de abas separadas, e não há uma aba cobrindo a frente. O fundo não é decorado e o couro é simplesmente dobrado em forma de caixa e costurado (fig. 147). O método usado pelos otoes e às vezes pelos iowas é também diferente. Há uma aba curta cobrindo parte da frente; os lados são dobrados, de modo parecido com o usado pelos fox e também há uma falta de coerência completa entre o desenho feito no couro e como ele aparece na caixa completa (fig. 148).

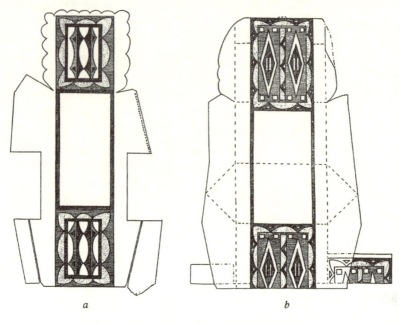

Figura 148 Couro cru pintado; *a*, iowa; *b*, otoe.

Um outro exemplo da fixidez de tipo é apresentado nas bolsas tecidas dos ojibwas e dos potawatomis (fig. 149, 150). Os dois lados opostos sempre têm padrões distintos. Os padrões puramente geométricos são sempre dispostos simetricamente. Há uma figura central larga com várias faixas estreitas nas bordas. Acima e abaixo dela há uma faixa larga com um padrão diferente do central. Às vezes as cores acima e abaixo são invertidas. A linha divisória atravessa a bolsa inteira, mas os padrões nas faixas largas mudam. Num lado muitas vezes aparecem acima figuras representativas, e neste caso não há correspondência entre os desenhos superior e inferior. Bolsas semelhantes são usadas por outras tribos vizinhas. Os potawatomis usam os mesmos arranjos decorativos, com a exceção que a faixa central muitas vezes permanece sem decoração[12].

---

12. Cf. SKINNER, A. "The Mascontens or Prairie Potawatomi Indians". *Bulletin Public Museum of the City of Milwaukee*, vol. 6, n. 2, lâmina 21.

Figura 149 Desenho de bolsa, ojibwa.

Figura 150 Desenho de dois lados de bolsa, potawatomi.

Para uma compreensão clara do caráter de um estilo local, uma comparação com formas relacionadas em áreas contíguas é indispensável. Condições históricas como as que podem ser traçadas no desenvolvimento das formas artísticas em tempos pré-históricos e históricos na Europa e na Ásia também foram determinantes na formação da arte dos povos primitivos. Provavelmente não existe nenhuma região onde o estilo artístico possa ser compreendido inteiramente como um crescimento interno e uma expressão da vida cultural de uma única tribo. Sempre que há uma quantidade suficiente de material, podemos traçar a influência de tribos vizinhas umas sobre as outras, muitas vezes se estendendo por vastas distâncias. A disseminação de características culturais que fez das estruturas sociais, dos cerimoniais e dos contos das tribos o que eles são hoje também foi um elemento muito importante para moldar as formas de sua arte. A distribuição local de processos técnicos, de elementos formais e de sistemas de arranjos contribui ao caráter de cada estilo artístico. Já discutimos anteriormente a distribuição da cerâmica decorada com filetes e pelotas (cf. p. 141s.), e descobrimos que o processo técnico cobre uma grande área contínua e que ele é aplicado de modo diferente por cada grupo cultural. Nós também vimos que o desenho triangular característico envolvendo um retângulo, muitas vezes com esporas na base, está disseminado por todo o continente norte-americano. Nós descobrimos que esta forma é comum aos pueblos, aos índios dos planaltos do noroeste e das planícies, e que o padrão fundamental pode ser reconhecido na Nova Inglaterra e em Labrador. Padrões compostos de linhas, triângulos e retângulos são característicos da arte do índio norte-americano. Não obstante sua simplicidade, estas formas estão praticamente confinadas à América do Norte. Sua individualidade forte prova que sua distribuição atual deve ser resultado de influências mútuas entre várias culturas norte-americanas. Não podemos determinar onde o padrão surgiu, mas é bastante certo que sua distribuição atual se deve a contatos culturais; sua ocorrência provavelmente está relacionada ao uso de couro cru duro para receptáculos, ao método de pintura usado pelos índios, e ao método antigo de decoração com tecelagem e bordado com espinho de porco-espinho. Eu chamei atenção à diferença de disposição destes padrões em várias tribos, e A.L. Kroeber, R.H. Lowie e Leslie Spier[13] discutiram esta questão em maiores detalhes (fig. 151).

Figura 151a Tipo de pintura de *parfleche* e bolsa, arapaho.

Figura 151b, c Tipos de pintura de *parfleche* e bolsa, shoshone.

---

13. SPIER, L. "An Analysis of Plains Indian Parfleche Decoration". *University of Washington Publications in Anthropology*, vol. I, p. 89s., onde a literatura anterior foi citada.

O arranjo em faixas paralelas é característico dos arapahos; um campo central envolvido por um quadrado, dos shoshones do norte. Tendo em vista o contato próximo em que estas duas tribos vivem atualmente, que favorece o comércio intertribal, a distribuição não é tão clara quanto provavelmente foi em períodos mais antigos.

Certas diferenças também podem ser observadas no arranjo de bordados com contas, cujas formas são muito uniformes numa área extensa das pradarias ocidentais. Uma forma característica deste desenho consiste num losango ou retângulo central, de cujos cantos emanam linhas que terminam em triângulos voltados para o campo central ou pelo vértice ou pela base; às vezes encontramos uma barra transversal com dentes no final dessas linhas. Entre os arapahos (fig. 152), estes padrões aparecem separadamente num fundo limpo; entre os sioux (fig. 153), o quadrado central raramente é usado. Enquanto entre os arapahos as linhas normalmente são ligadas a apenas duas pontas opostas, os sioux quase sempre as ligam aos quatro cantos do losango central. Além disso, os sioux gostam de variar o fundo inserindo estrelas ou cruzes, e o desenho parece ocorrer mais frequentemente com uma duplicação simétrica do que entre os arapahos.

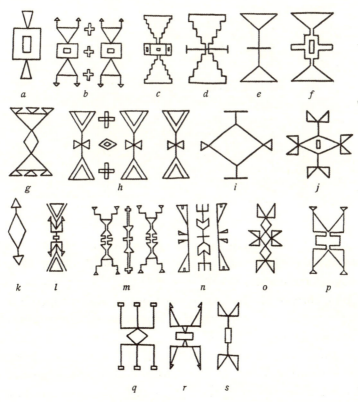

Figura 152 Desenhos arapahos.

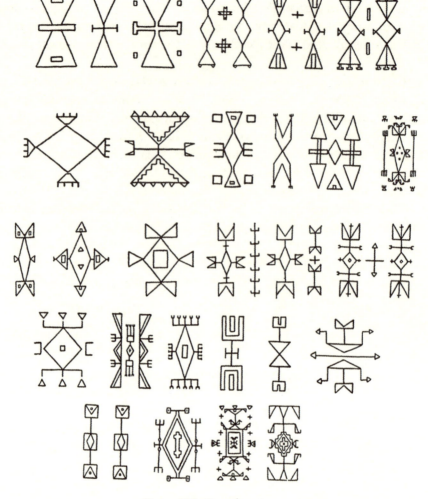

Figura 153 Desenhos sioux.

Um outro bom exemplo de diferenciação no arranjo e na identidade de elementos de padrões é a cestaria dos índios da Colúmbia Britânica. Entre os índios Thompson, os elementos dos desenhos são distribuídos uniformemente por todo o lado da cesta; entre os lillooets, eles são confinados à parte superior do lado, enquanto a inferior não é decorada; entre os chilcotins, há três faixas de decoração na parte superior da cesta (cf. p. 285).

Como outro caso da distribuição ampla de um elemento de desenho evidentemente devido à difusão, podemos mencionar o chamado ornamento de ponta de codorna da Califórnia, que consiste num ângulo reto com uma haste reta fina e um braço horizontal curto e pesado. Este padrão é encontrado costumeiramente por toda a Califórnia e se estende para o norte até as tribos sahaptins do Rio Colúmbia. É particularmente importante notar que, tecnicamente, a cesta das tribos sahaptins pertence ao tipo em espiral imbricado usado pelos índios Thompson mais ao norte; enquanto nas regiões ao sul vários métodos de cestaria são utilizados. Em todos eles a mesma ponta de codorna ocorre (cf. p. 115).

Até agora falamos de estilos locais como se em todos os casos apenas um único estilo ocorresse numa unidade tribal. Isto poderia parecer plausível devido à uniformidade comparativa da vida tribal. Entretanto, há muitos casos em que estilos fundamentalmente diferentes podem ser observados na mesma comunidade. Eu me referi várias vezes aos entalhes e desenhos realistas dos esquimós, que muitas vezes são combinados com padrões geométricos muito característicos, mas subordinados, particularmente a linha dupla com esporas alternadas; uma série de figuras em forma de Y dispostas numa linha contínua; e círculos e pontos (cf. fig. 78, p. 94). Em certos casos, formas realistas são usadas para o propósito de ornamentação. Em alguns espécimes modernos da costa oeste da Baía de Hudson encontramos representações de seres humanos ou de animais (cf. fig. 51*b*, p. 67). Na Groenlândia, vasilhames de madeira são ornamentados com entalhes de marfim representando focas, que são pregados à superfície (fig. 121, p. 133). Pedaços de pele para guardar agulhas são ornamentados com figuras em aplique[14]. Na costa leste da Groenlândia, motivos decorativos semelhantes estão em uso.

O estilo de ornamentação das roupas é bastante diferente. Não há nenhum realismo e os padrões formais usados são faixas largas, acompanhando as bordas dos trajes e longas linhas de franjas. A base desta ornamentação é uma sensibilidade para o contraste de cores e uma tendência a enfatizar contornos. A tendência representativa está inteiramente ausente. Num único espécime onde aparece uma representação de uma mão humana ela parece estranhamente deslocada[15]. Este estilo decorativo foi desenvolvido completamente na Groenlândia, onde um padrão em xadrez é aplicado para trajes, baldes e também para óculos de madeira.

Eu suponho que a causa principal da diferença destes estilos seja encontrada na diferença dos processos técnicos, mas talvez até mais na circunstância de que a obra realista é feita pelos homens, e as roupas e a costura de couro, pelas mulheres.

Dois estilos fundamentalmente distintos também ocorrem entre os índios da costa do Pacífico Norte. Eu me referi várias vezes a suas representações simbó-

---

14. BIRKET-SMITH, K. "Ethnography of the Egedesminde District". *Meddelelser om Grønland*, vol. 66, 1924, p. 522, 550.

15. BOAS, F. "The Eskimo of Baffinland and Hudson Bay". *Bulletin of the American Museum of Natural History*, vol. 15, 1907, lâmina 9.

licas de animais com o desprezo curioso das relações naturais entre as partes do corpo. Este estilo artístico está confinado primariamente ao trabalho em madeira e a outras indústrias relacionadas a ele. Ele também ocorre em apliques e em bordados com espinho de porco-espinho – provavelmente copiados de desenhos pintados – e portanto é praticado tanto por homens quanto mulheres. Entretanto, ele está totalmente ausente da cestaria moderna para uso doméstico e da produção de esteiras. Os padrões decorativos nestes tipos de técnica são sempre geométricos e não têm nenhuma relação com a arte do entalhe. Apenas nos cobertores tecidos dos tlingits, que são copiados pelas mulheres de tábuas desenhadas pelos homens, encontramos o estilo simbólico típico.

Eu poderia também me referir ao contraste entre as representações ideográficas dos índios das planícies e sua arte ornamental se não fosse o fato de que seus ideogramas nunca alcançam a dignidade de uma arte.

Poderíamos citar muitos outros casos em que uma diferença de estilo é encontrada em tipos diferentes de técnica, ou em partes diferentes da população. Cestas de casca de bétula do interior da Colúmbia Britânica têm seu estilo próprio de decoração das bordas e seus lados estão muitas vezes cobertos por desenhos ideográficos. Cestas em espiral do mesmo distrito têm padrões de superfície geométricos. A cerâmica pintada da América Central tem estilo diferente de outros tipos em que a pintura não é usada e ornamentações plásticas são aplicadas. As bordas de esteiras tecidas neozelandesas têm estilo geométrico e não têm padrões que poderiam ser considerados derivados da decoração em espiral elaborada que caracteriza os entalhes maoris (lâmina VIII).

Entretanto, tais diferenças de estilo não são de modo nenhum a regra. Como já afirmamos antes, é muito mais comum descobrirmos (p. 155) que a arte mais altamente desenvolvida provavelmente impõe seu estilo a outras indústrias, e que a tecelagem de esteiras e a cestaria foram particularmente influentes no desenvolvimento de novas formas, e poderosas na imposição destas formas para outros campos.

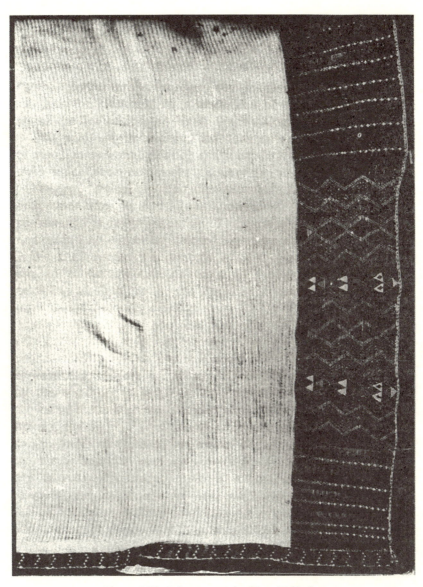

Lâmina VIII Cobertor tecido, Nova Zelândia.

5
A arte da costa do Pacífico Norte da América do Norte[1]

Os princípios gerais discutidos nos capítulos anteriores podem agora ser elucidados por uma discussão do estilo da arte decorativa dos índios da costa do Pacífico Norte da América do Norte.

Podemos distinguir dois estilos: o estilo do homem, expresso na arte do entalhe, da pintura e seus derivados; e o estilo da mulher, que encontra expressão na tecelagem, cestaria e bordados.

Os dois estilos são fundamentalmente distintos. O primeiro é simbólico, o segundo, formal. A arte simbólica tem um certo grau de realismo e está cheia de significado. A arte formal tem, no máximo, nomes para os padrões e nenhuma significância especialmente destacada.

Discutiremos primeiro a arte simbólica. Suas características essenciais são um desprezo quase absoluto dos princípios da perspectiva, uma ênfase em símbolos significativos e uma disposição ditada pela forma do campo decorativo.

Enquanto os esquimós da América ártica, os chukchis e os koryaks da Sibéria, os negros e muitos outros povos usam entalhes que de modo geral não têm propósitos práticos, feitos apenas pelo desejo de representar uma figura – homem, animal ou ser sobrenatural –, quase todo o trabalho dos artistas índios da região que estamos tratando serve ao mesmo tempo um propósito útil. Ao fazer figuras totêmicas simples, o artista está livre para moldar seu assunto sem adaptá-las às formas de utensílios, mas, devido ao seu tamanho grande, ele é limitado pela forma cilíndrica do tronco da árvore usado para os entalhes. O artista nativo é quase sempre restringido pela forma do objeto ao qual a decoração é aplicada.

A perfeição técnica dos entalhes e das pinturas, a exatidão e ousadia da composição e das linhas provam que representações realistas não estão além dos po-

---

1. Este capítulo é uma edição revisada do meu ensaio "The Decorative Art of the Indians of the North Pacific Coast of America". *Bulletin of the American Museum of Natural History*, vol. IX, 1897, p. 123-176.

deres do artista. Isto também pode ser demonstrado por alguns exemplos magníficos de entalhes realistas. O capacete mostrado na figura 154 é decorado com a cabeça de um velho afligido por paralisia parcial. Sem dúvida, este espécime deve ser considerado um retrato. O nariz, os olhos, a boca e a expressão geral são altamente característicos. Numa máscara (fig. 155) representando um guerreiro moribundo, o artista mostrou fielmente a mandíbula inferior larga, o rosto pentagonal e o nariz forte do índio. Os músculos relaxados da boca e da língua, as pálpebras pendentes e os olhos imóveis marcam as agonias da morte. A lâmina IX representa um entalhe recente, uma figura humana de excelência rara. A postura e as roupas estão livres de todas as características formais do estilo da costa noroeste. Apenas o tratamento do olho e sua pintura facial exibem sua origem étnica. Aqui também está a cabeça realista a que me referi anteriormente, feita pelos índios kwakiutl da ilha de Vancouver (fig. 156), que é usada numa cerimônia para enganar os espectadores, que acreditam que é a cabeça de um dançarino decapitado[2].

Figura 154 Capacete tlingit.   Figura 155 Máscara representando guerreiro moribundo, Tlingit.

Quando o artista deseja a verdade realista, ele é perfeitamente capaz de atingi-la. Isto muitas vezes não é o caso; o objeto do trabalho artístico geralmente é decorativo, e a representação segue os princípios desenvolvidos na arte decorativa.

---

2. A seleção de arte da costa noroeste oferecida por Herbert Kühn (*Die Kunst der Primitiven*, p. 100, 104, lâminas 48, 50, 51) é característica apenas das representações realistas. Apenas as lâminas 47, 49 e parte da 52 são estilisticamente típicas.

Lâmina IX Figura entalhada, Colúmbia Britânica.

Quando a forma do campo decorativo permite, o contorno da forma animal é mantido. O tamanho da cabeça geralmente é enfatizado contra o do corpo e o dos membros. Olhos e sobrancelhas, boca e nariz recebem grande proeminência. Em quase todos os casos as sobrancelhas têm uma forma padronizada, análoga àquela com a qual o índio gosta de aparar suas próprias sobrancelhas – com uma ponta reta na borda das órbitas, e um ângulo pronunciado na borda superior, deixando as sobrancelhas mais largas num ponto um pouco para fora do centro, diminuindo nos ângulos externos e internos e terminando de modo bastante abrupto nas duas pontas. O olho também é padronizado. Em muitos casos, ele consiste em duas curvas externas que indicam as bordas das pálpebras superior e inferior. Um grande círculo interno representa a pupila. As linhas labiais são sempre distintas e envolvem uma boca que recebe uma largura extraordinária. Os lábios geralmente estão abertos o bastante para mostrar os dentes ou a língua. As bochechas e a testa têm tamanho muito restrito. O tronco não é elaborado. As orelhas dos animais erguem-se sobre a testa (fig. 157). Elas quase sempre são aplicadas em reproduções de mamíferos e aves, e geralmente não aparecem nas reproduções da baleia, da orca, do tubarão e muitas vezes também do *sculpin*[3]. A orelha humana é representada em sua forma característica, no nível do olho (fig. 207 e 209, p. 212, 213). Baleias e peixes muitas vezes têm olhos redondos, mas há exceções (fig. 233, 234, 235, p. 223s.).

Figura 156 Cabeça entalhada usada em cerimoniais, índios kwakiutl.

---

3. Peixe comum no Pacífico Norte e em rios da região, relacionado ao peixe-escorpião. Possui ferrões venenosos de picada bastante dolorosa [N.T.].

Para uma apresentação clara dos princípios desta arte pode ser vantajoso tratar o simbolismo e o ajuste da forma animal ao campo decorativo antes de discutirmos os elementos puramente formais.

Figura 157 Entalhes representando o castor de modelos de totens haidas entalhados em ardósia.

Figura 158 Entalhe de cabo de colher representando castor, Tlingit.

Figura 159 Cocar representando um castor; uma libélula é mostrada no peito do castor, Haida.

A figura 157*a* é uma figura do modelo de um totem que representa o castor. Seu rosto é tratado de modo um tanto semelhante ao rosto humano, particularmente a região ao redor dos olhos e do focinho. Entretanto, a posição das orelhas indica uma cabeça animal. Os dois grandes incisivos servem para identificar o roedor *par excellence* – o castor. A cauda está voltada para cima à frente do corpo. Ela é ornamentada por hachuras que representam as escamas da cauda do castor. Em suas patas dianteiras, ele segura um bastão. O focinho é curto e forma um ângulo proeminente com a testa. As narinas são grandes e indicadas por espirais. Os incisivos grandes, a cauda com hachuras, o bastão e a forma do focinho são símbolos do castor, e os dois primeiros destes são características suficientes do animal.

A figura 157*b* é outra representação de um castor do modelo de um totem. Ela se parece com a primeira em todos os detalhes, exceto o bastão, que está faltando. O castor está meramente erguendo suas patas dianteiras com três dedos perto do queixo. Em outros entalhes, o castor é mostrado com quatro ou cinco dedos, mas os símbolos descritos aqui nunca variam.

No cabo de uma colher (fig. 158), a cabeça e as patas dianteiras do castor são mostradas; e em sua boca estão indicados um par superior de incisivos, e todos os outros dentes são omitidos. A cauda escamosa é mostrada nas costas da colher. O focinho é diferente daquele descrito previamente apenas pela ausência do desenvolvimento em espiral da narina. Sua forma e tamanho concordam com os espécimes anteriores.

No centro da frente de um cocar de dança (fig. 159), um castor é representado na posição agachada. Os símbolos mencionados antes serão reconhecidos aqui. O rosto é humano, mas as orelhas, que surgem sobre a testa, indicam que a intenção é representar um animal. Dois grandes pares de incisivos ocupam o centro da boca aberta. A cauda, com hachuras, está voltada para cima à frente do corpo, e aparece entre as duas pernas traseiras. As patas dianteiras estão erguidas até a altura da boca, mas não seguram um bastão[4]. O focinho é curto, com grandes narinas redondas e se transforma abruptamente na testa. No peito do castor, outra cabeça é representada, onde vários pequenos anéis se esticam para cima. Este animal representa a libélula, que é simbolizada por uma cabeça grande e um corpo segmentado esbelto[5]. Suas patas se estendem dos cantos da boca na direção das ancas do castor. Seu rosto se parece com um rosto humano; mas as duas orelhas, que se erguem das sobrancelhas, indicam que se trata de um animal. Em muitas representações da libélula encontramos dois pares de asas ligadas à cabeça. Combinações de dois animais semelhantes a esta são encontradas com frequência, como nas figuras 165, 170 e 235.

Numa pintura na frente de uma casa kwakiutl (fig. 160), que foi feita para mim por um índio de Fort Rupert, reconheceremos a cabeça grande com os incisivos. A cauda escamosa aparece sob a boca. As linhas pontilhadas (1) ao redor dos olhos indicam o pelo do castor. O desenho em cada bochecha (3), os ossos da face, o ponto alto do focinho (2) seu giro repentino. As narinas são grandes e redondas como nos espécimes descritos anteriormente. Sob os cantos da boca estão as patas. O significado dos dois ornamentos sobre a cabeça é duvidoso.

---

4. Para representações adicionais do castor, cf. fig. 216, 225, 228, 229, 230, 255, 283.

5. Cf. p. 190.

Figura 160 Pintura para a frente de uma casa colocada sobre a porta, representando o castor, índios kwakiutl.

Figura 161 Anzol de halibute com desenho representando um *sculpin* engolindo um peixe, Tlingit.

Figura 162 Parte de totem com desenho representando um *sculpin*, Tsimshian.

Um anzol de halibute entalhado (fig. 161) foi decorado com o desenho do *sculpin*. Os símbolos do peixe são as barbatanas e a cauda, os do *sculpin*, duas espinhas surgindo sobre sua boca, e uma nadadeira dorsal. O *sculpin* é representado engolindo um peixe, cuja cauda se projeta de sua boca. As duas espinhas aparecem imediatamente sobre os lábios, e suas pontas ficam entre os dois olhos, que são representados por dois círculos com projeções pequenas. As duas nadadeiras peitorais são indicadas sobre os olhos. A nadadeira dorsal se estende dos olhos para cima na direção da parte mais fina do corpo. A cauda do animal se estende para o lugar onde a ponta e a haste do anzol são amarradas com uma faixa de raiz de abeto.

Figura 163 Perneira de lã com desenhos em aplique representando *sculpin*, Haida.

O mesmo animal é representado de modo levemente diferente na parte inferior de um totem (fig. 162). A figura 160 provavelmente é o sol, ou talvez uma estrela-do-mar. Seus braços se estendem para cima, e estão presos na boca de um *sculpin*, de cabeça para baixo, as costas para a frente e a cauda se estendendo para cima. Dois ornamentos em forma de lua crescente sobre os cantos da boca representam as guelras do peixe. Acima deles estão as nadadeiras peitorais. No nível das nadadeiras peitorais, na direção do meio, aparecem os símbolos do *sculpin*, duas espinhas, cujas partes inferiores estão decoradas com pequenos rostos humanos. Os olhos redondos são colocados abaixo das espinhas. A nadadeira dorsal começa na altura dos olhos, e se mistura com a cauda, que é agarrada por uma figura humana cortada em dois pela cauda do peixe. Este entalhe também é caracterizado por dois símbolos – as duas espinhas e a nadadeira dorsal.

Numa perneira feita de tecido azul (fig. 163), o *sculpin* é mostrado num aplique de pano vermelho. Seus dentes, olhos e nadadeira dorsal são representados por botões de concha de abalone. Dois pequenos triângulos cortados à direita e à esquerda da boca representam as guelras. Imediatamente sobre os olhos, e estendendo-se na direção das costas, estão as duas espinhas indicadas por dois pedaços triangulares finos de pano vermelho cortados no meio. As nadadeiras peitorais são indicadas por dois pedaços mais largos de pano vermelho que saem dos olhos para fora e para cima na direção da margem do corpo do peixe, e a nadadeira dorsal pelas longas fendas nas costas do animal. A espécie é caracterizada pelas duas espinhas que aparecem sobre os olhos[6].

Em pinturas faciais, o *sculpin* normalmente é indicado pelas duas espinhas que são pintadas acima dos lábios (fig. 164).

As figuras 165-168 representam o gavião, simbolizado por um enorme bico em gancho, curvado para trás de modo que sua ponta fina toca o queixo. Em muitos casos, o rosto do pássaro é o de um ser humano, e o nariz recebe o formato do símbolo do gavião. Ele se estende na forma de um bico, e se volta para trás para dentro da boca, ou se une ao rosto abaixo do lábio inferior.

No cocar, figura 165, o rosto superior maior é o do gavião. O rosto é humano, mas as orelhas, que se erguem sobre a testa, indicam que se trata de um animal. O corpo é pequeno, e está escondido atrás da face de um monstro marinho com cabeça de urso e nadadeiras. As asas do gavião são agarradas pelos braços do monstro marinho, cujas nadadeiras podem ser vistas sobre os braços.

A figura 166 é o cabo de uma colher onde está representada a cabeça de um gavião, simbolizada por seu bico. O topo da colher representa um homem que

---

6. Para representações adicionais do *sculpin*, cf. fig. 206, 219, 224, 262.

segura um pequeno animal com corpo segmentado, que pode representar a libélula, apesar da cabeça ser bem menor do que o normal[7].

Nas figuras 167 e 168, os mesmos símbolos do gavião serão reconhecidos. Vale notar que, na maioria destes espécimes, a boca está completamente separada do bico e tem a forma da boca dentada de um mamífero. Uma forma característica do bico do gavião é mostrada na pintura facial da figura 169.

A figura 170, a parte frontal de um cocar que representa a águia, tem forma bastante semelhante às da série precedente; mas difere delas porque o bico não está voltado para trás de modo a tocar a face, terminando numa ponta afiada que se estende para baixo, e também não há indicação de uma boca mamífera. As asas da águia são mostradas estendendo-se da borda do seu corpo para dentro. A junta do ombro é indicada pela cabeça de uma figura humana que é entalhada ornamentalmente nas asas. As patas são vistas aos lados da borda inferior do entalhe, sob as asas. No corpo da águia, temos um entalhe bastante realista de um sapo. Uma águia também é mostrada no topo de um pilar de casa haida (fig. 171). As asas estão voltadas para dentro à frente do corpo e as curvas da figura inferior se encaixam no lado curvo[8].

Figura 164 Pintura facial representando o *sculpin*, Haida.

Figura 165 Cocar representando um gavião, Tsimshian.

Figura 166 Cabo de uma colher feito de chifre de cabrito montês; figura de baixo representando um gavião; figura de cima representando um homem segurando uma libélula, provavelmente Tsimshian.

---

7. Cf. tb. fig. 207, 243, 257.

8. Cf. tb. fig. 215.

Figura 168 Prato feito de chifre de carneiro selvagem, Tlingit.

Figura 167 Chocalho com desenho de um gavião, Tlingit.

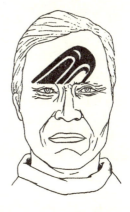

Figura 169 Pintura facial representando gavião, Haida.

Figura 170 Cocar representando uma águia portando um sapo no peito, Tsimshian.

Nas figuras 172 e 173 eu ofereço duas representações do gavião (ou águia-pescadora) feitas pelos kwakiutls. O tratamento é diferente do haida, mas também encontramos aqui o bico bastante curvado. No remo (fig. 172), (1) representa a sobrancelha e a orelha, (2) a bochecha, (3) a asa, (4) o bico. A figura 173 é uma pintura num sofá. Nas costas, vemos um homem com orelhas (4) sobre a cabeça, como as dos animais haidas. (1) é o umbigo, (2) as rugas que vão do nariz até os cantos da boca, (3) é a pintura nas bochechas. A cabeça do gavião foi colocada em ambos os lados da figura humana. Na borda inferior do sofá está a mandíbula inferior (5), sobre os olhos as penas da cabeça (6), o olho ao lado da cabeça no lado do sofá é a junta do ombro. O osso da asa é mostrado em (7), a pena comprida da asa em (8) e as penas do corpo em (9).

Figura 171 Pilar de casa representando águia acima e biguá abaixo, Haida.

A libélula é representada com uma cabeça grande, um corpo segmentado longo e dois pares de asas. Já me referi à representação no cocar, figura 159. A cabeça é humana, mas com orelhas de animais. Também já mencionei que o animal com corpo segmentado na figura 166 pode ser uma libélula, apesar de não ter as asas. De acordo com Edensaw, o cabo de colher (fig. 174) também representa a libélula. Ela tem um bico fortemente curvo; as asas são colocadas sob a mandíbula inferior e o corpo segmentado forma a ponta do cabo. Uma representação particularmente boa de uma libélula é encontrada na colher de frutas dos haidas[9] (fig. 175). Devemos chamar atenção à probóscide espiral neste espécime.

Figura 173 Pintura em costas e uma ponta de um sofá representando homem e gavião, Kwakiutl.

Figura 172 Pintura em remo representando gavião, Kwakiutl.

---

9. Estas colheres chatas de madeira são usadas para comer *soapberries*, batidas até formarem uma espuma.

Figura 175 Colher de frutas com entalhe representando libélula.

Figura 174 Cabo de colher de chifre de cabrito montês representando libélula.

A característica mais importante da orca, como representada pelos haidas, é sua longa barbatana dorsal – muitas vezes com um círculo ou faixa branca no meio, e uma face ou olho indicando uma junta na base. A cabeça é alongada, a boca longa e quadrada na frente. A narina é grande, alta e ao mesmo tempo alongada. A distância da boca até a sobrancelha é longa e, em totens e cabos de colher, a cabeça sempre é colocada de modo que o focinho longo aponte para baixo. Quando vista de perfil, a frente da face é quadrada por causa da expansão dianteira do focinho sobre a parte da frente da boca. O olho geralmente é redondo, mas às vezes é envolvido por linhas de pálpebras alongadas com cantos internos e externos pronunciados. Às vezes o espiráculo é mostrado por um ponto circular sobre a testa. Na figura 176 vemos algumas representações da orca encontradas em cabos de colheres feitos de chifre de cabrito montês. Em (*a*) e (*b*), a barbatana dorsal se ergue imediatamente sobre a cabeça do animal. A face invertida em (*b*) provavelmente representa o espiráculo. Em (*a*) e (*c*), as barbatanas são dobradas para a frente; no segundo espécime a cauda está dobrada à frente do corpo. No chocalho (fig. 177) aparece a cabeça grande característica com face exagerada. A boca tem dentes grandes; o olho é redondo. À frente da barbatana dorsal está o espiráculo. A boia haida (fig. 178) é anormal por ter uma barbatana dorsal muito pequena (cf. tb. fig. 182*d*).

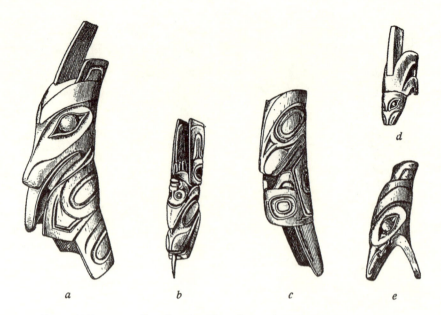

Figura 176 *a-e* Entalhes de cabos de colheres de chifre de cabrito montês representando orca, Tlingit.

Figura 177 Chocalho representando orca, Haida.

Figura 178 Boia de madeira representando orca, Haida.

Figura 179 Máscaras e pratos representando a orca, Kwakiutl.

Figura 180 Capacete representando a orca, Tlingit.

Figura 181 Entalhes de cabos de colheres de chifre de cabrito montês representando o urso.

Várias máscaras e pratos kwakiutls representando a orca são mostrados na figura 179. Apesar de haver algumas diferenças no tratamento do animal, as características principais são comuns a ambas as tribos. Todos estes espécimes, exceto *h*, têm a barbatana dorsal; este último espécime mostra apenas a cabeça. O focinho longo e alto é encontrado em todos, menos *c*, *d* e *e*. A face alta e exagerada é comum a todos eles. A figura *e*, um grande prato de casa[10], representaria a baleia. Percebe-se que *b*, *c*, *d* têm olhos redondos, enquanto em *a* e *h* o olho oblongo regular é usado. A figura 180 é um capacete tlingit que é caracterizado como a orca pela grande boca cheia de dentes, o giro repentino do focinho na direção da testa, a barbatana feita de couro que se ergue sobre a coroa da cabeça, e a barbatana pintada na bochecha esquerda. Normalmente, a orca não tem orelhas. Em pinturas faciais, o vermelho abaixo e sobre a mandíbula inferior partindo do ângulo da mandíbula até um ponto um pouco abaixo dos lábios representa a garganta da orca.

Figura 182 Colheres de frutas representando urso; *a*, *b*, Tsimshian; *c*, Tlingit; *d*, representando orca.

O urso é simbolizado por uma grande boca com muitos dentes, frequentemente no ato de engolir algum animal. Muitas vezes a língua está saltada. As narinas são altas e redondas, às vezes representadas por espirais (cf. tb. fig. 157, 175). Em totens e cabos de colher entalhados, elas são semelhantes às da orca, mas não se estendem tão para trás. Há um giro pronunciado no perfil do nariz para a testa. As patas são grandes (fig. 181).

Na figura 182 vemos três colheres de frutas que, de acordo com Charles Edensaw, representam o urso. A figura 182*a* é bastante clara. Na ponta da colher vemos a cabeça com uma orelha enorme (1), cujo tamanho é determinado pela forma da colher. Dois dentes são indicados por curvas vermelhas (2). Sob a boca temos uma curva preta larga, a perna dianteira (3), e à direita dela (4) a pata dianteira.

---

10. Estes pratos são usados em grandes banquetes. Alguns deles são de tamanho enorme. Eles são emblemas da família do dono da casa.

A figura 182*b* não é tão clara. A face no meio é a junta do quadril, sob ela, à direita, a coxa, à esquerda temos a pata com garras longas. Edensaw considerou o desenho sobre a junta do quadril como a cauda, e a ponta como a cabeça, mas eu duvido que esta interpretação esteja correta. A ponta da colher se parece mais com a cabeça de um monstro marinho, e o desenho sobre a junta do quadril, com a barbatana. A figura 182*c* também foi chamada de urso pelo mesmo informante, enquanto 182*d* foi chamada de orca. Eu as coloquei lado a lado porque o acordo formal da parte inferior é notável. A metade direita da base de 182*c* tem a forma característica da barbatana dorsal da orca, e corresponde a um desenho análogo na figura 182*d*. Em ambos os casos, o olho invertido sobre a "barbatana" seria a junta. O resto do desenho consiste em elementos de olhos e nadadeiras que não são prontamente reconhecidos. Em 182*d*, as curvas leves no meio podem ser o corpo; na frente, à esquerda, a barbatana, e acima dela o olho e a boca. Em 182*c*, os elementos são ainda menos claros. De acordo com Edensaw, não há cabeça, apenas uma cauda na ponta superior da colher.

Há várias representações do monstro marinho, cuja forma é parcialmente a de um urso e parcialmente a de uma orca. Em muitos casos, o monstro tem uma cabeça (fig. 183) e corpo de urso, mas as barbatanas são ligadas aos cotovelos. Em outros casos, a cabeça é de orca, e o corpo de urso. Ele aparece desta forma em vários cabos de colheres de chifre (fig. 184). Em outros casos, as características do urso e da orca são misturadas de outras maneiras.

O sapo é caracterizado por uma boca larga sem dentes, um focinho chato e a falta de uma cauda.

A série seguinte (fig. 185-188) é de representações do cação ou do tubarão. Quando o corpo inteiro deste animal é representado, ele é caracterizado por uma cauda heterocerca, uma boca grande, cujos cantos são desenhados apontando para baixo, uma série de linhas curvas em ambas as bochechas que representa as guelras, e uma testa afunilada alta que imita a posição inferior da boca. Ela muitas vezes é decorada com dois círculos (as narinas) e uma série de linhas curvas (rugas) semelhante às linhas das guelras nas bochechas.

Figura 183 Entalhe representando um monstro marinho, Tlingit.

Figura 185 Parte de totem entalhado em ardósia representando tubarão coroado por uma águia, Haida.

Figura 186 Cabo de uma adaga representando a cabeça de um tubarão, Tlingit.

Figura 184 Entalhes de cabos de colheres feitos de chifre de cabrito montês representando um monstro marinho.

A figura 185 representa um tubarão devorando um halibute, na parte superior de um totem. A cabeça tem os símbolos característicos, aos quais são adicionados os vários dentes de tubarão que são encontrados muitas vezes, mas não regularmente, como símbolos do tubarão. A parte maior do corpo foi omitida, pois o animal já é identificado suficientemente pelos símbolos encontrados na cabeça; mas percebemos abaixo do queixo as duas barbatanas peitorais que o identificam como um peixe.

A figura 186 é o cabo de uma adaga de cobre onde a boca com cantos apontando para baixo, as linhas curvas nas bochechas e o ornamento erguido sobre a testa caracterizam o tubarão.

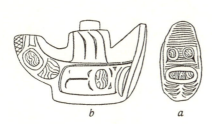 

Figura 187 Cachimbo de madeira representando um tubarão, Tlingit.

Figura 188 Tatuagem representando um tubarão, Tlingit.

Um cachimbo pequeno (fig. 187) tem a forma de um tubarão. A ponta quadrada no lado direito é a face do animal (fig. 187*a*). Os olhos e boca são incrustados com conchas de abalone. Por causa da estreiteza da face, as três linhas curvas normalmente encontradas nas bochechas foram colocadas sob a boca. A testa tem a forma alta característica descrita anteriormente. A ponta oposta do cachimbo mostra a cauda voltada para cima. Nos lados, foram entalhadas as barbatanas peitorais, que se estendem pelo corpo do cachimbo.

A figura 188 é uma cópia de uma tatuagem nas costas de uma mulher haida. Aqui temos apenas o contorno da cabeça de um tubarão, mais uma vez caracterizada pela testa alta peculiar, os cantos da boca apontando para baixo e linhas curvas em ambas as bochechas.

O tubarão[11] (ou cação) é encontrado frequentemente em entalhes e pinturas haidas. Ele é raro entre as tribos do sul.

O *ts'um'os*, monstro que seria um tronco submerso personificado, é representado de forma semelhante à do urso. De acordo com Edensaw, a forma da cabeça é análoga à do urso, mas os cantos da boca são desenhados para baixo como os do cação (fig. 189). Isto é contradito pela representação de um terceiro monstro de tronco, no qual a boca é quadrada como a do urso. Entretanto, a região atrás da boca tem a curvatura característica defendida por Edensaw. As barbatanas deste ser correspondem ao conceito do monstro marinho.

---

11. Cf. tb. fig. 213, 214, 217, 232, 233, 261.

Figura 189 Cabos de colheres representando monstro marinho, Haida.

Figura 190 Cabos de colheres feitas de chifre de cabrito montês representando caramujo, Tlingit.

Na figura 190 estão representados dois cabos de colheres que representam, de acordo com Edensaw, o caramujo. O traço característico parece ser o focinho longo com seu giro angular repentino. O conceito convencional da forma animal com olho e focinho se destaca notavelmente nesta instância.

Recapitulemos brevemente o que tentamos mostrar até agora. Os animais são caracterizados por seus símbolos, e a seguinte série de símbolos foi descrita nas observações anteriores:

1) Do *castor*: incisivos grandes; focinho grande e redondo; cauda escamosa; e um bastão segurado nas patas anteriores.

2) Do *sculpin*: duas espinhas se erguendo sobre a boca; e uma barbatana dorsal contínua.

3) Do *gavião*: bico grande e curvo, cuja ponta se volta para trás de modo a tocar a face.

4) Da águia: bico grande e curvo, cuja ponta se volta para baixo.

5) Da *orca*: cabeça grande e longa; narinas grandes alongadas; olho redondo; boca grande cheia de dentes; espiráculo; e barbatana dorsal grande.

6) Do *tubarão* ou *cação*: um cone redondo alongado que se ergue sobre a testa; boca com cantos que apontam para baixo; uma série de linhas curvas nas bochechas representando guelras; dois círculos e linhas curvas no ornamento

que se ergue sobre a testa representando narinas e rugas; olhos redondos; vários dentes afiados; e cauda heterocerca.

7) Do *urso*: patas grandes; boca grande cheia de dentes; língua para fora; nariz grande e redondo; e giro repentino do focinho para a testa.

8) Do *monstro marinho*: cabeça de urso; patas de urso com barbatanas; e guelras e corpo da orca, com várias barbatanas dorsais; ou outras misturas dos tipos de urso e orca.

9) Da *libélula*: cabeça grande; corpo esguio e segmentado; e asas.

10) Do *sapo*: boca larga sem dentes; nariz chato; e falta de cauda.

11) Do *tronco* personificado: como um urso com os cantos da boca apontando para baixo como o cação.

12) Do *caramujo*: focinho longo com um giro repentino para baixo[12].

Eu tive oportunidade de examinar os kwakiutl em maior detalhe quanto aos símbolos usados para designar certos animais. Um artista me deu uma série de padrões de olhos com as partes adjacentes da face e explicou de que modo cada um é característico do animal em questão. Eles são mostrados nas figuras 191 e 192.

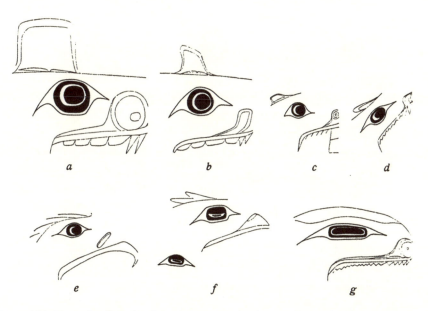

Figura 191 Tipos de olhos de vários animais, Kwakiutl; *a*, urso marinho; *b*, urso cinzento; *c*, castor; *d*, lobo; *e*, águia; *f*, corvo; *g*, orca.

---

12. Cf. tb. a caracterização do lobo, p. 203.

O urso pardo marinho (*a*) tem um olho grande, cuja forma não é determinada definitivamente, uma narina muito grande e redonda, dentes grandes e uma orelha grande. O urso pardo (*b*) tem um olho redondo com uma borda branca, menor que a do urso pardo marinho. O focinho não é redondo, e sim alto, com dentes grandes, mas menores do que os do urso pardo marinho. A orelha é pequena e pontuda. O castor (*c*) tem, além dos incisivos grandes, um focinho alto e redondo e uma orelha muito pequena. O lobo (*d*) tem um olho longo e inclinado; a orelha está dobrada para trás; ele tem muitos dentes. O olho da águia (*e*) tem uma crescente branca atrás da pupila, a narina é inclinada e colocada bem acima do bico. O olho do corvo (*f*) é branco no centro. A orca (*g*) tem uma sobrancelha muito grande, olho e face longos, focinho longo e uma boca longa com muitos dentes. A baleia (fig. 192*a*) tem olho e focinho redondos. O leão marinho (*b*) tem um focinho redondo, dentes grandes, o olho perto do nariz e uma orelha pequena. O sapo (*c*) tem um olho alongado, boca e focinho chatos. A serpente de duas cabeças fabulosa (*d*) tem um olho pequeno como o do lobo, um nariz em espiral e uma pluma em espiral. Os olhos de um homem, do tritão e do espírito marinho que dá a riqueza são mostrados em *e*, *f* e *g*.

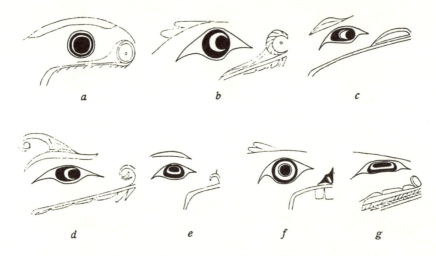

Figura 192 Tipos de olhos de vários seres, Kwakiutl; *a*, baleia; *b*, leão marinho; *c*, sapo; *d*, serpente de duas cabeças; *e*, homem; *f*, tritão; *g*, espírito do mar.

Os kwakiutls também afirmam que o padrão para a cauda do pássaro é uma junta com um único olho, mas às vezes pode haver duas pupilas dentro de um olho. As penas arredondadas (fig. 193) também são características da cauda do pássaro. A cauda da baleia, orca e da toninha, por outro lado, têm duas juntas e os lobos têm curvaturas duplas no lado interno.

200

Os kwakiutls também afirmam que há uma distinção definida entre os desenhos que representam penas de asas e os que representam barbatanas (fig. 194). As penas de asas devem ser pontudas; a barbatana, por outro lado, não tem ponta, sendo cortada quadrada.

Nas figuras 195 e 196 estão representados os elementos característicos do halibute e do lobo. Os kwakiutls usariam estes elementos para representar estes animais, selecionados de acordo com as exigências do campo decorativo. Nas figuras reproduzidas aqui eles são oferecidos sem nenhuma referência ao campo decorativo. A figura 195 representa o halibute; (1) a boca e, a acima dela, o nariz, (2) os olhos, (3) o osso do topo da cabeça e (4) do lado da cabeça. Em (5) vemos as guelras; (6) e (8) representam o conjunto intestinal, e (7) é a parte do conjunto intestinal logo abaixo do pescoço; (9) é a clavícula, (10) a barbatana lateral, cujos ossos são mostrados em (11). (12) é o sangue coagulado encontrado no halibute morto sob a coluna vertebral; (13) representa a junta da cauda, (14) parte do osso da cauda e (15) a ponta da cauda.

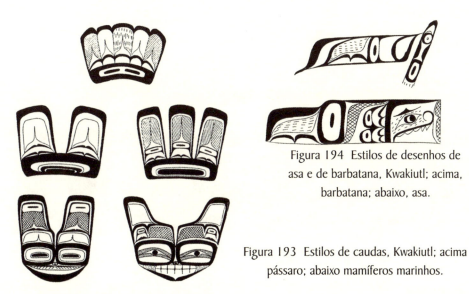

Figura 194 Estilos de desenhos de asa e de barbatana, Kwakiutl; acima, barbatana; abaixo, asa.

Figura 193 Estilos de caudas, Kwakiutl; acima pássaro; abaixo mamíferos marinhos.

A figura 196 representa, da mesma maneira, o lobo. A cabeça com o focinho elevado é facilmente reconhecida. (1) representa a garganta. Em (2) o úmero ligado ao antebraço é mostrado no canto inferior esquerdo do padrão; (3) representa a clavícula, os quatro círculos (4) a coluna, (5) as costas com pelos. As três linhas inclinadas finas (6) são as costelas, (7) o esterno e os ganchos sobre ele o conjunto intestinal, (9) é a perna traseira, correspondendo a (2), (10) os dedos, (11) a pata, (12) liga a coluna à cauda. As linhas finas (13) representam o pelo da cauda, (14) seria uma segunda junta na cauda, (15) a cauda peluda e (16) as orelhas.

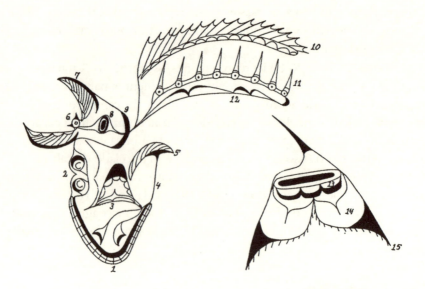

Figura 195 Elementos usados para representar o halibute, Kwakiutl.

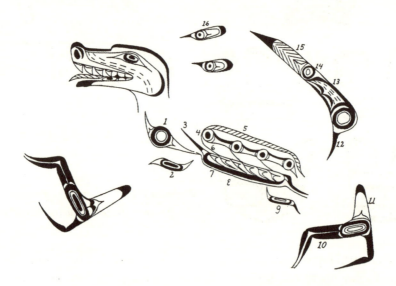

Figura 196 Elementos usados para representar o lobo, Kwakiutl.

A figura 197 representa o lobo, uma pintura da proa de uma canoa. Mais uma vez reconheceremos aqui o focinho elevado do lobo. A hachura (1) representa a pélvis, (2) e (3) o conjunto intestinal, (4) o úmero, (5) a bochecha, (6) os ossos faciais e (7) a orelha.

Um exame de espécimes entalhados e pintados mostra claramente que esta descrição dos símbolos é teórica, e não rigidamente normativa, pois podemos observar em muitos casos uma liberdade considerável em seu uso. Um exemplo deste tipo é apresentado pelas máscaras de lobo usadas pelos kwakiutls na dança "Trazidos--para-baixo-lá-de-cima"[13] (fig. 198). A maioria delas tem o olho inclinado e as orelhas pontudas. Entretanto, num espécime a orelha está apontada para a frente. O focinho se inclina para trás, o nariz é alto. A identidade de tratamento do espécime mostrado nas figuras *d* e *f* é interessante. A primeira foi obtida pelo Capitão Adrian Jacobsen em 1884, e a segunda pelo Capitão Cook, mais de cem anos antes. A máscara dupla, figura *a*, se parece com elas no formato geral, mas o olho é tratado de modo muito diferente e a orelha, apesar de estreita, não é pontuda e a inclinação para trás do focinho não é pronunciada o bastante. O prato de cabeça de lobo dupla (*e*) tem pequenas orelhas deitadas e olhos longos. As orelhas das figuras *c*, *d*, *e* são pequenas e deitadas, mas o olho de *c* e *d* é arredondado.

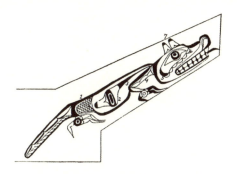

Figura 197 Pintura de proa de uma canoa, representando o lobo.

---

13. Cf. "Social Organization and Secret Societies of the Kwakiutl Indians". *Annual Report of the United States National Museum*, 1895, p. 477, ilustrações p. 493, lâmina 37.

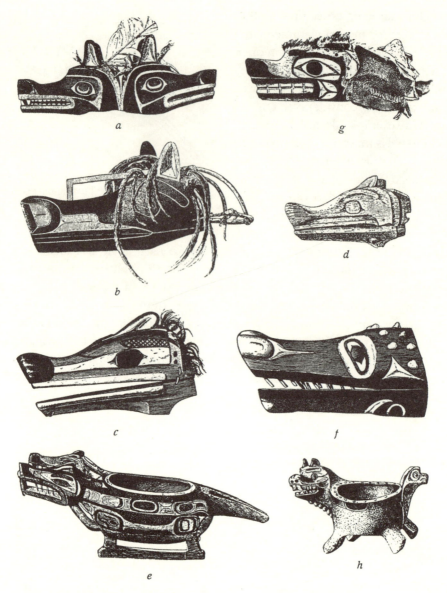

Figura 198 Máscaras e pratos representando o lobo, Kwakiutl.

As formas dos animais usadas pelas tribos do norte também variam consideravelmente. Não seria seguro basear nossos argumentos em modelos ou objetos feitos para o comércio. Eu usarei, portanto, apenas espécimes mais antigos que foram realmente utilizados.

Swanton[14] oferece duas interpretações do pilar haida da figura 199. Ele tinha dois informantes; ambos explicaram a figura do topo como uma águia, mas o significado do resto era diferente. Um afirmou que a parte inferior do pilar representava a história de uma mulher sendo levada por uma orca. O rosto da mulher aparece logo abaixo do bico da águia, e o espiráculo da baleia é representado por um pequeno rosto acima da face da orca. O segundo informante, entretanto, explicou a face grande na base como a de um urso pardo, o que supostamente significaria um urso pardo marinho; e a pequena figura acima dela como o "fantasma do mar" que normalmente monta em suas costas. Ele não explicou o rosto da mulher. De um ponto de vista objetivo, a face na base do pilar parece ser uma face de urso pardo. Orelhas estão ligadas a ambos os seus lados, e, acima delas, as nadadeiras. Logo abaixo das garras da águia encontramos a cauda invertida de um peixe ou mamífero aquático, que supostamente pertence à figura na base, apesar de parecer muito pequena. Parece duvidoso que a face superior, à qual pertencem as duas mãos logo abaixo dela e as pernas, em posição agachada sob a cauda, seja de uma mulher porque deveria haver um botoque maior no lábio inferior. Além disso, a face tem orelhas animais, então não parece provável que a intenção do artista fosse representar uma mulher.

Figura 199 Pilar, Haida.

---

14. SWANTON, J.R. "The Haida". *Publications of the Jesup North Pacific Expedition*, vol. V, p. 128.

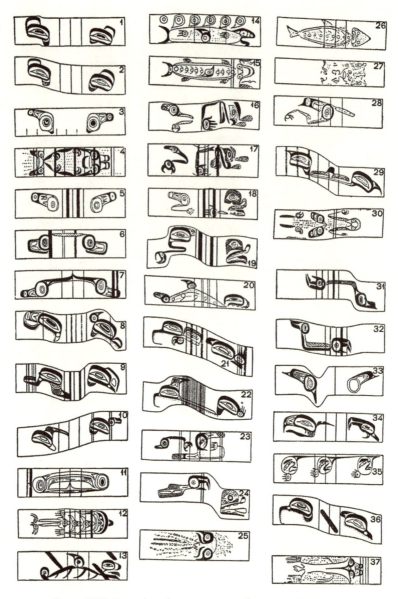

Figura 200 Desenhos de um conjunto de varetas de jogo.

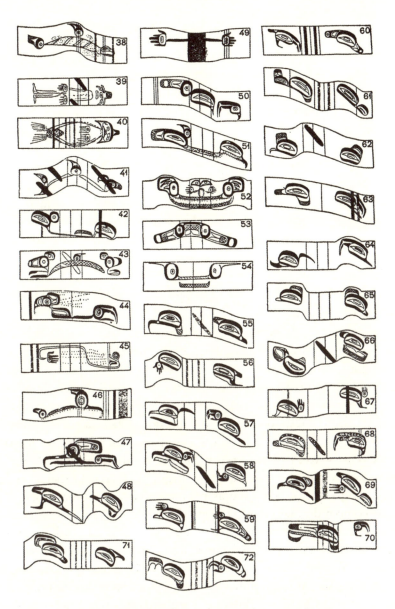

Figura 201 Desenhos de um conjunto de varetas de jogo.

É verdade que, em alguns outros casos em que esta mesma história é representada[15], a pessoa sentada nas costas da orca não tem um botoque, enquanto em outros casos ele é mostrado. Obviamente, neste caso, o simbolismo não é claro o bastante para permitir que um índio que não conheça o artista ou que não saiba o significado do entalhe o interprete corretamente.

A incerteza da interpretação fica maior quanto mais fragmentária for a figura. Um conjunto de varetas de jogo que eu enviei em 1897 para o melhor pintor e entalhador dos haidas (Charles Edensaw) não foi interpretado satisfatoriamente por ele (fig. 200, 201). Por exemplo: ele reconheceu o n. 35 como uma série de três barbatanas dorsais sem ser capaz de dizer a que animal elas pertenciam. O n. 36 foi explicado como um ombro na direita, e uma cauda na esquerda, mas ele foi incapaz de identificar de qual animal. Ele explicou o n. 37, hesitantemente, como um mosquito. Para o grupo seguinte ele se sentiu incapaz de dar qualquer explicação satisfatória.

A incerteza da explicação aparece de modo particularmente claro na interpretação de cobertores chilkats. Eu ofereço aqui alguns exemplos de acordo com o Tenente George T. Emmons[16].

O cobertor mostrado na figura 202 representa um urso com filhotes. A figura central grande representa o urso macho; os dois olhos invertidos no meio da borda inferior, com os desenhos adjacentes alongados com pontas redondas, os quadris traseiros do urso e as pernas; as três cabeças no meio da margem superior, a fêmea e os filhotes. A cabeça central no meio da margem superior também foi explicada como a testa do urso. Cada um dos painéis laterais representa um urso jovem. O desenho na borda inferior do painel lateral é a corrente de água doce onde o urso vive. De acordo com John R. Swanton, o cobertor representa o urso pardo marinho. A explicação das partes principais é a mesma do Tenente Emmons, exceto que as três cabeças no meio perto da borda superior foram explicadas como a do meio sendo o topo da cabeça, e as laterais, as orelhas. Os desenhos de asas que se estendem para os lados a partir da borda, invadindo as partes intermediárias dos painéis laterais, foram explicados como parte das pernas dianteiras, representando, provavelmente, as barbatanas que estariam ligadas aos braços do urso pardo marinho. Os dois olhos invertidos na borda inferior, com os ornamentos ligados à direita e à esquerda dos olhos, representariam as pernas traseiras.

---

15. Cf. Swanton, "The Haida", lâmina 15, fig. 1, onde a mulher é mostrada sem botoque, enquanto no espécime da lâmina 14, fig. 5, ela usa um botoque grande.

16. EMMONS, G.T. "The Chilkat Blanket". *Memoirs of the American Museum of Natural History*. Vol. 3, parte 4. Nova York 1907, p. 352, 369, 372, 377 e 387.

Figura 202 Cobertor chilkat.

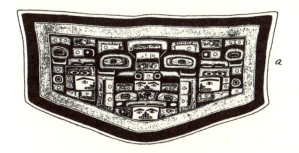

Figura 203 Cobertor chilkat.

O cobertor mostrado na figura 203 representa, de acordo com Emmons, uma loba com filhotes. O corpo da loba recebe a forma de um gavião; os dois olhos e os desenhos de asas entre eles, perto da borda inferior do cobertor, seriam a face do gavião. O desenho de pena dupla sobre estes olhos representa as orelhas do gavião. A face no centro da borda inferior do cobertor representa o corpo, os desenhos de pena de asa que se estendem para baixo sob os cantos das mandíbulas do lobo, as asas do gavião. Nos painéis laterais, o lobo jovem é mostrado sentado. Estes desenhos representam, provavelmente ao mesmo tempo, os lados e as costas do corpo do lobo. De acordo com Swanton, o cobertor representa um corvo jovem. O corpo do corvo é ocupado por dois perfis de corvos, representados pelos dois olhos grandes perto da borda inferior do cobertor. O rosto no centro da borda inferior é a cauda do corvo. Os desenhos de asa laterais que se estendem para baixo sob os cantos das mandíbulas da cabeça grande são as asas do corvo. Os painéis laterais representam dois corvos jovens em perfil.

Figura 204 Cobertor chilkat.

O cobertor na figura 204 mostra, de acordo com Emmons, no topo, um urso pardo sentado. No corpo do urso está a cabeça de um corvo. Os quadris são tratados como a cabeça de uma baleia. Os olhos são ao mesmo tempo as juntas dos quadris, a boca, os pés do urso. Ele recebeu uma outra explicação: o corpo principal, voltado para cima, é tratado como a cabeça de um corvo, e a cauda como a cabeça de um urso. Os painéis laterais são os lados e costas destes animais, mas representam ao mesmo tempo uma águia em perfil no topo, e um corvo em perfil abaixo. De acordo com Swanton, o desenho representa um halibute. A cabeça está abaixo. Toda a face grande no meio representa o corpo; e a face grande perto da borda superior, a cauda. Os desenhos de asa nos painéis laterais, perto da cabeça mais baixa, são as pequenas barbatanas peitorais e o resto dos campos laterais, a barbatana dorsal contínua.

O cobertor na figura 103 (p. 115) representa, de acordo com Emmons, uma baleia mergulhando, e os campos laterais, um corvo sentado. A cabeça, com narinas e boca, é mostrada abaixo. A face central representa o corpo. Os olhos perto da borda superior são os lobos da cauda. Os desenhos de rostos nos lados do corpo representam as barbatanas. Nos painéis laterais temos um corvo sentado. De acordo com Swanton, o mesmo cobertor representa uma loba com filhotes. A cabeça é mostrada abaixo. As pernas traseiras e juntas dos quadris são representadas por dois olhos grandes e os ornamentos adjacentes na borda superior, e os dois segmentos escuros logo acima do olho seriam as patas. A face no meio do desenho representa, como de costume, o corpo do animal. O pequeno desenho de olho com desenhos adjacentes de orelha e pena de asa, no meio de cada lado do corpo, é interpretado como perna e pata dianteira. Os painéis laterais são explicados como cada um representando um lobo jovem sentado.

Figura 205 Cobertor chilkat.

210

Também há discrepâncias consideráveis na explicação do cobertor mostrado na figura 205. De acordo com Emmons, ele representa uma orca. Em cada canto inferior está uma metade da cabeça com dentes; logo à frente dos dentes, a narina; entre as duas metades da cabeça, na borda inferior do cobertor, a cauda. A face invertida no meio da borda superior representa o corpo. Os desenhos quadrados grandes que contêm o desenho de óculos, em cada lado, são interpretados como água saindo do espiráculo. Metade da barbatana dorsal é indicada por um pequeno desenho redondo de pena de asa em cada campo superior, e o rosto humano em perfil abaixo dele representa uma metade do espiráculo. De acordo com Swanton, a representação é de um espírito do mar. Uma metade da cabeça é mostrada em cada canto inferior, e o desenho de olho à frente da língua é interpretado como o queixo. As duas faces no meio da borda inferior são explicadas como os filhos deste espírito do mar; os desenhos de pena de pica-pau acima delas, como a parte interna do corpo do velho animal; a face grande invertida no meio da borda superior, como seu chapéu; os desenhos quadrados grandes em cada lado de seu rosto que contêm os desenhos de óculos, como a barbatana dorsal; as duas faces humanas em perfil perto dos cantos superiores, os jovens cujos corpos são mostrados pelo desenho de pena redonda acima da face. Eu recebi ainda outra explicação do mesmo padrão. Em cada canto inferior está mostrada uma metade da cabeça de uma orca. Sua comida é representada pelo desenho de olho diante da boca. A cauda está abaixo, no meio; as duas metades da barbatana dorsal estão logo acima da cauda; a face invertida no meio da borda superior é o tórax; os desenhos quadrados adjacentes e o desenho de pena redondo são as nadadeiras. Correspondentemente, os rostos em perfil perto dos cantos superiores externos devem ser os espiráculos.

Figura 206 Modelo de totem com três figuras que representam, de baixo para cima: *sculpin*, cação e monstro marinho; Haida.

Estes exemplos mostram claramente que há um amplo espaço para a fantasia do intérprete. Os símbolos se prestam a várias explicações, que supostamente são selecionadas de acordo com as afiliações totêmicas do dono. Nem todas elas parecem consistentes com o uso mais comum da costa noroeste; por exemplo, a explicação de Swanton do último cobertor parece duvidosa devido à posição invertida do chapéu e da explicação de um único desenho de asa como um corpo.

Até o momento eu tratei os símbolos apenas em relação a seu uso na representação de vários animais. Torna-se agora necessário investigar de que modo eles são usados para identificar os animais. Nós vimos que em vários dos casos anteriores animais inteiros foram representados, e que eles eram identificados através desses símbolos. Entretanto, permite-se ao artista uma ampla latitude na seleção da forma do animal. Qualquer que seja sua forma, sua identidade é estabelecida desde que os símbolos reconhecidos estejam presentes. Nós mencionamos antes que os símbolos muitas vezes são aplicados a rostos humanos, enquanto o corpo da figura tem as características do animal.

Figura 207 Máscara representando o gavião, Tlingit.

Figura 208 Máscara com pintura representando o pica-pau, Tlingit.

Encontramos este princípio aplicado no totem da figura 206. Todos os três animais representados têm um rosto humano ao qual são adicionados símbolos característicos. Na figura do topo, as orelhas indicam os animais; os braços, aos quais nadadeiras foram adicionadas, o monstro marinho (cf. fig. 183). A próxima figura representa o tubarão. Originalmente, um grande lábio com um botoque estava ligado a ela. Isto indicaria que um tubarão fêmea é representado. Seus símbolos são o focinho peculiarmente alto que se ergue sobre sua testa, e as barbatanas, colocadas sob o queixo. O corpo da figura mais baixa, que é mostrado abaixo da face, representa um peixe; e as duas espinhas grandes que se erguem sobre as sobrancelhas especificam o *sculpin*.

Em muitos casos, os corpos dos animais não são representados e os símbolos essenciais são aplicados a um rosto puramente humano. Este estilo é encontrado em máscaras e em pinturas faciais.

A figura 207 tem um rosto humano com orelhas humanas. É apenas o nariz que indica que a máscara não pretende representar um ser humano. Ele é fortemente curvado, e aponta para a boca, simbolizando assim o gavião.

Na figura 208 vemos o rosto de uma mulher com um botoque moderadamente grande. As orelhas, como explicado anteriormente, são as de um animal. O nariz, que foi perdido, tinha sem dúvida a forma de um bico de pássaro. Assim, a face era caracterizada como a de um pássaro. Isto era especificado parcialmente pela forma do bico, mas principalmente pelos ornamentos pintados em vermelho e preto nas bochechas e na testa. Eles representam as penas do pica-pau de asa vermelha.

Figura 209 Máscara com sobrancelhas que simbolizam a lula, Tlingit.

Figura 210 Máscara com pintura que simboliza a orca, Tlingit.

Uma pequena máscara representando um rosto humano (fig. 209) tem, em lugar das sobrancelhas, duas fileiras de círculos, as ventosas da lula. Através deste símbolo, a face é reconhecida como a da lula.

Do mesmo modo, a máscara da figura 210 é identificada como a orca pelos dois ornamentos pretos pintados na bochecha esquerda que se estendem para o queixo. Eles representam a barbatana dorsal da orca.

Estes símbolos também são usados como pinturas faciais e corporais por dançarinos, que são assim reconhecidos como personificando o animal em questão, ou pertencendo ao grupo social ao qual os animais são associados (cf. fig. 264, 265, p. 240s.). Às vezes estes símbolos são ligados aos trajes. A esta classe pertence o ornamento (fig. 212) que representa a barbatana dorsal de uma orca e que é usado ligado à parte traseira do cobertor.

Agora que conhecemos alguns dos símbolos de animais, investigaremos a seguir de que modo o artista nativo adapta a forma animal ao objeto que ele pretende decorar. Antes de tudo, voltaremos nossa atenção a uma série de espécimes que demonstra que ele tenta, sempre que possível, representar o animal inteiro no objeto que ele deseja decorar.

Figura 211 Entalhe em madeira representando a orca, Tlingit.

A figura 211 é uma clava usada para matar focas e halibutes antes de puxá-los para a canoa. O entalhe representa a orca. A barbatana dorsal, o símbolo principal da orca, não pode ser omitida. Se fosse colocada reta na clava, o implemento acabaria com um formato desajeitado. Portanto, o artista a dobrou no lado do corpo, fazendo com que ela cubra a nadadeira. A cauda da baleia teria interferido com o cabo, e foi girada para a frente, deitando sobre as costas.

A distorção do corpo foi levada ainda mais longe no cabo de uma colher (fig. 176a, p. 192) que representa o mesmo animal. A cabeça grande da baleia, à qual as nadadeiras foram ligadas, está perto do fundo da colher. O corpo foi torcido para trás e está completamente dobrado. Portanto, o padrão de superfície da cauda está entalhado nas costas da colher, e as duas projeções logo abaixo da boca são as duas pontas da cauda da baleia. A barbatana dorsal se estende para cima a partir da cabeça da baleia, entre as pernas do homem que formam a ponta do cabo.

Figura 212 Entalhe em madeira representando a barbatana dorsal da orca, Tlingit.

Figura 213 Modelo de um totem representando um tubarão, Haida.

A figura 213 é um pequeno totem que representa o tubarão. A ponta de sua cauda forma o topo do totem, enquanto a face é colocada na base. Como a maioria dos símbolos do tubarão é encontrada em sua face, foi necessário trazer a face para uma posição que pudesse ser vista de frente, mas o artista também desejava mostrar as costas do peixe. Por esta razão, a cabeça foi torcida completamente, de modo a aparecer de frente sobre as costas do peixe. As nadadeiras são visíveis porque foram empurradas para trás, muito além do lugar aonde elas naturalmente pertencem.

O bastão de fala[17] (fig. 214), que também representa o tubarão, foi distorcido da mesma maneira; mas aqui a cabeça foi voltada completamente para trás, de modo que ela encara as costas do peixe. As barbatanas peitorais são mostradas abaixo do queixo.

Figura 214 Bastão de fala representando um tubarão, Tlingit.

Na colher de frutas (fig. 215) está uma águia cuja cabeça está girada completamente para trás. A asa pequena ocupa o campo sob a cabeça. A margem superior com decoração geométrica representa o corpo sob o qual estão mostradas a junta do quadril, a perna e as patas.

As mudanças de posição e de tamanhos relativos de partes do corpo que resultam de tais adaptações à forma do objeto têm alcance ainda maior nos seguintes espécimes.

Num anzol de halibute (fig. 216) entalhado com um desenho do castor, os dois incisivos, os símbolos do castor, foram movidos para o mesmo lado da boca. Na realidade, apenas um dos incisivos é visível em perfil, mas, por serem símbolos importantes, ambos são mostrados.

A figura 217 é um tubarão representado no topo de um totem. A cabeça do animal é mostrada na forma de um rosto humano com os símbolos característicos. Sob o queixo estão duas nadadeiras. O corpo deve ser considerado voltado para cima; mas ele foi tão encurtado que restou apenas a cauda, que se ergue imediatamente sobre a face.

Num chapéu de dança de madeira (fig. 218), os símbolos da orca estão ligados à sua cabeça. Como o corpo inteiro foi omitido, a barbatana dorsal, o símbolo essencial, foi movido para a parte de trás da cabeça, e as barbatanas estão ligadas à cabeça por trás das sobrancelhas.

Em todos estes casos, o artista tomou grandes liberdades com a forma do corpo animal, e a tratou de modo que os símbolos se tornam claramente visíveis. De modo geral, ele tenta representar o animal inteiro. Quando isto não é possível, todas as suas partes essenciais são mostradas. As partes insignificantes muitas vezes são omitidas.

Distorções de grande alcance resultam do ajuste do corpo do animal ao campo decorativo e da necessidade de preservar seus símbolos.

---

17. *Speaker's staff* no original. É um bastão de madeira usado em assembleias tribais na América do Norte, passado de membro a membro durante reuniões – apenas a pessoa com o bastão tem o direito de falar [N.T.].

Figura 215 Colher de frutas com desenho representando a águia.

Figura 216 Anzol de halibute representando um castor, Tlingit.

Figura 217 Parte de totem representando um tubarão, Haida.

Figura 218 Chapéu de dança representando uma orca, Tsimshian.

Figura 219 Chapéu de madeira com entalhe representando o *sculpin*.

A figura 219 é a visão do topo de um chapéu de madeira onde está entalhada a figura de um *sculpin*. O animal é mostrado de cima, como se estivesse deitado com a barriga no chapéu. Os chapéus de dança destes índios têm a forma de cones truncados. No topo há uma série de anéis, a maioria feita de cestaria, que indica a posição social do dono – cada anel representa um degrau na escada social. O topo do chapéu, portanto, não pertence ao campo decorativo, que é confinado à superfície do cone. Deste modo, o artista achou necessário abrir as costas do *sculpin* o bastante para dar espaço para a lacuna no campo decorativo. Ele fez isto representando o animal como visto de cima, mas dividido e distendido no meio, de maneira que o topo do chapéu ficou localizado na abertura que ele obteve.

Figura 220 Prato de gordura representando foca.

A figura 220 representa um prato no formato de uma foca. O prato inteiro foi entalhado na forma do animal; mas o fundo, que corresponde à barriga, é achatado, e as costas foram esvaziadas para formar o bojo do prato. Para conseguir uma borda maior, as costas inteiras foram distendidas, deixando o animal excessivamente largo em comparação a seu comprimento. As nadadeiras foram entalhadas em sua posição apropriada nos lados do prato. As nadadeiras traseiras estão voltadas para trás, bem próximas à cauda. Um método de representação semelhante é usado na decoração de caixas pequenas. Considera-se que a caixa inteira representa um animal. A frente do corpo é pintada ou entalhada na frente da caixa; os lados, nos lados da caixa; a parte traseira do corpo, nas costas da caixa (cf. fig. 282s., p. 256). O fundo da caixa é o estômago do animal; o topo, ou o lado superior aberto, as costas. Estas caixas são vergadas a partir de um único pedaço de madeira, e são representadas aqui sem dobras.

Na decoração de braceletes de prata segue-se um princípio semelhante, mas o problema é um tanto diferente do que encontramos na decoração de caixas quadradas. Enquanto neste último caso as quatro pontas formam uma divisão natural entre as quatro visões do animal – de frente, de costas, perfil direito, perfil esquerdo –, num bracelete redondo não há uma linha de divisão nítida, e seria muito difícil juntar artisticamente os quatro aspectos, enquanto os perfis não oferecem tal dificuldade. Este é o método de representação adotado pelos artistas nativos (fig. 221; 255-257, p. 236): o animal é imaginado cortado em dois da cabeça à cauda, de modo que as duas metades só se encaixam na ponta do nariz e na ponta da cauda. A mão é colocada através do buraco, e o animal agora envolve o pulso. Nesta posição, ele é representado no bracelete. O método adotado é, portanto, idêntico àquele aplicado ao chapéu (fig. 219), exceto que a abertura central é muito maior, e que o animal foi representado numa superfície cilíndrica, e não cônica.

Figura 221 Desenho num bracelete representando um urso, índios do Rio Nass.

Um exame da cabeça do urso mostrada no bracelete (fig. 221) deixa claro que esta ideia foi seguida rigidamente. Perceberemos que há uma depressão profunda entre os olhos, que se estende até o nariz. Isto mostra que a própria cabeça não deve ser considerada como uma visão de frente, e sim como dois perfis que se juntam na boca e no nariz, mas que não estão em contato mútuo nos olhos e na testa. O ornamento peculiar que se ergue sobre o nariz do urso, decorado com três anéis, representa um chapéu com três anéis que designam a posição do dono.

Portanto, nós reconhecemos que as representações de animais em pratos e braceletes (e podemos incluir o desenho no chapéu, fig. 219) não devem ser consideradas como visões em perspectiva, mas sim como representações de animais completos mais ou menos distorcidos e divididos.

A transição do bracelete para a pintura ou entalhe de animais numa superfície plana não é difícil. Segue-se o mesmo princípio; e ou os animais são representados como divididos em dois com os perfis se juntando no meio, ou uma visão de frente da cabeça é mostrada com dois perfis adjacentes do corpo. Nos casos que consideramos até agora, o animal era cortado completamente da boca até a ponta da cauda. Estes pontos podiam se encaixar, e o animal era esticado sobre um anel, um cone ou os lados de um prisma. Se imaginarmos o bracelete aberto e achatado da maneira em que é mostrado na figura 221, nós temos uma seção do animal da boca até a cauda, encaixando-se apenas na boca, e as duas metades espalhadas sobre uma superfície plana. Este é o desenvolvimento natural do método descrito aqui quando aplicado à decoração de superfícies planas.

Figura 222 Pintura representando urso, Haida.

Fica claro que em superfícies planas este método permite modificações através das mudanças do método de corte. Quando o corpo de um animal longo, como o de um peixe ou de um quadrúpede em pé, é cortado deste modo, resulta um desenho que forma uma longa faixa estreita. Este modo de corte é, portanto, aplicado na maioria das vezes à decoração de faixas longas. Quando o campo a ser decorado se aproxima mais de um quadrado, esta forma não é favorável. Em tais casos um desenho quadrado é obtido cortando-se os quadrúpedes sentados em suas patas traseiras do mesmo modo que antes, e desdobrando o animal de maneira que as duas metades fiquem em contato no nariz e na boca, enquanto à linha mediana nas costas fica na extrema-direita e na extrema-esquerda.

218

A figura 222 (uma pintura haida) mostra um desenho que foi obtido deste modo. Ele representa um urso. A enorme largura da boca observada nestes casos é causada pela junção dos dois perfis dos quais a cabeça consiste.

Este corte da cabeça é destacado mais claramente na pintura da figura 223, que também representa um urso. Ela é a pintura na frente de uma casa tsimshian, e o buraco circular no meio do desenho é a porta da casa. O animal é cortado de trás para frente, de modo que apenas a parte frontal da cabeça se encaixa. As duas metades da mandíbula inferior não se tocam. As costas são representadas pelo contorno preto, onde o pelo é indicado por linhas finas. Os tsimshians chamam este desenho de "ursos se encontrando", como se dois ursos fossem representados.

Figura 223 Pintura da frente de uma casa representando um urso, Tsimshian.

Figura 224 Chapéu de madeira pintado com o desenho de um *sculpin*, Haida.

Em vários casos, os desenhos pintados em chapéus também devem ser explicados como formados pela junção de dois perfis. Este é o caso no chapéu de madeira pintado (fig. 224), onde é mostrado o desenho de um *sculpin*. Perceberemos que apenas a boca do animal se encaixa, enquanto os olhos estão muito separados. As espinhas se erguem imediatamente sobre a boca. As nadadeiras estão ligadas aos cantos da face, enquanto a barbatana dorsal foi dividida em metades, cada uma ligada a um olho.

O castor (fig. 225) foi tratado do mesmo modo. A cabeça é dividida até a boca, sobre a qual se ergue o chapéu com quatro anéis. A divisão se estendeu até a cauda que, entretanto, ficou intacta, e foi voltada para cima na direção do centro do chapéu. A importância dos símbolos fica muito clara neste espécime. Se os dois dentes grandes e pretos vistos sob os quatro anéis e a cauda com hachuras fossem omitidos, a figura representaria o sapo.

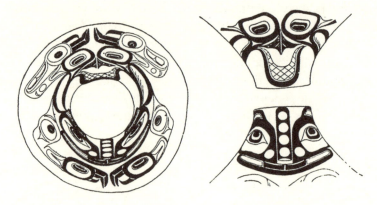

Figura 225 Chapéu feito de raiz de abeto pintado com o desenho de um castor, Haida ou Tsimshian.

Figura 226 Tatuagem representando um pato, Haida.

Figura 227 Tatuagem representando um corvo, Haida.

Em outros desenhos, o corte é feito na direção oposta da descrita até agora. Ele passa do peito até as costas, e o animal é desdobrado de modo que as duas metades se encaixam na linha média das costas. Isto ocorreu nas tatuagens haidas das figuras 226 e 227, representando o pato e o corvo. Em ambas a cauda fica intacta. O pato foi dividido nas costas de modo que as duas metades do corpo não se encaixam, exceto nas porções mais baixas, enquanto as duas metades do corvo ficam em contato até a cabeça.

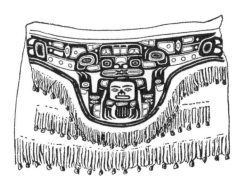 

Figura 228 Avental de dança tecido de lã de cabrito montês, desenho representa um castor, Tsimshian.

Figura 229 Perneira pintada com desenho representando um castor sentado na cabeça de um homem, Haida.

A figura 228 é um avental de dança tecido com lã de cabrito montês, e amarrado a uma grande tira de couro, cujas franjas são decoradas com bicos de papagaio-do-mar. O desenho tecido representa o castor. Seus símbolos, os dois pares de incisivos e a cauda escamosa, estão representados claramente. Enquanto na maioria dos entalhes e pinturas a cauda se volta para cima diante do corpo, aqui ela está pendurada entre as duas patas. O significado dos ornamentos na parte superior do avental, à direita e à esquerda da cabeça, não está muito claro para mim, mas, se forem mesmo significativos, eu creio que precisam ser considerados como as costas do corpo dividido e dobrado na margem superior do cobertor. Se esta explicação estiver correta, temos que considerar o animal como cortado em três pedaços, um corte correndo pelos lados do corpo, e o outro nas costas.

A figura 229 mostra o desenho numa perneira de couro, um castor agachado numa cabeça humana. Neste espécime, observamos que as proporções do corpo foram muito distorcidas devido à largura maior da perneira em sua parte superior. A cabeça foi aumentada bastante para preencher a porção mais larga do campo decorativo.

Figura 230 Sacola de couro com desenho gravado representando um castor, Tlingit.

Figura 231 Perneira bordada representando um monstro marinho com cabeça de urso e corpo de orca, Haida.

A sacola de couro para jogos[18] (fig. 230) foi tratada de maneira semelhante. Ela representa o castor, e provavelmente deve ser explicada com o animal cortado em dois. Os símbolos – os incisivos grandes e uma cauda escamosa – aparecem aqui como em todas as outras representações do castor, mas as extremidades inferiores foram omitidas. Seria possível imaginar que este desenho também poderia ser explicado como uma visão frontal do animal, mas a depressão profunda entre os dois olhos não favorece esta suposição. A cabeça consiste indubitavelmente em dois perfis, que se unem na boca e no nariz; mas o corte não foi continuado até a cauda, que permanece intacta.

A figura 231 é uma perneira bordada com espinhos num pedaço de couro. O desenho, que representa o monstro marinho descrito na figura 183, também deve ser explicado como uma representação do animal dividido em seu lado inferior e achatado. Na parte inferior da perneira, vemos os dois perfis, que são juntados no nível dos olhos, enquanto as duas bocas estão separadas. As narinas são mostradas no pequeno triângulo abaixo da linha que liga os dois olhos. Devido à forma da perneira, os braços não estão ligados ao corpo, e sim à parte superior da cabeça. Eles aparecem nas bordas esquerda e direita da perneira, e estão voltados para dentro ao lado das mandíbulas inferiores, com as patas de três dedos tocando a borda inferior. As barbatanas, que deveriam sair da parte superior dos braços, estão adjacentes aos cotovelos e voltadas para cima. Um outro par de barbatanas, que não aparece na maioria das representações deste monstro, está ligado à parte superior das costas, e forma as duas abas à direita e à esquerda na margem superior. Nas costas vemos uma série de círculos, que provavelmente representam a barbatana dorsal. A cauda ocupa o centro da margem superior. Os ornamentos menores nos cantos exteriores da cabeça, adjacentes à boca, provavelmente representam as guelras.

Figura 232 Pintura representando um cação, Haida.

---

18. Uma bolsa de couro usada para guardar as varetas de jogo usadas por tribos norte-americanas [N.T.].

Figura 233 Desenho de prato de ardósia representando um tubarão, Haida.

Nas figuras seguintes encontramos a aplicação de um novo corte. As figuras 232 e 233 representam o tubarão. Eu expliquei, ao discutir os símbolos do tubarão, que eles são melhor mostrados na visão frontal do animal. Por esta razão, evita-se visões laterais da face do tubarão, e ao representar o animal inteiro faz-se um corte das costas para o lado inferior, e os dois lados são desdobrados, deixando a cabeça na visão frontal.

A pintura (fig. 232) foi feita deste modo, com as duas metades do corpo completamente separadas uma da outra, e dobradas para a direita e para a esquerda. A cauda heterocerca foi cortada ao meio, e é mostrada em cada ponta voltada para baixo. As barbatanas peitorais foram indevidamente aumentadas para preencher o espaço vazio sob a cabeça.

Figura 234 Pintura na ponta de um cobertor representando uma orca, Tlingit.

O tubarão mostrado na figura 233 foi tratado de modo ligeiramente diferente. Mais uma vez a cabeça ficou intacta. O corte foi feito das costas para o peito, mas as duas metades do animal não foram separadas. Elas se encaixam no peito, e são desdobradas desta maneira, de modo que as barbatanas peitorais e dorsal aparecem à direita e à esquerda do corpo. A cauda heterocerca não foi indicada claramente neste espécime.

O método de secção aplicado na figura 234 é ainda diferente. A figura representa uma pintura na borda de um grande cobertor de pele. O animal representado aqui é a orca. A pintura superior representa claramente o perfil do animal. A pintura inferior representa o outro perfil, de modo que tanto a metade esquerda quanto a direita estão visíveis. Como não havia espaço para mostrar a barbatana dorsal na pintura inferior, ela é indicada por uma linha curva numa das séries de franjas mais largas na borda inferior. É notável que as caudas nas duas metades do animal não sejam desenhadas simetricamente; mas é possível que isto seja resultado de um erro da parte do pintor, porque o desenho se repete na borda oposta do cobertor da mesma maneira, mas com caudas simétricas. As duas metades do corpo têm detalhes diferentes, mas suas características principais são idênticas. A nadadeira é mostrada numa escala muito grande. Ela está ligada imediatamente atrás da cabeça, e se estende para um ponto perto da cauda. Sua parte principal é ocupada por uma face, diante da qual um olho é mostrado.

Os animais são representados através de secções não apenas em superfícies planas, mas também em entalhes redondos onde um lado não pode ser mostrado. Isto ocorre em todos os totens, pois suas partes traseiras não são entalhadas. Sempre que todos os símbolos do animal podem ser mostrados na frente do totem, os animais são aparentemente representados em sua posição natural. Mas representações de animais cujos símbolos teriam que ser colocados no lado traseiro do totem deixam claro que o artista na realidade divide os animais nas costas do totem, e estende este corte de modo que o animal fica espalhado na frente curva do totem. Isto ficará claro depois da análise das seguintes figuras.

Figura 235 Modelo de totem representando um monstro marinho, Haida.

Figura 236 Modelo de totem representando um *sculpin*, Haida.

A figura 235 representa um monstro marinho com corpo de baleia e patas de urso. Ele difere do monstro discutido antes por ter cabeça de baleia, e não ter barbatanas ligadas às patas dianteiras. Entretanto, ele tem uma grande barbatana dorsal. O espiráculo da baleia é mostrado acima de suas sobrancelhas. A cauda está virada para cima à frente do corpo, e as patas estão erguidas na frente do peito. A barbatana dorsal é reconhecida na faixa estreita, ornamentada com um pequeno anel, que se inclina para baixo do cotovelo na direção da cauda. Um ornamento deste tipo é mostrado em ambos os lados do entalhe. Vemos, então, que a barbatana dorsal foi dividida, e está virada para baixo em ambos os lados do corpo. Isto mostra que as margens esquerda e direita da parte entalhada do totem devem ser consideradas como a linha mediana das costas, que foi dividida e separada.

O *sculpin* no totem (fig. 236) é tratado da mesma maneira, mas neste caso o corte é feito no lado inferior do animal. A cabeça é voltada para cima, de modo que a visão frontal da face é vista quando se olha para as costas do peixe. As espinhas surgem acima do nariz e das sobrancelhas. As barbatanas peitorais são mostradas acima das sobrancelhas na borda da parte entalhada do totem, enquanto a porção traseira da parte inferior do corpo ocupa a parte superior da margem do totem.

Figura 237 Modelo de totem representando monstro marinho devorando um peixe, Haida.

A figura central incrivelmente complexa no totem mostrado na figura 237 deve ser explicada do mesmo modo que a figura 235. Vemos aqui o monstro marinho descrito antes na figura 183. Ele tem uma cabeça de urso. Em cada orelha foi colocada uma pequena figura humana cujas mãos agarram a pálpebra do monstro, que estão erguendo. A cauda (*c*) está voltada para cima à frente do corpo, imediatamente sobre uma cabeça de castor que é a próxima figura abaixo na coluna. A barbatana dorsal (*a*) foi dividida, e metade dela é vista sob a boca do urso, indicada por uma projeção decorada com um círculo duplo. As patas dianteiras do animal (*d*) estão erguidas à frente de seu peito, e aparecem sob a boca. As barbatanas ligadas a elas (*b*) são mostradas à direita e à esquerda da cauda. O animal está engolindo um outro ser, mas não está claro de que animal se trata. Podemos ver uma cauda de peixe e uma mão saindo da boca. O espaço entre as patas dianteiras e a cauda do monstro marinho é ocupado por um pássaro invertido, que pode ser visto claramente quando a figura é revertida. Sua cabeça é mostrada com o bico entre os pés. As duas asas (*e*) estão estendidas, e vão das barbatanas do braço dianteiro do monstro até sua nadadeira dorsal. A importância particular desta figura é a mesma que tentei explicar ao tratar da figura 235; a saber, que as duas bordas do totem entalhado devem ser consideradas como a linha mediana estendida das costas do animal que é representado no totem.

Figura 238 Entalhe em ardósia representando o monstro marinho Wasgo, Haida.

Figura 239 Tatuagem representando o monstro marinho fabuloso Ts'um'a´ks, Haida.

Estes entalhes deixam claro que em pinturas em chapéus, como as mostradas nas figuras 219, 224 e 225, e em figuras planas, como a figura 163, precisamos considerar a borda externa da figura como os lados distendidos de um corte feito ao longo do lado inferior do corpo. Todas estas distorções e secções de animais podem ser explicadas pela necessidade que o artista sentiu de mostrar em sua obra todos os símbolos do animal.

Na maioria dos casos, os símbolos aparecem claramente em perfis de animais. Por esta razão, o artista, quando representa perfis, não tentou mostrar ambos os lados do corpo. Oferecerei aqui uma série de figuras que ilustram este ponto.

A figura 238 representa o topo de uma caixa onde foi entalhado o monstro marinho Wasgo. Ele tem cabeça e corpo de lobo, e uma grande nadadeira dorsal. Ele é capaz de caçar no mar e também na terra. O artista mostrou um perfil do animal com uma perna dianteira e uma traseira, com a cauda enrolada sobre as costas. A nadadeira dorsal, que na maioria das representações deste animal se ergue verticalmente do corpo, foi deitada nas costas para se encaixar no campo decorativo.

A figura 239 é uma tatuagem que representa o monstro marinho Ts'um'a´ks, que às vezes é descrito como tendo um corpo de corvo com um corpo de baleia ligado à sua cabeça, e uma barbatana ligada às costas do corpo. Ele é mostrado de perfil com uma perna, a barbatana dorsal, e as caudas de corvo e baleia torcidas de modo a serem vistas de lado. Em outros casos, ele é descrito como tendo uma cabeça de urso com a boca de um tubarão.

Figura 240 Prato de ardósia com desenho representando uma orca, Haida.

Figura 241 Tambor pintado com desenho de uma águia, Tsimshian.

Figura 242 Tatuagem representando a lua, Haida.

Figura 243 Entalhe na ponta de uma bandeja de comida representando um gavião, Tlingit.

Na figura 240, que representa o desenho num prato circular de ardósia, vemos um bom caso da adaptação de um perfil ao campo decorativo. O desenho representa uma orca com duas barbatanas dorsais. O animal está dobrado ao redor da borda do prato, de modo que faz a cabeça tocar a cauda. As duas barbatanas dorsais estão deitadas ao longo das costas, enquanto a nadadeira grande ocupa o centro do prato.

A figura 241, que é a pintura no couro de um tambor, é uma combinação de visões frontal e de lado. A cabeça está girada de lado, enquanto o corpo, as asas abertas e os pés são mostrados frontalmente. Este método é raramente encontrado na arte da costa do Pacífico Norte, e, até onde eu sei, quase exclusivamente em representações da águia (cf., entretanto, a figura 239). A pintura no anel exterior do tambor é difícil de explicar. Percebe-se que a cauda da águia ocupa o centro inferior do anel. No topo temos a visão frontal de uma figura humana, cujos braços, de tamanho diminuto, são colocados perto dos cantos inferiores do rosto, enquanto as mãos são de tamanho muito grande. As duas figuras sentadas abaixo das duas mãos provavelmente representam as costas do homem mostrado no topo, mas sua conexão com as figuras peculiares parecidas com barbatanas na parte inferior da pintura não está clara.

A figura 242 é uma tatuagem que representa a lua. Podemos ver a lua crescente na parte inferior. Na parte escura da lua, uma figura semi-humana é mostrada de perfil, com uma perna. Um braço está estendido para baixo, e o outro para trás, como se ela estivesse carregando algo pesado.

Há muito poucos desenhos que podem possivelmente ser interpretados como visões totais da face de animais. Eu expliquei antes que a face do tubarão sempre é mostrada deste modo, porque é assim que seus símbolos aparecem melhor. O único outro animal que é pintado ou entalhado em superfícies planas na visão frontal total é o gavião ou o pássaro-trovão[19], cujo símbolo é o bico longo que desce até o queixo. Vários entalhes representando o pássaro-trovão foram mostrados nas figuras 165-168 (p. 188s.).

Encontramos frequentemente representações frontais totais do pássaro-trovão em pratos, onde o bico é indicado por uma longa cunha que separa a boca em duas metades. Entretanto, não é certo se os artistas sempre consideram esta face como uma visão frontal total, porque muitas vezes encontramos (fig. 243) uma depressão entre os dois olhos, correspondente à depressão que descrevi anteriormente quando me referia à junção dos perfis de animais. Talvez a longa cunha central deva ser considerada como as duas metades do longo bico descendente, que se encontram no meio. Entretanto, esperaríamos, neste caso, que o bico, pelo menos às vezes, continuasse para a direita e a esquerda abaixo do queixo, correspondendo à metade do bico vista na figura 166 (p. 188). Eu não observei um único espécime em que isto fosse o caso, e, portanto, tendo a considerar os entalhes de pássaros-trovão em pratos como visões frontais totais.

Figura 244 Pintura da frente de uma casa representando pássaro-trovão, Kwakiutl.

---

19. Ave lendária comum nas mitologias dos índios norte-americanos [N.T.].

Este ornamento pode ter se originado da seguinte maneira: muitos pratos de gordura e comida têm a forma de canoas. A canoa simboliza que, aos convidados, oferece-se comida que teria enchido uma canoa; e o fato de que o anfitrião, em seus discursos, às vezes se refere à canoa cheia de comida que ele dá aos seus convidados indica que esta conjetura é provavelmente correta. A forma da canoa muitas vezes é modificada, e pode-se estabelecer uma série inteira de tipos que formam a transição entre pratos de canoas e bandejas comuns. Pratos deste tipo sempre têm uma face convencionalizada em cada ponta, e a parte do meio não é decorada. Isto é análogo ao estilo de decoração da canoa. De modo geral, a decoração da canoa é totêmica. Entretanto, pode ser que o modo peculiar pelo qual o bico do gavião é representado tenha causado a prevalência desta decoração. A mandíbula superior do gavião sempre é mostrada de modo que sua ponta chega na mandíbula inferior e se volta para dentro da boca. Quando pintado ou entalhado em visão frontal, o bico é indicado por uma faixa estreita em formato de cunha no meio da face, cuja ponta toca a margem inferior do queixo. A proa e a popa acentuadas de uma canoa com um perfil de uma face em cada lado assumiria o mesmo formato quando representada numa superfície plana ou levemente arredondada. Portanto, pode ser que originariamente a linha do meio não era o bico do gavião, mas sim a proa ou popa da canoa encurtada. Esta decoração é tão uniforme que a explicação dada aqui me parece provável.

Figura 245 Modelo de totem com desenho representando uma orca, Haida.

Na figura 244 vemos uma pintura representando uma visão frontal total do pássaro-trovão. Seu símbolo principal é o bico longo, que, na visão frontal, aparece como uma linha longa que desce do nariz sobre a boca. É duvidoso neste caso se podemos considerar o corpo como dividido ao longo das costas. Como a face certamente está representada em visão frontal, parece mais provável que o animal esteja representado com asas abertas, semelhante à águia na figura 241.

Eu descrevi muitas secções aplicadas na representação de vários animais. Até agora, tivemos apenas casos em que as secções eram bastante simples. Em muitos casos onde a adaptação da forma animal ao campo decorativo é mais difícil, as secções e distorções têm alcance muito maior do que aquelas que foram descritas antes.

O corte aplicado no totem (fig. 245) é muito mais intricado do que os anteriores. A figura superior representa um pássaro que é mostrado na forma de um ser humano, com asas ligadas aos braços. Sob esta figura encontramos uma representação da orca. A parte traseira de seu corpo é mais facilmente reconhecida do que a cabeça. Vemos uma pequena figura humana montada na barbatana dorsal. A cauda (*a*), que aparece na margem inferior da figura, está voltada para trás sobre as costas do animal. Precisamos portanto imaginar que a cabeça foi girada para baixo atrás da figura humana (*b*) montada na barbatana dorsal (*c*). Ela estaria, portanto, nas costas do totem, que não são entalhadas. Consequentemente, de acordo com o que foi afirmado anteriormente, o artista a dividiu e distendeu de modo que a linha média aparece em cada ponta da parte entalhada do totem. Assim, a metade direita da cabeça (*d*) aparece no lado direito do totem, e a metade esquerda no esquerdo. Esta é a explicação da cabeça de baleia com seus dentes, que é vista em nossa figura perto da cauda, com a mandíbula inferior sendo omitida. A nadadeira (*e*), adjacente à cabeça, está deitada sobre as costas da baleia, imediatamente sob os pés do ser humano montado na barbatana dorsal da orca. A figura deve, portanto, ser explicada como se o animal estivesse torcido duas vezes, a cauda girada sobre as costas e a cabeça girada primeiro para baixo sob o estômago, e depois dividida e estendida para fora.

Figura 246 Pintura para a frente de uma caixa, desenho representando um sapo, Haida.

Figura 247 Pintura para uma frente de casa, desenho representando uma orca, Kwakiutl.

A figura 246 é uma cópia de uma pintura na frente de uma caixa, feita em papel com giz de cera colorido por uma índia haida chamada Wiha. Ela representa um sapo. A maior parte da frente da caixa é ocupada pela cabeça do animal, que, de acordo com o que foi dito antes, deve ser considerada como composta por dois perfis adjacentes. O símbolo da cabeça do sapo é sua boca sem dentes. As duas partes pretas que se estendem para baixo a partir dos cantos inferiores da face são as duas metades do corpo. A estas foram adicionadas as patas dianteiras, que ocupam o espaço sob a boca; o braço e o antebraço foram girados para dentro, e as canelas foram giradas para fora sob o braço. As pernas traseiras ocupam o campo lateral em ambos os lados da cabeça. Elas não foram conectadas ao corpo do animal.

Figura 248 Pintura para uma frente de casa com desenho representando uma orca, Kwakiutl.

Na figura 247 encontramos uma representação nova da orca, que recebi como ilustração da pintura de uma casa dos índios kwakiutls. Os cortes usados aqui são bastante complicados. Antes de tudo, o animal foi dividido ao longo de suas costas inteiras na direção da frente. Os dois perfis da cabeça foram juntados, como descrito anteriormente. A pintura nos dois lados da boca representa guelras, indicando assim que se trata de um animal aquático. A barbatana dorsal, que, de acordo com os métodos descritos até agora, apareceria em ambos os lados do corpo, foi cortada das costas antes do animal ser dividido, e aparece agora colocada sobre a junção dos dois perfis da cabeça. As barbatanas estão deitadas ao longo dos dois lados do corpo, com o qual se encaixam em apenas um ponto cada. As duas metades da cauda foram torcidas para fora de modo que a parte inferior da figura forma uma linha reta. Isto foi feito para que ela se encaixasse acima da porta quadrada da casa.

Na figura 248 o mesmo animal foi tratado de outro modo diferente. A figura também ilustra a pintura de uma frente de casa dos índios kwakiutl. As partes centrais da pintura são os dois perfis da cabeça da orca. A chanfra na mandíbula inferior indica que ela também foi cortada e unida em sua parte central. O corte na parte superior da face foi levado até o lábio superior. O corpo desapareceu completamente. Entretanto, o corte da cabeça foi levado pelas costas por todo o corpo até a base da cauda, cuja ponta foi cortada, e aparece sobre a junção dos dois perfis da cabeça. A barbatana dorsal foi dividida, e as duas metades foram juntadas na parte superior da cabeça, de onde elas se estendem para cima e para fora. Imediatamente abaixo delas as duas metades do espiráculo são indicadas por dois pequenos rostos, cujas partes superiores têm um semicírculo. As nadadeiras estão ligadas aos cantos inferiores da face. A pintura na face ao lado da boca representa guelras.

Figura 249   Pintura num remo representando boto e foca, Kwakiutl.

A figura 249 é uma pintura complicada num remo kwakiutl. Ela representa um boto e uma foca misturados; o boto voltado para a direita, a foca para a esquerda, e ambos com o mesmo corpo. À direita vemos a cabeça do boto e as linhas curtas atrás dele, para cima, representam o esguicho d'água do animal. (1) é o pescoço, (2) a nadadeira, (3) uma junta na nadadeira, (4) e (5), (9) e (13) conjuntamente representam o corpo do boto, (5) é o estômago, (8) a barbatana dorsal do boto, (9) as costas tanto do boto quanto da foca, (12) a cauda do boto. A cabeça da foca é mostrada em (11), (10) representa as orelhas, ainda que outro par de orelhas, iguais à de todos os animais, apareça sobre a cabeça. Já afirmei antes que (9) é as costas tanto da foca quanto do boto, (5) é o estômago da foca, (13) suas nadadeiras e (4) sua cauda.

igura 250   Pintura para a frente de uma casa representando um corvo, Kwakiutl.

A figura 250 representa a pintura da frente de uma casa mostrando um corvo em perfil. Esta pintura aparece à direita e à esquerda da porta; os bicos estão na direção dela. (1) é o penacho erguido na cabeça do corvo, (2) são penas, (3) os ossos faciais, (4) a pele acima do bico, (5) seria uma junta na língua, (6) a pele acima da mandíbula inferior, (7) a suposta junta na base da língua, (8) representa a junta do ombro, (9) são penas e (10) as penas longas da asa. Percebe-se que as penas internas (9) são arredondadas, enquanto a pena da asa tem uma ponta aguda, de acordo com os requerimentos-padrão a que me referi na página 201. (11) representa a cauda com uma única face como uma junta, de acordo com os padrões.

Figura 251 Pintura para a frente de uma casa representando um pássaro-trovão, Kwakiutl.

A figura 251 é um desenho de uma frente de uma casa, acima da porta, representando um pássaro-trovão. O desenho deve ser considerado como consistindo em dois perfis, mais ou menos claros. (1) representa o nariz em gancho, (2) o crânio, (3) as orelhas, (4) as penas sobre as sobrancelhas pronunciadas. A cauda se ergue acima da cabeça. Ela tem a junta única característica. Penas arredondadas são mostradas nas asas, direita e esquerda; a pena longa no fim da asa tem ponta aguda. As patas, à direita e à esquerda do rosto, são enormemente aumentadas. O desenho de olho circular representa a junta à qual três dedos estão ligados.

A figura 252 representa mais uma pintura colocada sobre a porta de uma casa kwakiutl. Ela representa uma baleia. Neste espécime, encontramos vários desvios do que seria o padrão. Embaixo está a cauda (1) com os lobos (2). Apesar da curvatura dupla no lado interno dos lobos ser preservada, há apenas um desenho de junta em vez dos dois costumeiros. O desenho (3) em cada lado representa as barbatanas. De acordo com o padrão, eles deveriam ser redondos, mas aqui eles têm pontas agudas como penas de asas. Isto pode ser resultado da tendência dominante de mostrar as penas do meio como redondas, e deixar as penas laterais extremas com uma ponta longa que fecha o desenho de modo mais eficiente do que uma forma redonda o faria. Acima da cauda percebemos a boca longa e o nariz com seu giro repentino. A linha (4) indica a curva forte que destaca o nariz da testa. Isto é análogo ao tratamento do nariz entre os haidas. (5) representa a junta do ombro. Os ornamentos sob os olhos são os ossos da bochecha. Acima dos olhos estão as orelhas (6), e acima da testa ergue-se a barbatana dorsal com uma única junta. Normalmente, os olhos da baleia são redondos, e a pessoa que explicou este desenho enfatizou particularmente o fato de que nesta pintura eles não têm a forma padrão.

Figura 252 Pintura para a frente de uma casa representando uma baleia, Kwakiutl.

A figura 253 é mais uma pintura de casa dos kwakiutls, representando o corvo. O artista seguiu o mesmo princípio da figura 251. A parte central da figura está ocupada pela cabeça do corvo dividida de seu lado inferior para cima, de modo que as duas metades se encaixam na ponta superior do bico. As duas metades da cabeça foram dobradas para fora, de modo que as duas metades das línguas (2) e as duas mandíbulas inferiores (1) aparecem em cada lado da linha central. As duas metades do lado inferior do corpo são mostradas estendendo-se numa linha curva (3) dos cantos da boca até a cauda, que não foi cortada. As asas tiveram seu tamanho consideravelmente reduzido, e foram puxadas para cima, aparecendo acima de cada canto superior da cabeça. As pernas (5) ocupam as partes inferiores direita e esquerda da pintura, e os pés (4) não estão ligados às pernas finas.

Na figura 254, uma pintura na margem de um cobertor está representando o monstro marinho descrito na figura 183 (p. 195). Aqui o animal é mostrado dividido em dois ao longo das costas; mas todas as suas partes, com exceção da cabeça, patas e cauda, são de tamanho muito reduzido. Os dois olhos enormes, e entre eles o nariz, são fáceis de reconhecer. Os dentes são indicados por uma série de linhas inclinadas abaixo de cada olho, mas as mandíbulas inferiores de ambas as metades foram omitidas. O corpo todo é representado pela linha fina que se estende do canto inferior externo dos olhos para cima, e

Figura 253 Pintura para a frente de uma casa representando um corvo, Kwakiutl.

Figura 254 Pintura na borda de um cobertor representando um monstro marinho, norte da Colúmbia Britânica.

então ao longo da margem superior da pintura, e depois para baixo novamente. As três barbatanas dorsais são mostradas acima desta linha – metade em cada lado das costas. Os braços são indicados por duas curvas abaixo da linha que indica as costas. A barbatana do braço é mostrada abaixo do antebraço. Enquanto tudo isto é de tamanho pequeno, a pata adjacente ao antebraço é mostrada numa escala grande, com as garras voltadas para a face. A linha que representa o corpo vai até ambas as pontas da pintura ao longo da margem inferior até se misturar com a cauda, metade da qual é mostrada em cada lado. Neste espécime, as proporções do corpo são muito mais distorcidas do que em qualquer caso anterior.

A seguinte série de figuras são desenhos encontrados em vários braceletes de prata. Os animais representados neles também são mostrados de modo muito fragmentário.

Figura 255 Desenho num bracelete de prata representando um castor, Haida.

Figura 256 Desenho num bracelete de prata representando um monstro marinho, Haida.

Figura 257 Desenho num bracelete de prata representando um gavião, Haida.

Na figura 255 vemos o castor cortado em dois ao longo das costas. O rosto não precisa de nenhuma explicação adicional. As pernas dianteiras estão juntas a ele em cada lado, com os dedos voltados para dentro; mas todo o resto do corpo foi omitido, exceto as duas metades da cauda, que o artista foi compelido a mostrar, já que são símbolos do animal.

Na figura 256 reconhecemos o monstro marinho, com cabeça de urso e corpo de baleia. Também aqui a maior parte do entalhe representa a cabeça e os braços dianteiros do monstro. As barbatanas, ligadas aos braços perto do cotovelo, são mostradas numa escala muito menor. Todo o resto do corpo é de tamanho pequeno, e as duas metades do corpo, com a metade adjacente da cauda, ocupam apenas a margem superior externa do bracelete. Eu não sei dizer com certeza se o artista pretendeu representar as duas metades da barbatana dorsal através do ornamento curvo adjacente ao chapéu que se ergue sobre o nariz do monstro.

O gavião mostrado na figura 257 foi cortado de modo diferente, a saber, do bico para trás, com as duas metades sendo então giradas para fora. O centro do desenho está ocupado pelas duas metades da cabeça e as duas garras adjacentes a ela. As asas estão separadas do corpo, e ocupam os cantos exteriores do desenho.

Figura 258 Prato de ardósia com desenho representando um monstro marinho, Haida.

Os desenhos da seguinte série de entalhes também são muito convencionalizados. A figura 258 é um monstro marinho ajustado a um prato circular de ardósia. O entalhe é perfeitamente simétrico. O desenho parece assimétrico porque foi feito de um ponto de vista excêntrico. Aqui também o centro é ocupado pela cabeça do animal. A cauda é vista sob a parte mais baixa da boca, voltada para cima à frente do corpo. Os braços foram encurtados consideravelmente. Eles estão ligados aos cantos inferiores da boca, com as patas tocando o queixo. As barbatanas estão ligadas à parte superior dos braços, e estão viradas para cima, perto dos lados da face, na mesma altura das orelhas. Mais uma vez, prestemos atenção às narinas em espiral.

Na figura 259, que representa a frente de uma pequena caixa entalhada em ardósia, o mesmo monstro marinho é mostrado. Vemos mais uma vez o animal cortado em dois, mas com a parte que separa os olhos, as orelhas e as bocas em dois deixada intacta. Aqui o corpo inteiro foi omitido, com exceção das patas às quais as barbatanas estão ligadas. Reconhecemos as patas giradas para dentro abaixo da boca, enquanto as barbatanas se estendem para cima ao longo das margens externas da placa. A barbatana dorsal foi seccionada ao meio, e uma metade é mostrada em cada canto superior. O ornamento no centro da margem superior provavelmente representa a cauda virada para cima sobre as costas de modo a quase tocar a cabeça. É preciso considerar esta disposição em conexão com o tratamento formal de frentes de caixa que será discutido posteriormente (p. 251s.).

Figura 259 Frente de uma caixa de ardósia com desenho representando um monstro marinho, Haida.

Figura 260 Placa de ardósia com desenho representando um monstro marinho, Haida.

A figura 260 representa um entalhe numa placa de ardósia. Temos aqui uma representação diferente do monstro marinho, que também poderíamos chamar de muito abreviada. A cabeça ocupa, de longe, a maior parte do entalhe. O corpo, visto abaixo da cabeça no centro da placa, é indicado por um quadrado pequeno em comparação, com cantos arredondados, decorado com duas barbatanas. O resto da decoração na borda inferior da placa deve ser interpretado como os braços do monstro, com o rosto grande em cada canto representando um cotovelo. O braço inteiro, estendendo-se do cotovelo até a mão, é omitido. Esta é indicada por um oval cujo centro é ocupado por um olho. De lá erguem-se os três dedos ou garras. Os símbolos importantes do monstro, as barbatanas ligadas ao antebraço, são mostrados adjacentes ao cotovelo, e se erguem pelos lados da placa, do lado de fora dos olhos. Os dois ornamentos que ocupam os cantos superiores da placa são, sem dúvida, a cauda. Este arranjo também é determinado pelos princípios gerais que governam a decoração de caixas (cf. p. 250).

Figura 261 Desenho da ponta de uma bandeja de comida representando um tubarão, Tlingit.

Figura 262 Prato de ardósia com desenho representando um *sculpin*, Haida.

O tubarão mostrado na figura 261 foi encontrado numa ponta de uma pequena bandeja de comida. Eu não preciso repetir a descrição do rosto do tubarão, onde podemos reconhecer os símbolos característicos. Eu apresentei esta figura aqui para mostrar que o corpo inteiro do animal foi omitido, com a única exceção de suas barbatanas peitorais, que estão entalhadas na borda da bandeja em ambos os lados da testa. Sua posição é um tanto análoga àquela encontrada no totem da figura 213 (p. 214).

Nas figuras 262 e 263 encontramos representações do *sculpin* distorcidas e seccionadas da mesma maneira que o monstro marinho nas figuras anteriores.

Na figura 262 o *sculpin* foi adaptado a um prato circular de ardósia. O centro do desenho está ocupado por uma roseta, que sem dúvida foi copiada de padrões europeus. No desenho, os contornos das várias partes do corpo foram fortalecidos para deixar suas relações um tanto mais claras. Percebe-se que a cabeça está dividida em dois, encaixando-se apenas no nariz e na mandíbula superior. As duas espinhas se erguem imediatamente do nariz. As duas metades do corpo se estendem dos cantos da boca para cima, ao longo da borda do prato. Aqui elas ficam mais finas, indicando a parte fina do corpo do peixe perto da cauda. A cauda não foi dividida, e está voltada para cima e para trás de modo a tocar a roseta central. Uma comparação entre este desenho e o desenho no centro da margem superior na figura 259 mostrará uma grande semelhança entre as duas, fazendo com que seja provável, como mencionei antes, que este último desenho pretenda representar a cauda do monstro. As barbatanas peitorais do *sculpin* são mostradas numa posição bastante anormal. Elas estão giradas para a frente, adjacentes à mandíbula inferior. Elas podem ser reconhecidas entre as mandíbulas e a borda do prato. A barbatana dorsal é indicada pelos ornamentos longos pontudos que vão do olho na direção da cauda.

Figura 263 Frente de uma caixa de ardósia com desenho representando um peixe, Haida.

No desenho da figura 263, um peixe foi seccionado de modo um tanto diferente. A cabeça ocupa a margem superior da placa. Ela tem um formato notavelmente triangular. O corpo foi seccionado ao meio da cabeça à cauda, e virado e torcido de modo a cada metade se estender numa curva para baixo dos cantos da face para o meio da margem inferior da placa. As barbatanas peitorais foram deixadas em contato com os cantos da boca, e estão colocadas na mesma posição da figura anterior, a saber, juntas à mandíbula inferior. Elas se encontram logo abaixo do queixo do animal. Eu acredito que os ornamentos esticados ao longo das margens direita e esquerda da placa representem as barbatanas dorsais.

Eu descrevi anteriormente (p. 210s.) a distorção e secção extraordinária da orca em sua adaptação a um cobertor, e ofereci uma descrição naquele momento.

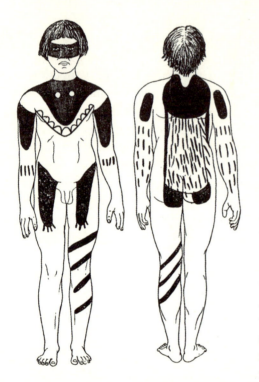

Figura 264 Pintura corporal representando o urso, Kwakiutl.

Uma distorção bastante única é encontrada nas pinturas corporais usadas pelos índios kwakiutls na dança de um garoto. A figura 264 é uma cópia de uma pintura corporal que representa o urso. No peito, a cabeça do urso é mostrada virada para baixo. Os pontos brancos acima das clavículas são os olhos do urso; a linha angular com semicírculos, a boca e os dentes. Nos braços vemos as pernas dianteiras, com as garras logo abaixo do cotovelo. As pernas traseiras são mostradas na frente das coxas. Nas costas da pessoa mostra-se a nuca do urso colocada na parte superior das costas; abaixo dela, estendendo-se para baixo, vemos as costas, com as linhas representando pelos. As juntas do quadril são mostradas por desenhos escuros nas nádegas. O desenho em espiral na perna esquerda representaria a cauda.

Ainda mais notável é a pintura de sapo mostrada na figura 265. Na parte inferior das costas vemos o topo da cabeça do sapo; os dois olhos com sobrancelhas acima, e a boca abaixo. Correspondendo a isto, encontramos na frente do corpo a boca com dentes (que não pertencem realmente ao sapo). As costas do sapo são mostradas na parte superior das costas; as pernas traseiras no dorso dos braços. O lado oposto das pernas traseiras é mostrado na frente dos braços. Parece provável que, no desenho que foi copiado para mim por um índio, a pintura na frente do braço esquerdo tenha sido omitida acidentalmente. A junta do ombro é mostrada na frente das coxas; as pernas dianteiras, na posição correspondente no dorso das coxas; as juntas do tornozelo nos joelhos; e o pé nas panturrilhas. Em outras palavras, o sapo é mostrado como se o corpo da pessoa fosse o sapo. Não recebi nenhuma explicação para o desenho preto na perna esquerda.

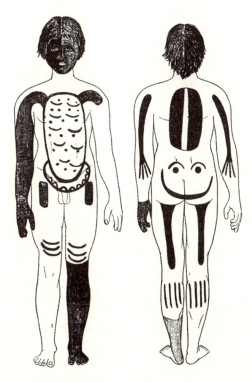

Figura 265 Pintura corporal representando o sapo, Kwakiutl.

Passaremos agora para o lado puramente formal do tratamento do campo decorativo. Há uma tendência a cobrir a superfície inteira com elementos de desenho. Espaços vazios são evitados. Quando a superfície do objeto representado não tem características que sirvam ao desenvolvimento decorativo, o artista recorre a estratagemas que permitem que ele preencha a superfície com padrões. Em totens, os corpos dos animais representados ocupam espaços consideráveis. A monotonia da superfície é quebrada, colocando as pernas dianteiras e traseiras na frente do corpo, girando a cauda na frente e adicionando pequenas figuras de animais.

É muito mais importante a aplicação de uma grande variedade de elementos decorativos que consistem em linhas curvas. Os índios decididamente não se inclinam a aplicar curvas equidistantes. Nos melhores trabalhos, as linhas são dispostas de modo a resultar em superfícies mais ou menos no formato de crescentes, ou então são formadas áreas curvas e estreitas, largas no meio e estreitas nas pontas.

A forma decorativa mais notável usada em quase todos os lugares consiste num campo redondo ou oval, o "desenho do olho". Este padrão é costumeiramente colocado de modo a corresponder à localização de uma junta. No estágio atual da arte, a oval é usada particularmente como junta do ombro, quadril, pulso e tornozelo, e como uma junta na base da cauda e da barbatana dorsal da baleia. Ela é considerada um corte transversal da articulação sinovial; o círculo externo é o soquete, e o interno a bola. Muitas vezes a oval é desenvolvida na forma de um rosto: ou um rosto completo ou um perfil.

A disposição geral deste desenho demonstra que a explicação nem sempre se sustenta. Assim, no cobertor da figura 205 (p. 210), o padrão de olho nos dois cantos inferiores não tem conexão nenhuma com uma junta. Nesta posição, na boca de um animal, ele às vezes é descrito como comida. Os dois rostos em perfil mais acima ao lado no mesmo cobertor são obviamente tapa-buracos. Eles poderiam ser substituídos por "desenhos de olho". Uma outra instância do mesmo tipo é encontrada na parte superior da face no prato da figura 168 (p. 189). Os desenhos circulares mostrados aqui poderiam talvez ser interpretados como juntas de cauda, mas eles provavelmente são elementos decorativos. O desenho aparece claramente como um tapa-buraco na figura 283*f* (p. 258) no canto superior interno no lado longo da caixa, e nas orelhas do castor na figura 229 (p. 221). Em cobertores Chilkat, ele aparece sempre em posições fixas (cf. p. 246), e em caixas grandes ele é o desenho constante nos cantos (cf. p. 250). Seu uso e interpretação como uma junta estão supostamente relacionados à combinação ornamental frequente mostrada, por exemplo, nas patas na figura 160 (p. 186) e nas caudas na figura 193 (p. 201). A oval representa a junta, e a parte elevada, o membro. Ao mesmo tempo, eles são elementos formais que aparecem regularmente nos desenhos laterais de bordas em caixas entalhadas (fig. 274, p. 250). O desenho de olho aparece em várias formas, de um olho duplo grande a um padrão circular com centro preto.

O Tenente Emmons coletou os vários elementos de desenhos que aparecem nos cobertores e deu a eles os nomes usados pelos tlingits (fig. 266). Estes nomes não se encaixam com as explicações dadas para o padrão inteiro. O "olho duplo" (*h*) e o "olho" (*f*) nem sempre são olhos, ocorrendo também como juntas (fig. 269*b*). O olho em perfil é chamado de "cabeça da truta salmão" (*c*). Ele é usado de modo bastante geral como o olho de qualquer animal. O "olho pre-

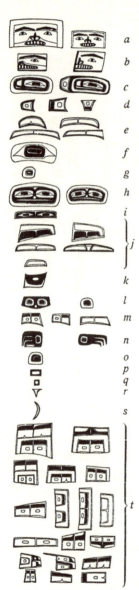

Figura 266 Elementos de desenhos de cobertores tlingits.

242

to" (*g*), a "narina" (*l*) e o desenho chamado "um em outro" (*o*) são praticamente idênticos. Eles também são usados como juntas. O uso frequente do desenho circular em cor clara ou escura, destacado de um fundo escuro ou claro, indica que as tribos da costa noroeste não toleram áreas da mesma cor, cuja monotonia é aliviada pela inserção de desenhos circulares de cores contrastantes. Eles podem ser vistos em muitos desenhos de cobertores e caixas (fig. 274s.).

As formas chamadas "buracos laterais" (*p*) e "buracos", "pontas de varetas de jogo" ou "gotas de chuva" (*q*) têm círculos brancos num fundo preto. É muito evidente que estes desenhos também, como partes do desenho inteiro, não têm a significância implicada pelos nomes, e os nomes também não explicam a razão de seu uso. A ocorrência frequente do círculo branco tanto isolado quanto em linhas (cf. fig. 269s.; p. 247s.) prova que eles devem ser considerados primariamente como um elemento formal criado para quebrar superfícies grandes.

Parece-me mais provável que o desenho circular preto ou branco tenha sido a base de onde o desenho do olho se desenvolveu. No estilo artístico da costa noroeste, os ombros, quadris, mãos e pés formam superfícies grandes, escuras e monótonas. Elas são quebradas por um círculo ou oval branco grande, que também é variado por um centro preto. Esta tendência também explicaria o desenho de óculos (fig. 266*i*). O mesmo desejo de aliviar a monotonia da superfície da bochecha leva à inserção de um desenho oval na bochecha (*k*).

Em desenhos entalhados estas formas não são contrastadas por cores; mas a própria forma varia a monotonia da superfície grande não decorada.

Um outro padrão característico, a crescente estreita, supostamente também surgiu do desejo de quebrar a monotonia de áreas contínuas. Ele aparece particularmente quando deseja-se destacar um do outro dois padrões misturados. Também aqui nomes obtidos por Emmons, "ornamento de cabelo de mulher" (*r*) e "fenda" (*s*) não têm nada a ver com sua função e significância como parte do padrão inteiro.

O tapa-buraco mais característico além do olho é uma curva dupla, usada para preencher campos angulares e redondos que se erguem sobre uma linha forte ou gentilmente curvada. Muitos tapa-buracos deste tipo têm uma faixa de cor escura na ponta superior, geralmente arredondada em pinturas ou entalhes, ou quadrada em cobertores (cf. fig. 202, o desenho lateral inferior no painel central; na figura 193, os padrões da cauda). Nos cobertores, a forma angular talvez seja resultado da técnica de tecelagem, apesar dos desenhos de olho frequentes provarem que formas redondas não são impossíveis. Em cobertores, a linha superior pesada muitas vezes é esticada até formar uma ponta (fig. 270*a*, acima do desenho de "óculos" no lado do painel central). Exemplos destas formas foram coletados pelo Tenente Emmons, que afirma que os tlingits a chamam de "a pena de asa do pica-pau de asa vermelha" (fig. 266*t*). O uso da forma pontuda deste desenho para uma pena de pássaro coincide com a afirmação teórica dos kwakiutls (cf. p. 201), mas obviamente a explicação nem sempre se encaixa com o significado do padrão como um todo, como é mostrado pelo desenho de orca da figura 205 (p. 210) ou o desenho de baleia da figura 270 (p. 248).

O desenho é usado costumeiramente para representar objetos bastante diversos. Assim, a pena de pica-pau dupla (fig. 266*t*) ocorre na figura 269*a* como o bico de um pássaro, ocupando o meio do desenho da boca entre os dois olhos grandes. Ela também ocorre entre as orelhas ao longo da borda superior do desenho como a pena de pica-pau única. Aqui, assim como acima do bico do pássaro, nos campos laterais, ela é usada apenas para preencher as partes do desenho que de outro modo ficariam sem decoração. Na figura 202 (p. 209), o mesmo desenho ocorre entre os olhos, logo acima da narina, e aqui também ele obviamente não tem nada a ver com o pica-pau de asa vermelha. Podemos observar em praticamente todos os cobertores muitos outros casos desta aplicação do desenho de pena de asa simplesmente com o propósito de preencher espaços. Uma comparação da figura 202 com os desenhos de caixas da figura 274 mostra que o desenho de pena de asa pode servir para expressar o antebraço e o braço. Na figura 274, temos as duas mãos colocadas numa posição semelhante às patas nas figuras 202 e 269*b*. Na caixa da figura 274*a* as partes estão ligadas ao corpo por uma faixa vermelha estreita, que é dividida em duas partes por curvas características. Uma comparação deste desenho com as figuras 222 e 223 mostra muito claramente que elas pretendem representar o braço. No desenho de cobertor da figura 269*b*, as duas seções que ligam a pata ao corpo podem ser reconhecidas distintamente como braço e antebraço. Nos desenhos de cobertor da figura 202, o espaço disponível para o braço é muito condensado; mas é bastante óbvio que os dois desenhos de pena de asa que estão nos lados exteriores das patas também devem ser interpretados aqui como o antebraço e o braço. A julgar por esta analogia, eu acho que não pode haver muita dúvida de que as duas penas de asa colocadas aos lados do corpo na figura 269*a* podem ser tratadas do mesmo modo que as duas partes do braço do animal representado. Como o animal mostrado aqui é um pássaro, estes desenhos de penas representam, deste modo, os ossos da asa.

Considerações semelhantes determinaram a distribuição de ornamentos no desenho da figura 270*b*. Reconheceremos aqui os dois pés na borda inferior do desenho. Junto a eles, acima do "olho", há dois longos desenhos de pena de pica-pau brancos, que obviamente representam as pernas. Ambos os olhos duplos invertidos sob as mandíbulas devem ser interpretados como uma junta de ombro à qual está ligada a parte inferior do braço na forma de um desenho de pena de pica-pau.

As formas discutidas aqui são interpretadas como vários tipos de animais – pássaros, quadrúpedes, monstros marinhos – mas nunca como o pica-pau de asa vermelha, e as partes também não podem ser interpretadas como ornamentos feitos de penas de pica-pau. É óbvio que lidamos aqui com uma forma fixa, que tem um nome convencional, e que é usada para vários propósitos.

Percebe-se que este desenho ocorre em três formas principais. Numa delas, ele recebe um corte quadrado na ponta superior. A maioria dos desenhos mostrados na figura 266 é deste tipo. Uma outra forma característica deste desenho tem a pena de asa pontuda (como a segunda na série na figura 266*t*). Uma terceira forma, que não aparece na série de desenhos com nomes, parece ser bastante comum. Ela tem uma ponta arredondada e pode ser observada, por exemplo, na parte do bico à frente do olho superior nos painéis laterais das figuras 203 e 269*a*; e também no campo central na figura 273*b*.

O desenho de asa é aplicado sempre que um campo um tanto oval ou retangular situado lateralmente precisa ser preenchido, particularmente quando o campo está adjacente a um outro desenho envolvido por linhas pretas pesadas e que forma parte de um corpo animal. Por esta razão, o desenho é muito comum à frente, acima ou abaixo do desenho do olho. Ele é usado para preencher as orelhas; ele aparece nos lados do corpo, como nas figuras 203 e 269*a*; e ele é usado para preencher campos pequenos adjacentes a linhas pretas, como por exemplo na parte mais baixa dos painéis laterais na figura 269*a*.

Em cobertores, está presente em quase todos o círculo claro num fundo mais escuro com uma ponta preta e um pequeno segmento branco na base. Este segmento muitas vezes é limitado por uma curva dupla pontuda – como uma fivela – que divide o campo colorido adjacente mais ou menos distintamente em duas metades. Isto pode ser observado, por exemplo, num dos desenhos de orelha nas figuras 202 e 269*b*, e também no desenho acima do nariz na figura 202.

Este padrão também é usado como tapa-buraco para espaços estreitos compridos. De acordo com Emmons, isto é chamado de "desenho da boca" (fig. 266*j*) ou a "sobrancelha" (*e*), mas ele muitas vezes é usado em campos que não podem ser interpretados como "boca" ou "sobrancelha", como, por exemplo, nas partes laterais da borda inferior da figura 202 e no canto inferior da caixa da figura 274*b*.

A julgar pela aplicação geral deste desenho, é bastante óbvio que ele não é primariamente um desenho de pena, e sim um elemento decorativo usado costumeiramente em certas posições definidas com o propósito de tapar buracos.

Curvas pretas planas são usadas muito frequentemente para indicar os dentes. Elas podem ser observadas na figura 269*a*, no corpo da figura 270*a*, no rosto inferior da figura 204 e nos rostos inferiores da figura 271.

Nós discutimos anteriormente o ajuste da forma animal ao campo decorativo. O ajuste não é livre de modo nenhum, e podemos reconhecer formas estilísticas definidas. Elas aparecem com grande claridade nos cobertores Chilkat.

As medições dos cobertores mostram que a altura central é aproximadamente metade da largura. A largura da borda estreita, que consiste numa faixa preta e amarela, tem mais ou menos um doze avos da largura total. O ângulo da borda inferior varia bastante, e a distância vertical de uma linha que liga os cantos inferiores do cobertor para sua maior profundidade geralmente é de um pouco menos que um sexto da largura. A característica fundamental do padrão do cobertor é a divisão do campo em três painéis. O central tem o dobro ou mais da largura dos laterais. Na maioria dos cobertores, a linha de divisão destes campos é bastante clara, e é indicada por linhas pretas e brancas. Os desenhos nos campos laterais são simétricos e muito diferentes do campo central.

Figura 267 Desenho esquemático mostrando a disposição do campo central do cobertor Chilkat.

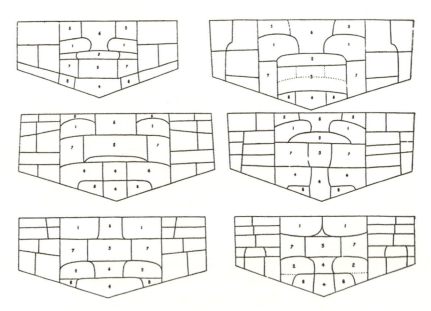

Figura 268 Esquemas gerais dos cobertores tlingits.

Os cobertores podem ser divididos em dois grandes grupos. Seus padrões fundamentais são indicados esquematicamente na figura 267. O desenho é claramente uma representação de um animal com uma cabeça grande que ocupa toda a parte superior do campo até uma linha transversal quase reta (campos 1, 2, 5, fig. 268). Abaixo dela está o corpo (campo 3) e na borda inferior a cauda e os quadris (campo 4) do animal. Pode-se perceber que sempre há duas juntas da cauda, apesar de em outros casos o uso de uma única junta de cauda para pássaros e uma junta de cauda dupla para mamíferos marinhos ser bastante consistente. Os campos 6, 7 e 8 são usados de vários modos. Eles não são partes essenciais do animal representado, apesar do campo 6 poder ser utilizado com o propósito de mostrar partes das costas, e o campo 7 poder ser utilizado para uma representação dos antebraços. Neste estilo, podemos distinguir, no centro largo, uma faixa central, consistindo nos elementos numerados 6, 2, 3, 4 e duas faixas laterais 5, 1, 7 e 8. Estas seções geralmente se entrelaçam. Em alguns poucos espécimes, os limites externos do campo 3 atravessam a borda inferior de modo a formar uma linha geral contínua com os limites exteriores do campo 4.

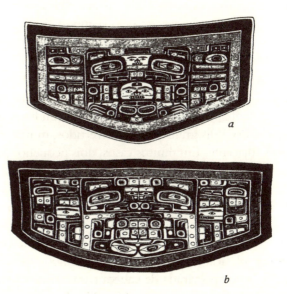

Figura 269 Cobertores Chilkat.

Exemplos deste tipo são mostrados nas figuras 202 e 269. Nelas, a figura animal no centro aparece muito claramente. Percebe-se que os olhos grandes do animal sempre têm um desenho de bochechas ligado a eles. Eles também aparecem na figura 203, um cobertor que pertence à mesma classe, mas cuja parte inferior é um corpo e uma cauda que pertencem muito menos distintivamente à cabeça grande. A redução do campo 7 e sua extensão à margem inferior é rara em outros espécimes. Na figura 202, o campo 7 é ocupado pelas mãos erguidas do animal, enquanto na figura 269a ele é ocupado por um desenho de asa. A moldura retangular envolvendo o corpo na figura 269b é uma característica excepcional que eu vi apenas em mais um outro cobertor moderno.

Figura 270 Cobertores Chilkat.

Podemos distinguir um subtipo no qual a parte inferior é tratada de modo diferente (fig. 270*a*). Os dois olhos do campo 4 são do mesmo tamanho que os do campo 1. Deste modo, produz-se uma impressão mais simétrica, mas às custas da unidade da forma animal. Este tratamento serve para uma separação mais forte dos campos 5, 1, 7, 8 em relação aos campos 6, 2, 3, 4, de modo que o campo central inteiro parece estar dividido em três seções (cf. fig. 204). A figura 270*a* decididamente é influenciada pelo segundo tipo de cobertor; os quatro olhos têm aproximadamente o mesmo tamanho e estão dispostos simetricamente ao redor de uma face central.

A característica fundamental do segundo tipo de cobertores é um rosto central colocado um pouco mais alto do que no tipo anterior, de modo a formar exatamente o centro do campo inteiro. Em lugar dos olhos grandes no topo, encontramos dois grandes olhos invertidos, muitas vezes sem o desenho de mandíbula adjacente. Em muitos casos, dois pequenos padrões circulares, ou pequenos desenhos de olhos, ocupam o centro da borda inferior. Eles podem muitas vezes ser identificados com a narina da cabeça à qual os dois olhos inferiores grandes pertencem. Este padrão é muito mais simétrico que o anterior, mas seu simbolismo é muito mais obscuro. Eu suponho que a posição invertida do olho na borda superior deve-se essencialmente à tentativa de obter uma simetria maior. Para uma explicação, é necessário que os olhos superiores sejam vistos como alguma parte do corpo virada de cabeça para baixo. Exemplos característicos deste tipo são mostrados nas figuras 103 e 271. Nelas, os campos à direita e à esquerda da face central são tratados, na primeira, como um rosto em perfil; e na segunda eles são decorados com um desenho de pena tapa-buraco. A figura 272 recebe um tratamento um pouco diferente em comparação com a figura 270. Em ambas, um rosto grande ocupa todo o centro do desenho, envolvido pelos quatro olhos grandes e com os espaços laterais preenchidos por desenhos de penas.

Na figura 273, os olhos superiores foram movidos para o centro e o desenho de olho foi expandido num perfil que ocupa a margem superior inteira do campo central. Na figura 273*b*, os campos laterais perto do rosto central são ocupados pelos dois lados da barbatana dorsal, de modo que aqui enxerga-se bem claramente a forma de uma baleia.

O esquema geral dos painéis laterais estreitos também é bastante definido. Nós encontramos em praticamente todos os cobertores um desenho de olho – parte do perfil da cabeça de um animal – no canto superior externo, outro desenho de olho perto da borda inferior, geralmente quase no meio do campo lateral. A posição do desenho de olho inferior é muito mais irregular do que a do superior. Em geral, temos a impressão de um animal cujo corpo se estende ao longo da borda exterior do cobertor, com a cabeça ocupando o centro do painel, enquanto o pé ou a cauda é mostrado ao longo da borda inferior. Deixa-se assim um espaço no meio, perto do painel central, que não pertence essencialmente à forma do animal.

Figura 271 Cobertores Chilkat.

Figura 272 Cobertor Chilkat.

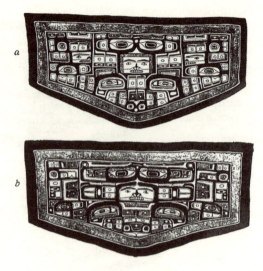

Figura 273 Cobertores Chilkat.

Em ambos os tipos fundamentais, os espaços interpostos que não são preenchidos pelos desenhos de olhos grandes, o corpo, a cauda e as extremidades são preenchidos com vários padrões que dependem apenas em parte da seleção do animal a ser representado, sendo determinados primariamente por considerações estéticas.

Figura 274 Frente, fundo e lado de uma caixa pintada.

Os lados largos de caixas retangulares têm o mesmo desenho fundamental do primeiro tipo de cobertor; um animal com uma cabeça enorme na borda superior, com o corpo ocupando o centro abaixo dele. Uma diferença bastante consistente entre os tipos de cobertores e caixas é que a borda inferior do rosto grande é curva nas caixas e reta nos cobertores. Eu acredito que a diferença seja resultado do desejo de evitar um paralelismo excessivo. No cobertor, a linha inferior reta da cabeça se destaca das curvas da parte superior da cabeça e do ângulo na borda inferior do cobertor, enquanto nas caixas uma linha média reta pareceria destacada das bordas superior e inferior paralelas da caixa. Os painéis laterais do cobertor correspondem, de certo modo, às faixas laterais estreitas na frente das caixas longas (fig. 274*a*), que são caracterizadas por vários elementos decorativos. Deste modo, surgem cinco campos na borda inferior da frente da caixa. O do meio é ocupado pelo corpo do animal central; os cantos são ocupados pelos desenhos de olhos que formam a base das faixas laterais. Entre eles, restam espaços que muitas vezes são preenchidos com desenhos que representam as patas dianteiras ou traseiras do animal central. Por causa da mudança dos olhos, a divisão em cinco campos não aparece tão claramente na figura 275. O lado traseiro da figura 276 é tratado diferentemente; no campo inferior o corpo é omitido e os dois olhos são colocados no meio, resultando numa divisão em quatro da área inteira sob a boca. Um tratamento semelhante é dado a uma frente (fig. 277) em que os olhos são colocados nos cantos enquanto o meio é ocupado pelos dois lados de uma cauda que, entretanto, é tratada como o rosto de um gavião. O caráter arbitrário dos detalhes aparece muito claramente neste arranjo.

Figura 275 Frente de caixa pintada e entalhada.

Figura 276 Quatro lados de uma caixa pintada, Tlingit.

Figura 277 Quatro lados de uma caixa pintada, frente numa escala maior, Tlingit.

Os lados estreitos das caixas geralmente são pintados com um desenho análogo ao desenho central da frente, com a diferença que os painéis laterais não estão presentes e que a cabeça é mais comprimida. Em vários casos, os lados curtos são tratados diferentemente, como mostrado na figura 276. Muito raramente os lados curtos contêm uma figura em perfil que não ocupa a largura inteira do seu lado (fig. 277).

Há também várias caixas baixas que são tratadas de maneira um tanto diferente. Por causa da pouca altura dos lados, a borda inferior da cabeça é desenhada reta, de modo que um painel retangular estreito surge ao longo da borda inferior (fig. 278). Neste espécime os olhos são mantidos; o rosto central no campo inferior supostamente representa o corpo, ao qual estão ligados os braços e as mãos. Entretanto, na maioria dos espécimes deste tipo a seção inferior foi quase inteiramente suprimida; o rosto superior grande é retido, mas abaixo dele encontramos apenas poucos ornamentos que só podem ser interpretados como tapa-buracos (fig. 279).

Figura 278 Frente e lado de uma caixa pintada.

Há também várias caixas baixas em que o corpo é suprimido totalmente. Elas contêm, essencialmente, o desenho da cabeça grande com algumas características decorativas nos lados, e os olhos nos cantos superiores (fig. 279).

O arranjo das caixas longas é tal que o centro da boca, ou um ponto um pouco abaixo dele, é o centro do campo decorativo (fig. 274-276). Uma linha desenhada do centro da borda inferior para os cantos superiores passa quase sempre ao longo do canto da boca e muitas vezes também através da curva fechada no contorno superior externo da face. Quando o campo central ao longo da borda superior é largo de modo a alcançar a curva superior que limita a boca, o olho é mostrado em perfil (fig. 274*b*, 276 fundo). Quando o campo central consiste apenas num ângulo agudo curto, há um olho duplo (fig. 274*a*, 275, 276 frente, 277).

O arranjo geral de linhas na caixa é tal que as curvas superiores da face são fortemente curvadas para baixo. A curvatura diminui mais abaixo; e em algumas caixas, por exemplo naquelas mostradas nas figuras 275 e 276 fundo, há uma tendência para um arranjo de linhas convexo para cima.

Figura 279 Frente, fundo e lado de caixas entalhadas.

As decorações de olhos sempre são colocadas de modo a não estarem dispostas em linhas retas. Percebe-se que nas melhores caixas, elas formam curvas que interseccionam as linhas pretas do desenho. Na figura 274*a*, os olhos nos cantos inferiores e na boca são colocados de modo a formar uma curva contínua; na figura 274*b*, a disposição dos olhos nos cantos superiores, os olhos na cabeça grande e os na boca formam uma curva bastante regular.

Nas caixas quadradas onde apenas um lado da face é mostrado em cada lado (fig. 280), o corpo é de tamanho muito reduzido. Na maioria delas, a cabeça grande é limitada abaixo por uma linha reta, enquanto nas caixas longas que contêm a face inteira na frente, a linha inferior da face é curva. Em apenas uma delas (fig. 278) encontramos a face limitada abaixo por uma linha reta.

Na figura 280*a*, os dois lados mostrados à esquerda são ocupados por uma cabeça grande no topo, correspondendo aos campos 1, 2 e 5 nos cobertores. A orelha (5) é de tamanho muito reduzido. O bico afiado no meio indica que trata-se do gavião. Abaixo dele, vemos um campo pequeno correspondente ao campo 3 nos cobertores, e abaixo dele uma face com seus dois olhos, correspondente ao 4. O campo 7 é ocupado pelos braços, indicados pela linha curva que vai do ombro até o pulso da mão erguida. Todo o campo lateral do cobertor está condensado na faixa estreita à direita e à esquerda da face e do corpo. Os desenhos nos cantos superiores são claramente ornamentais e não representam nenhuma parte particular da cabeça; os olhos nos cantos inferiores são considerados patas e dedos; os olhos grandes acima dos cantos inferiores, juntas dos joelhos. Os dois lados da caixa mostrados no lado direito correspondem em todos os detalhes àqueles no esquerdo, com exceção da boca, que é tratada de modo muito diferente; as narinas são mostradas no centro.

Figura 280 Caixas entalhadas.

Figura 281 Caixa entalhada, Tlingit.

Na figura 280*b* a parte inferior do lado decorado é de tamanho muito reduzido e os campos marginais são simplificados. A cabeça pode representar um gavião; os olhos nos campos inferiores são excepcionais por não estarem colocados nos cantos, mas sim perto do corpo, e podem ser considerados juntas do tornozelo, e abaixo deles estão os dedos das patas. Os desenhos de olhos nos cantos superiores substituem as orelhas. A redução do corpo é ainda mais notável na figura 281; aqui os desenhos de olhos e as curvas adjacentes na margem superior são claramente tapa-buracos; o corpo foi completamente dissolvido. Os olhos nos cantos inferiores com a curva baixa ligada a eles mostram uma tentativa de representar uma nadadeira. O caráter comum destes três espécimes é a linha divisória horizontal abaixo da boca e (com exceção da face na fig. 281) a tendência geral a um arranjo simétrico de linhas nos campos superior e inferior. As linhas no campo superior apontam do meio para baixo, e as no campo inferior do meio para cima.

Figura 282 Bandejas entalhadas.

Há vários desenvolvimentos peculiares dos desenhos de cabeça e de corpo usados em pequenas bandejas de comida, cujos lados são dobrados a partir de uma única tábua. Num grupo delas (fig. 282), os dois lados estreitos representam, na frente, a cabeça do animal; no lado oposto, a cauda. Isto aparece mais claramente nas figuras 282*b* e *d*; ambas representam o castor. Na figura 282*d* a cabeça e a cauda do castor estão perfeitamente claras. Na figura 282*b* há uma confusão considerável; o corpo do castor recebe abaixo dois braços humanos e acima dele está indicada a cabeça grande característica. A cauda é mostrada no lado oposto curto, junto das pernas traseiras e os dois olhos desconectados que normalmente formariam as juntas dos quadris e estariam ligados à ponta superior das coxas. Em todos estes espécimes 282*a*, *b* e *c*, os outros lados mostram uma face invertida. Isto surge evidentemente de modo que os olhos representem, numa ponta, as juntas dos ombros e, na outra, as juntas dos quadris, mas, em vez de desenvolver os lados como pernas dianteiras e traseiras, os olhos invertidos levaram ao desenvolvimento de um desenho de rosto que não tem nenhuma relação particular com o animal representado. Em outras palavras, percebemos aqui, assim como em muitos outros lugares, que elementos que são parcialmente derivados de representações de partes de animais assumiram uma função puramente decorativa de modo que uma explicação dos detalhes se torna, em grande parte, arbitrária. A decoração geométrica do lado longo da figura 282*d* também é derivada das juntas dos ombros e dos quadris, mas em vez de partes de um rosto, temos desenhos de fendas preenchendo o resto do lado.

As bandejas mostradas na figura 283 são do mesmo feitio das que mostramos anteriormente, a única diferença sendo que, nos lados longos, as juntas dos ombros, o joelho e o pé são mostrados do modo costumeiro. Os membros traseiros são representados aqui no lado curto, onde as juntas dos quadris são mostradas por dois olhos grandes na parte superior do desenho. Entretanto, observa-se que nestes casos também há uma quantidade considerável de uso arbitrário de elementos decorativos que não têm nenhuma significância particular e que devem ser considerados apenas como tapa-buracos. Isto aparece mais claramente na figura 283*e*, que representa um prato com um desenho de um ser humano. Aqui os braços são representados nos lados longos, e a junta do ombro por um olho que, entretanto, recebe pálpebras. O espaço abaixo do olho está preenchido com uma boca que não tem função nesta posição. Ela evidentemente foi introduzida do mesmo modo que os rostos em perfil que servem como tapa-buracos nos cobertores. O espécime mais distintivo deste tipo é mostrado na figura 283*f*. Ele representa um castor, com o rosto indicado por olhos, boca e orelha desconectados; o nariz mostra a forma de uma das placas de cobre convencionais usadas pelos índios da costa noroeste, enquanto o rosto no meio da borda superior é puramente ornamental. O lado curto oposto mostra muito claramente uma cauda, quadril, pernas e patas, e no lado longo também a grande junta do ombro na forma de um olho com orelha; o braço e a pata são mostrados distintamente, mas também aqui, através da adição de quatro dentes, a junta do ombro é elaborada na forma de um rosto; os olhos nos cantos do campo longo são puramente ornamentais.

Figura 283 Bandejas entalhadas.

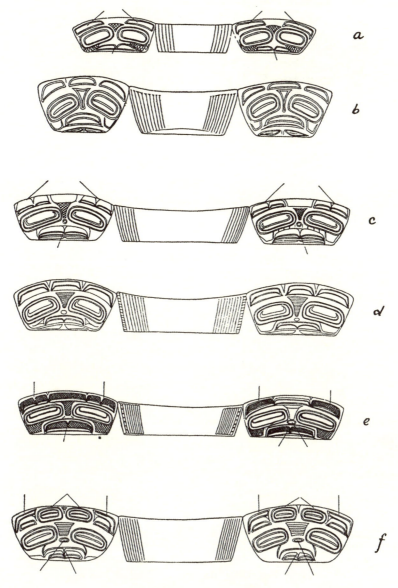

Figura 284 Bandejas entalhadas.

Ao mesmo grupo pertencem também as bandejas entalhadas feitas de um único pedaço de madeira, mostradas na figura 284. Aqui temos apenas o desenho da cabeça, que é ajustado à curvatura da borda superior do campo decorativo. As linhas do rosto são desenhadas para se conformarem ao campo decorativo.

Figura 285 Desenhos em armadura Tlingit.

Observa-se que os olhos da cabeça grande nos cobertores são quase sempre horizontais, enquanto aqueles nas caixas e bandejas são fortemente inclinados. Eu suponho que isto ocorra devido à tendência de evitar o acúmulo de linhas paralelas.

O desenho de cabeça grande encontrado nos cobertores e caixas também ocorre nas pinturas no centro da frente da armadura de ripas. Faltam os painéis laterais, e o desenho consiste simplesmente na cabeça com ombro, braço e mão ligados a ela (fig. 285).

Várias bandejas de comida quadradas, feitas de um único pedaço de madeira, não são decoradas de acordo com este esquema. O rosto, que consiste em duas metades simétricas, é substituído por uma série de perfis (fig. 286); os lados curtos e altos têm o olho grande no canto superior esquerdo e a boca no canto inferior direito. O desenho nos lados longos representa os lados do corpo. Os olhos grandes representam, supostamente, a junta dos ombros e são colocados no centro do lado; o pulso e os dedos estão no canto inferior esquerdo. O significado do desenho no canto superior direito não está claro. A distribuição geral dos elementos dos desenhos é evidentemente determinada pela posição central dos olhos grandes.

Figura 286 Bandeja pintada.

As caixas mostradas na figura 287 ilustram que existe ainda um outro padrão usado em caixas quadradas. Todos os quatro lados das duas caixas mostradas nas figuras 287*a* e *b* são divididos em quatro retângulos de tamanho desigual. É muito evidente que em 287*a* a parte inferior do primeiro e terceiro lados representa pernas e patas. Um desenho de asa distinto aparece no retângulo superior esquerdo do quarto lado, mas, tirando essa exceção, o arranjo dos elementos é tão arbitrário que é impossível chegar a uma interpretação segura. Eu recebi uma interpretação da caixa mostrada na figura 287*b*. Apesar de ter sido concedida por Charles Edensaw, um dos melhores artistas entre os haidas, eu a considero completamente fantasiosa. O primeiro lado à esquerda corresponde ao terceiro, oposto a ele na caixa. O segundo lado corresponde ao quarto. Edensaw explicou o desenho como as quatro interpretações do corvo como herói cultural. Ele afirmou que o retângulo superior direito do primeiro lado representa a cabeça do corvo com a orelha sobre ela; o olho grande à esquerda dela, no canto superior esquerdo, seria o ombro, e abaixo dele a asa e a cauda. Ele interpretou o desenho no canto inferior direito como a pata; os dedos estão claramente visíveis no canto inferior direito deste campo. Ele afirma que a cabeça virada de cabeça para baixo no retângulo superior esquerdo do segundo lado representa a cabeça do corvo e, sob ela, a mão; o corvo seria concebido como um ser humano. O retângulo no canto superior direito contém o ombro; o canto inferior direito abaixo dele, a cauda; e o canto inferior esquerdo, a perna e a pata.

Figura 287 Caixas pintadas.

Figura 288 Colheres de chifre com entalhe nas costas; *a*, representando monstro marinho; *b*, gavião; *c*, castor (?); *d*, corvo; *e*, orca; *f*, corvo; *g*, dlia (?); *h*, sol.

A caixa mostrada na figura 287*c* está relacionada ao desenho geral da figura 287*b*. As linhas um tanto inclinadas entre os campos superior e inferior ocorrem em ambos os casos, mas a divisão vertical de cada lado, característica do espécime que acabamos de descrever, não está presente neste último espécime.

Também podemos observar um arranjo formal bastante fixo em colheres de chifre moldadas a partir de uma única peça (fig. 288). Nas costas da colher temos um desenho, cujo centro é um rosto grande. Em muitos espécimes, o espaço acima do olho é preenchido por dois desenhos de orelhas que são duplicados e extraordinariamente grandes devido ao espaço que têm que preencher. Nestes espécimes, o espaço entre as orelhas é tomado por uma faixa decorada estreita. Em algumas formas mais simples, partes da concha da colher não são decoradas.

Figura 289 Prato de chifre de carneiro selvagem representando o urso.

Um exame mais cuidadoso dos objetos decorados mostra que mesmo deixando de lado o uso decorativo de motivos simbólicos, elementos geométricos não estão ausentes de modo nenhum. O uso mais notável de formas geométricas é encontrado em bandejas de madeira, que têm nas pontas os rostos característicos, mas que são decoradas nos lados por grupos de linhas paralelas curtas (fig. 284, p. 259). O padrão de linha e círculo no prato (fig. 168, p. 189) ilustra também o uso de formas geométricas para propósitos decorativos. Na colher de frutas (fig. 215, p. 216), o espaço deixado vago pelo desenho simbólico é preenchido com uma rede de linhas cruzadas. Este espécime mostra que a hachura que ocorre em muitos espécimes – na cauda de castor (fig. 157, p. 184), em colheres de frutas (fig. 182, p. 194), em colheres (fig. 189, p. 198) e muitas vezes em vermelho e preto como tapa-buraco em caixas (fig. 274, p. 250) tem um valor decorativo mesmo quando recebe simultaneamente um significado simbólico. O prato de chifre de carneiro selvagem (fig. 289) mostra uma cabeça de urso em cada ponta. Ao mesmo tempo, ele tem uma borda decorativa que parece imitar a borda de uma cesta e é puramente ornamental. Ela serve para fechar a borda para que ela não termine de maneira abrupta. Um recurso semelhante é usado numa máscara kwakiutl (fig. 290). Apesar do ornamento circundante ser explicado como um aro feito de casca de cedro torcida e retalhada, ela é obviamente essencialmente ornamental. Os desenhos circulares e em espiral exibem mais claramente o caráter ornamental.

Não parece improvável que o estilo simbólico e o desejo de cobrir o campo inteiro com ornamentos tenha se desenvolvido de modo exuberante apenas recentemente. Em períodos mais antigos, os ornamentos geométricos provavelmente eram usados mais amplamente do que são agora. Logo veremos que eles são muito usados na cestaria.

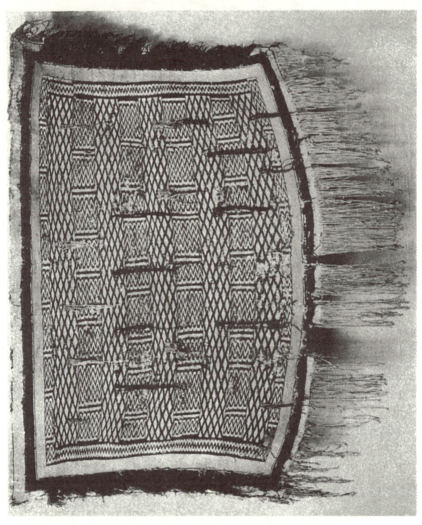

Lâmina X Cobertor Chilkat.

Lâmina XI Cobertor de casca de cedro, Colúmbia Britânica.

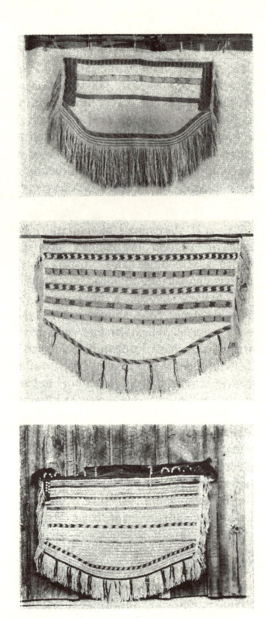

Lâmina XII Cobertores de lã de cabrito montês. Bella-Coola, Colúmbia Britânica.

Vários cobertores antigos mostram que ornamentos geométricos angulares tinham um papel importante na tecelagem antiga. A lâmina X representa um cobertor de lã de cabrito montês, no Museu Etnológico de Copenhague, que pertencia anteriormente às coleções antigas de Leningrado[20]. Ele é completamente decorado com desenhos geométricos dispostos em faixas horizontais. O mesmo padrão de zigue-zague em painéis curtos que ocupa faixas alternadas neste cobertor aparece num segundo cobertor antigo (lâmina XI) que também contém rostos curiosamente convencionalizados e desenhos triangulares. Este é um cobertor de casca de cedro no Museu Britânico transferido do Museu United Service cerca de 1868, coletado em Nootka. Ele tem uma borda em lã marrom e amarela (?) que consiste em triângulos obtusos, assimilados a um desenho de olho. Uma série de fotografias de cobertores nas mãos do Dr. Newcombe de Victoria, Colúmbia Britânica, mostra que estes tipos eram de uso comum em Bella-Coola (lâmina XII, cf. tb. 277-279).

Figura 290 Máscara de índios kwakiutls usada em cerimoniais de inverno; para alguns representando o dançarino tolo, para outros Aquele-Que-Brilha-Em-Cima.

Nossa consideração dos elementos formais fixos encontrados nesta arte prova que os princípios da forma ornamental geométrica podem ser reconhecidos mesmo nesta arte simbólica altamente desenvolvida; e que não é possível designar a todo e qualquer elemento derivado de motivos animais uma função significativa, já que muitos deles são empregados independentemente do significado e utilizados para propósitos apenas ornamentais.

A decoração simbólica é governada por princípios formais rigorosos. Parece que aquilo que chamamos de, por conveniência, secção e distorção de formas animais é, em muitos casos, um encaixe de motivos animais em padrões ornamentais fixos. Nós inferimos, a partir de um estudo de forma e interpretação, que há certos padrões puramente geométricos que foram utilizados na representação simbólica. Entre eles, os mais importantes são a curva dupla que sempre aparece como um tapa-buraco num campo oval com base plana, e a fenda que serve para separar curvas distintas. O desenho de olho típico está supostamente relacionado ao círculo e ponto e pode ter se desenvolvido a partir da tendência dupla de associar motivos geométricos a formas animais e de padronizar formas derivadas de motivos animais como elementos ornamentais.

---

20. Hoje, São Petersburgo [N.T.].

Este estilo artístico só pode ser completamente compreendido como uma parte integral da estrutura da cultura da costa noroeste. A ideia fundamental subjacente aos pensamentos, sentimentos e atividades destas tribos é o valor da posição que dá direito ao uso de privilégios, e a maioria destes encontra expressão em atividades artísticas ou no uso de formas de arte. A posição social concede o privilégio de usar certas figuras animais como pinturas ou entalhes na frente da casa, em totens, em máscaras e nos utensílios da vida cotidiana. A posição social dá o direito de contar certas histórias sobre aventuras ancestrais; ela determina as canções que podem ser cantadas. Há outras obrigações e privilégios relacionados à posição social, mas a característica que mais se destaca é a associação íntima entre posição social e formas de arte. Uma relação semelhante, apesar de não tão íntima, existe na relação entre atividades religiosas e manifestações artísticas. É como se a ideia heráldica tivesse dominado a vida inteira, permeando-a com a sensação de que a posição social deve ser expressa em todos os momentos pela heráldica, que, entretanto, não está confinada apenas a formas espaciais, estendendo-se à expressão literária, musical e dramática. Quem pode dizer se a associação entre a posição social e o uso de certas formas animais – ou seja, o aspecto totêmico da vida social – deu o ímpeto principal ao desenvolvimento artístico ou se o ímpeto artístico desenvolveu e enriqueceu a vida totêmica? Nossas observações sugerem que seja plausível que o desenvolvimento simbólico particular da arte não teria ocorrido se as ideias totêmicas estivessem ausentes e que lidamos com a intrusão gradual de motivos animais cada vez mais completos numa arte convencionalizada bem-estabelecida. Por outro lado, parece bastante certo que a exuberância da forma totêmica foi estimulada pelo valor dado à forma artística. Podemos observar entre todas as tribos que os grandes chefes reivindicam formas de arte altamente especializadas que são construídas a partir do pano de fundo geral da representação totêmica. No sul, há evidências claras do desenvolvimento exuberante posterior da ideia totêmica, ou, talvez melhor, da ideia de timbre, devido à tentativa forte de elevar, através da posse de formas de arte, a posição das unidades sociais às quais o indivíduo pertence. A multiplicidade de formas entre as várias pequenas divisões dos kwakiutls e o aparecimento esporádico de formas animais entre os salishes próximos a eles são grande prova destas relações.

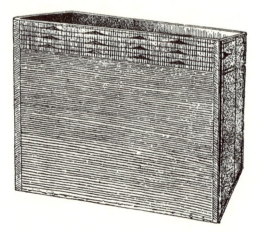

Figura 291 Tipo antigo de caixa kwakiutl.

O estilo, sem dúvida, surgiu no norte da Colúmbia Britânica e no sul do Alasca. As manufaturas das tribos da Ilha de Vancouver mostram um uso muito mais extensivo da ornamentação geométrica do que as das tribos mais ao norte. Eu tenho a impressão de que estas são sobreviventes de um estilo mais antigo. Bandejas, caixas e cestas dos índios kwakiutls ainda são decoradas com padrões geométricos. Um chocalho usado numa cerimônia realizada depois do nascimento de gêmeos (fig. 19, p. 35) tem um padrão que consiste em campos angulares. Caixas antigas encontradas em cavernas são ornamentadas com um estilo geométrico mais elaborado do que o de tempos modernos (fig. 291).

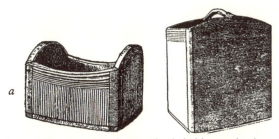

Figura 292 *a*, Bandeja de comida; *b*, balde, Kwakiutl.

Figura 293 Caixas pequenas, Kwakiutl.

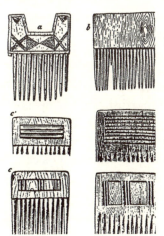

Figura 294 Pentes, Kwakiutl.

Figura 295 Clava de osso e espada, Kwakiutl.

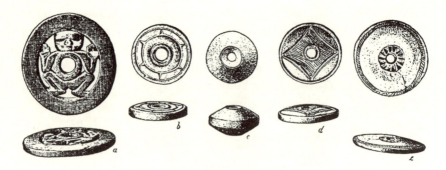

Figura 296 Polias de roca.

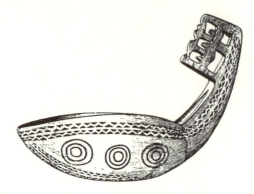

Figura 297 Concha feita de chifre de carneiro selvagem, Rio Colúmbia.

As pequenas bandejas de comida, cujos lados são feitos a partir de uma única tábua, têm na ponta superior um padrão de borda que consiste em linhas equidistantes que seguem a borda, enquanto o corpo dos lados é ornamentado com linhas verticais (fig. 292a). Encontramos um padrão de borda semelhante em baldes (fig. 292b). Em caixas, um desenho de borda é cortado para destacar o campo central (fig. 293). Pentes são decorados com motivos geométricos cuja maioria consiste num campo retangular central separado do fundo por linhas paralelas ou desenvolvido por uma subdivisão do campo. Num caso, triângulos e linhas cruzadas com hachuras são usados (fig. 294). Numa espada de osso, a decoração consiste em círculos com um centro, um padrão distribuído amplamente entre os esquimós ocidentais, as tribos do planalto do interior e na Califórnia (fig. 295). Percebe-se que a cabeça entalhada na ponta deste espécime não se conforma de modo nenhum ao estilo de arte discutido aqui, e sim com os entalhes encontrados na região do Golfo da Geórgia e do estuário do Puget. Um outro espécime (fig. 295) é ainda mais diferente do estilo da arte da costa noroeste, e se parece com o estilo das tribos do interior.

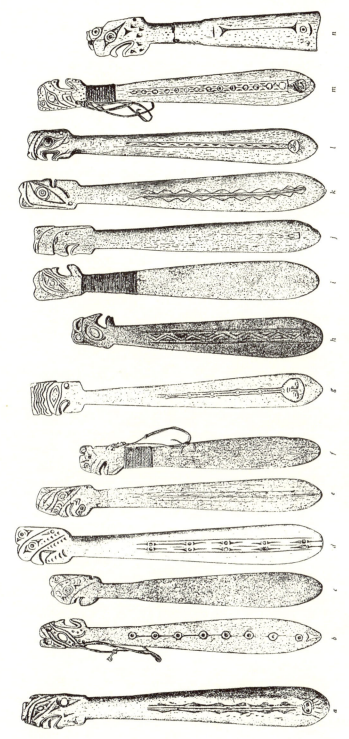

Figura 298 Clavas feitas de osso de baleia, Nootka.

271

Na arte da costa oeste da Ilha de Vancouver, em alguns espécimes antigos dos kwakiutls e particularmente em toda a área do Golfo da Geórgia, um motivo triangular análogo ao *"Kerbschnitt"*[21] do norte da Europa tem um papel importante. Ele é encontrado nas caixas kwakiutls antigas a que me referi anteriormente (fig. 291), e é um motivo decorativo comum em clavas feitas de osso de baleia (fig. 298). Um motivo relacionado é encontrado em polias de roca (fig. 296). Ele também é encontrado em entalhes de madeira representativos, como no desenho de águia numa viga de casa do delta do Rio Fraser (lâmina XIII, p. 275). Na região ainda mais ao sul, este ornamento se torna cada vez mais importante, como pode ser visto em pratos e colheres da área do Rio Colúmbia. Neles também ocorre o desenho circular com ponto central (fig. 297).

Vários espécimes antigos provam a existência de um estilo artístico fixo nesta região, representativo, mas de caráter diferente do estilo da costa noroeste. O melhor modo de ilustrar isto é através de uma série de clavas de guerra. O tipo fundamental é uma lâmina de corte transversal lenticular que tem, no topo, uma cabeça parecida com a de uma águia, que tem em sua cabeça um cocar de cabeça de pássaro semelhante ao que é usado pelos nootkas de hoje em dia[22]. Em todos os espécimes representados nas figuras 298 e 299 reconhecemos esta forma fundamental, ainda que em muitos casos os contornos sejam tão grosseiros que é difícil reconhecer os elementos da composição. É possível que em vários destes entalhes a intenção não tenha sido representar a águia com cocar de pássaro, mas sim que a forma se deve à influência de uma forma padronizada que determinou os contornos do assunto da representação. Também é comum a estas clavas a linha ornamental central que termina perto da ponta num ornamento circular que muitas vezes recebe a forma de uma cabeça humana.

---

21. Estilo de entalhe característico dos povos germânicos da Alta Idade Média [N.T.].

22. Cf. SMITH, H.I. "Archaeology of the Gulf of Georgia and Puget Sound". *Publications of the Jesup North Pacific Expedition*, vol. II, fig. 165-168.

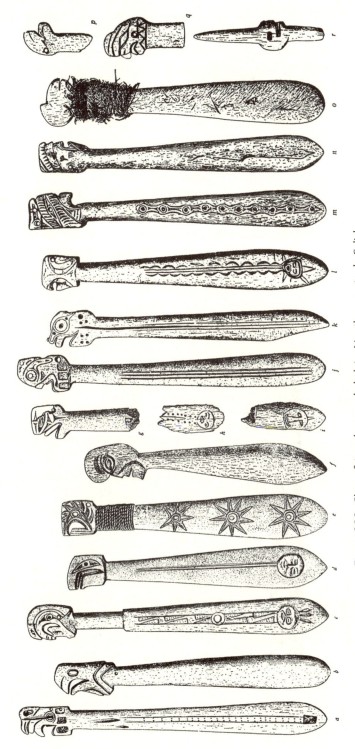

Figura 299 Clavas feitas de osso de baleia. Nootka e costa de Salish.

As representações de animais em entalhes em madeira também exibem diferenças em características importantes daquelas da região do norte. A tendência a ornamentar o corpo todo e a aversão a fundos simples não são encontradas aqui. Se estivermos corretos em pressupor que o desenvolvimento mais completo de uma ornamentação rica no norte é tardio, poderíamos dizer que no sul a ornamentação ainda não ocupou o fundo completamente. O desenho de olho, a curva dupla e a fenda são desconhecidos nesta área. Em vez de vigas de casas entalhadas de modo arredondado, encontramos vigas pesadas de corte retangular que têm na frente figuras entalhadas arredondadas ou em alto relevo. Às vezes a viga assume formas geométricas. Um traço característico do rosto humano nesta região é o ângulo proeminente separando a testa do rosto. Isto é mais evidente nos entalhes da região do estuário do Puget (fig. 300 e lâmina XIII).

No estuário do Puget, as representações animais são usadas com grande frequência na cestaria, particularmente como bordas ornamentais. Antigamente, elas também eram aplicadas a chapéus (fig. 301, cf. tb. fig. 72, p. 87). Este estilo parece estar completamente ausente no norte.

Figura 300 Vigas de casas, baixo Rio Fraser.

Atualmente, os kwakiutls aplicam o estilo simbólico a pinturas de casas, vigas de casas e máscaras. A habilidade dos artistas não é inferior à que encontramos nas tribos do norte, mas o assunto difere razoavelmente de acordo com a diferença em conceitos mitológicos. As distorções na pintura são até mais ousadas do que as dos haidas, mas eu não observei a mesma tendência de entrelaçar várias formas animais como ocorre em cabos de colheres e totens das tribos do norte. Em totens e vigas de casas, as figuras são colocadas uma acima da outra, mas permanecem separadas. As máscaras são pintadas de modo tão elaborado quanto as das tribos do norte. Ocorrem máscaras duplas e anexos giratórios. Resumindo, a arte decorativa dos objetos que são estritamente relacionados ao uso em cerimônias totêmicas ou semelhantes tem o estilo do norte, enquanto objetos da vida cotidiana tendem a ter ornamentação geométrica. O uso de formas animais em pratos grandes (cf. fig. 198, p. 204) é um traço característico desta região.

Lâmina XIII Viga de casa perto de Eburne, delta do Rio Fraser, Colúmbia Britânica.

A tradição histórica confirma nossa afirmação de que o tipo de arte do norte foi introduzido recentemente entre os kwakiutls. Em tempos antigos, as paredes das casas eram construídas com tábuas horizontais sobrepostas que não permitiam pinturas, exceto em tábuas separadas. Índios idosos afirmam que até cerca de 1860 as vigas das casas eram tábuas pesadas com entalhes em relevo ou pinturas – como as que conhecemos do Rio Fraser, e que apenas as máscaras eram do mesmo tipo das que são utilizadas agora.

Figura 301 Cesta, baixo Chehalis.   Figura 302 Desenhos em esteiras, Kwakiutl.

Apesar de representações realistas serem raras entre as tribos do norte, elas são encontradas com bastante frequência entre os kwakiutls. Elas são principalmente caricaturas feitas e exibidas com o propósito de ridicularizar um rival. Já me referi a uma cabeça usada numa *performance* cerimonial (fig. 156, p. 183).

Eu afirmei que na cestaria e na fabricação de esteiras a ornamentação geométrica é usada por todas as tribos. Ela é o estilo da arte das mulheres. Em esteiras decoradas, padrões de xadrez são feitos com preto e vermelho no fundo da cor natural da casca de cedro (fig. 302). Os padrões que ocorrem na tecelagem de raiz de bétula são mais elaborados, particularmente em chapéus. Eles são feitos de torcedura, e linhas ornamentais são criadas pulando-se ocasionalmente dois fios da urdidura. Produz-se assim linhas que aparecem erguidas sobre a superfície da tecelagem normal. Os desenhos mais frequentes feitos desta forma consistem numa série de losangos e de linhas em zigue-zague. Às vezes estes chapéus também são pintados. Neles, o padrão tecido desaparece quase completamente sob o desenho pintado (fig. 303).

Figura 303   Chapéu tecido de raiz de bétula, Kwakiutl.

Na costa do Alasca, encontramos o maior desenvolvimento do estilo geométrico.

Os padrões usados nestas cestas consistem em formas angulares, exceto em placas modernas, e possuem nomes[23]. Pela maneira como eles são usados, podemos inferir que não têm nenhuma significância simbólica. Eu ofereço aqui uma seleção deles. A figura 304*a*, *b* e *c*, padrões que consistem em linhas em ziguezague, representam, nesta ordem: a larva de caruncho ou seu rastro (*a*), o raio (*b*), a borboleta (*c*). O retângulo dividido por uma linha oblíqua (*d*) representa rastros do urso; a parte escura do retângulo pode ser interpretada como a sola da pata; a parte clara como as garras. O desenho (*e*) chama-se a flecha; (*f*) o arco-íris; (*g*) ervas que nascem depois da queimada; e (*h*) o capuz do corvo. A figura 305*a* mostra várias representações do triângulo isósceles, sendo algumas idênticas às formas que ocorrem na Califórnia. Todas elas são chamadas de cabeça da *salmonberry*. Os desenhos *b*, *c* e *d* são muito próximos; (*b*) normalmente é usado na faixa central estreita que separa duas faixas de desenhos largos, e se chama "amarrar". Gansos voadores são representados em (*c*); e rastros de ganso em (*d*). O desenho complicado em (*e*) se chama "cauda de corvo"; a relação entre o nome e a forma não está clara; (*f*) mostra várias representações da onda. Os desenhos (*g*) e (*h*) são de placas circulares; (*g*) representa a fronde da samambaia; (*h*) o boto. Neste último caso a relação entre forma e nome é obscura.

---

23. EMMONS, G.T. "The Basketry of the Tlingit". *Memoirs of the American Museum of Natural History*, vol. 3, 1903, p. 229s.

Figura 304 Desenhos decorativos da cestaria Tlingit.

Eu não tenho dúvida de que os desenhos estão muito próximos dos padrões de cobertores a que me referi anteriormente e ao bordado com espinho de porco-espinho das tribos do interior. O desenho da figura 304*h*, por exemplo, é encontrado em forma idêntica na faixa mais baixa do cobertor Bella-Coola no topo da lâmina XII. O arranjo de desenhos em blocos nestes cobertores também é semelhante ao arranjo encontrado neste tipo de cestaria. De fato, a técnica é um tipo de bordado onde o material decorativo é envolto ao redor do fio da urdidura quando a cesta é feita. Os materiais usados são capins e talos de samambaia de cores contrastantes.

As cestas são redondas, em sua maioria com paredes quase retas. O diâmetro é quase igual à altura. Na maioria das cestas usadas para a coleta de frutas silvestres e como receptáculos gerais, os padrões são aplicados em faixas horizontais. A borda da cesta normalmente não é decorada. A tecelagem da borda que prende a urdidura, na maioria dos casos, é muito insignificante e não tem efeito decorativo. O único espécime de faixa decorativa na borda superior que eu conheço não tem um bordado em cores, apenas uma decoração em zigue-zague feita no processo de criação de sarjas descrito anteriormente, semelhante ao padrão da figura 304*h*. A maioria das cestas é decorada por uma faixa larga paralela à borda, que consiste em duas listras largas separadas por uma estreita. Estas faixas são colocadas a uma distância curta da borda superior (lâmina XIV). A distância muitas vezes é quase igual à largura da faixa central. Os desenhos nas faixas largas superior e inferior geralmente são idênticos. A faixa divisória central é, na maioria dos casos, decorada com pequenos elementos dispostos em linhas em zigue-zague. Num número bastante grande de casos, apenas as duas faixas externas são bordadas, enquanto a faixa central não é decorada. Em poucos casos, a faixa central é reduzida a uma única linha de pontos não decorados, de modo a passar a impressão de uma única faixa larga envolvendo a cesta inteira. Em cestas reticuladas para colheres, a faixa central é colocada perto do meio da cesta, enquanto as faixas exteriores são movidas para a borda superior e inferior. Apesar de alguns dos desenhos poderem ser usados como faixas horizontais contínuas, há uma tendência destacada de dividir a circunferência em vários painéis que são separados por linhas retas verticais.

Figura 305 Desenhos decorativos da cestaria Tlingit.

Um número considerável das cestas decoradas com três faixas tem dois ou quatro "bicos", e em alguns casos o desenho do "bico" se repete no desenho superior. O número de repetições do desenho nas faixas é bastante irregular, com alguns dos desenhos grandes sendo repetidos apenas duas vezes. Quando há muitas repetições do desenho na faixa superior e inferior, sua distribuição é geralmente bastante independente, ou seja, os elementos de desenhos superiores e inferiores não se encaixam uns com os outros.

Infelizmente, não há bordados de porco-espinho suficientes para que possamos investigar detalhadamente as relações entre os padrões usados nesta indústria com a cestaria. Os desenhos descritos aqui são semelhantes aos padrões geométricos de cestaria de outras partes da costa do Pacífico e a desenhos que ocorrem no bordado com contas. Eles são completamente estranhos à pintura e aos entalhes descritos nas páginas anteriores.

Lâmina XIV Cestas tlingits.

A cultura da costa noroeste exerceu sua influência sobre as tribos tanto do norte quanto do sul. O trabalho em madeira da região do Rio Colúmbia e do norte da Califórnia foi, sem dúvida, estimulado pelo seu exemplo. Apesar do estilo mudar materialmente, a técnica de lidar com a madeira e a relativa abundância do entalhe em madeira indicam a inter-relação destas culturas. Junto com outras características – como o tipo peculiar de correlação entre riqueza e posição social e o uso extenso de padrões de valor – a relação histórica parece firmemente estabelecida. O estilo artístico do trabalho em madeira não exibe uma afinidade próxima à costa noroeste. Nós mostramos que a arte mais antiga do Golfo da Geórgia é muito diferente da arte da costa noroeste. Quanto mais para o sul, menores são os vestígios do estilo simbólico tratado aqui.

No norte, as condições são um tanto diferentes. Mesmo entre as tribos tlingits do norte, podemos observar alguns tipos de máscaras que são conceptualmente diferentes das encontradas mais ao sul. Elas se caracterizam pela ligação de pequenas figuras animais à face – particularmente na testa e nas bochechas. Este uso é muito mais frequente entre as tribos esquimós[24]. Suas máscaras tendem a ser chatas, e se parecem com representações plásticas de suas pinturas e entalhes: formas realistas de seres humanos ou imaginários ou de animais. Eles adotaram da costa noroeste a ligação de partes do corpo ao rosto, e estas partes – como mãos e pés – mantêm seu caráter realista. A ligação de pequenas formas animais ao rosto é bastante frequente aqui. Sua fonte talvez possa ser encontrada na aplicação de cabeças animais a objetos entalhados, que é uma das características principais da arte decorativa dos esquimós do Alasca. Ela está exemplificada nos estojos de agulhas mostrados na figura 119, p. 131. A abundância de máscaras dificilmente pode ser compreendida se não pressupusermos que os povos costeiros do sul exerceram uma influência poderosa sobre os esquimós. Os esquimós do leste, onde não existe esta influência, têm poucas máscaras, e estas são de um tipo bastante diferente.

A relação da arte da costa noroeste com a dos planaltos adjacentes do interior merece consideração especial. O contraste entre as duas é notável. Algumas tribos que adotaram, pelo menos parcialmente, ideias totêmicas dos povos da costa, como os lillooets, trouxeram junto com elas uma quantidade moderada de entalhes. Algumas que ficaram mais completamente sob controle da cultura da costa noroeste, como os nuxalks, os babines e algumas das tribos perto da costa do sul do Alasca também, em grande parte, adotaram o estilo artístico da costa.

---

24. Cf. NELSON, E.W. "The Eskimo about Bering Strait". *18th Annual Report Bureau of American Ethnology* (1899), lâminas 95s. Cf. tb. as máscaras athapascan de Anvik em CHAPMAN, J.W. "Notes on the Tinneh Tribe of Anvik". *Congrès International des Americanistes XVe session*, vol. 2, p. 7s.

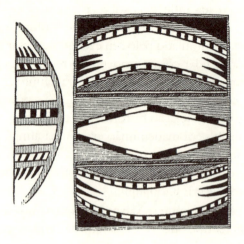 

Figura 306 a, bolsa de couro cru, salish ou chinook; b, desenho de *parfleche*, Forte Colville, Washington.

Assim que nos movemos para o interior, encontramos uma arte que, em suas características essenciais, está sujeita à arte das planícies. O estilo e decoração das roupas são essencialmente os das planícies. Ideogramas rudes são usados extensivamente. Não há quase nenhuma tentativa de encaixar a representação ideográfica ao campo decorativo, que serve meramente como o fundo em que o desenho representativo é convenientemente colocado. A maioria dos padrões geométricos que ocorrem está bastante relacionada a formas orientais. Uma bolsa de couro cru do interior da Colúmbia Britânica (fig. 28, p. 43) pode servir de exemplo. Em *parfleches* e bolsas de couro cru de Forte Colville e do Rio Colúmbia (fig. 306) encontramos os mesmos desenhos característicos de pinturas do leste em couro cru (cf. fig. 144-146, p. 169s.). Formas análogas são encontradas em entalhes de osso dos tahltans no Alasca (fig. 307). Na parte sul dos planaltos da Colúmbia Britânica, linhas simples e círculos com centros são o padrão decorativo mais comum em osso e madeira. A escultura representativa é rara, apesar de alguns espécimes antigos terem sido encontrados. Os restos arqueológicos provam que num período antigo o mesmo tipo de arte prevalecia no delta do Rio Fraser. O simbolismo dos padrões é muito fraco, mas parece análogo ao daquele encontrado no leste.

Figura 307 Raspadeira de ossos, Tahltan.

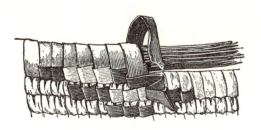

Figura 308 Detalhe de cestaria imbricada.

A arte decorativa é melhor desenvolvida na cestaria. A cestaria das tribos da costa é feita por tecelagem ou sarja, mas a cestaria altamente decorada do interior é exclusivamente do tipo em espiral. Apenas entre os sahaptins e outras tribos do sudeste encontramos sacolas de sarja com decoração elaborada. A tecelagem do interior da Colúmbia Britânica, em grande parte, não é decorada, ou tem apenas algumas linhas destacadas em cores mais claras. A tecelagem em espiral é decorada por imbricação, um método peculiar da parte dos planaltos que vai do Rio Colúmbia até Chilcotin (fig. 308). Nesta área, vários estilos de arte decorativa foram desenvolvidos. Eles aparecem mais claramente nas cestas de carga. As cestas do sul são redondas e se curvam para fora, as do sul da Colúmbia Britânica são angulares em cortes transversais, e as do norte oblongas e de forma irregular. As cestas do sul são todas decoradas com desenhos parecidos com padrões californianos. As do Rio Thompson têm áreas de desenhos destacadas de um fundo não decorado. Os desenhos são feitos por imbricação e se estendem por todo o lado da cesta, uniformemente em todos os lados. As cestas lillooets são mais alargadas que as do Thompson. As espirais são mais largas e o campo decorativo é disposto de modo diferente. A imbricação é confinada aos dois terços superiores da cesta, enquanto a parte inferior não é decorada, exceto pela existência frequente de dois ganchos nos lados largos que podem ser comparados aos ganchos em cestas tlingits descritos anteriormente. Eu tenho dúvidas sobre a existência de uma conexão histórica entre as duas, apesar de sua semelhança notável. Os índios sugerem que os ganchos podem ter se desenvolvido do uso anterior de cestas de casca de bétula. Elas muitas vezes eram amarradas na parte superior com pele de veado, cuja parte interior ficava solta em franjas, e portanto os ganchos representariam a franja. Muitos dos desenhos lillooets são grandes (lâmina XV).

O tipo chilcotin difere dos anteriores pelo tamanho pequeno da espiral e por uma forma distinta, com as pontas estreitas mais altas que o meio dos lados longos. O tratamento do campo decorativo é semelhante ao dos tlingits. A ornamentação consiste em três faixas: a superior e a inferior largas, com o mesmo tipo de desenho decorativo, e a central mais estreita e ou não decorada ou com um desenho de caráter diferente. Arranjos deste tipo são usados tão frequentemente que dificilmente parece justificável considerá-los como prova de uma conexão histórica entre a cestaria tlingit e chilcotin. Encontramos, por exemplo, arranjos semelhantes nas bolsas dos índios dos bosques a que nos referimos na p. 173 (fig. 149, 150).

Lâmina XV Cestas imbricadas da Colúmbia Britânica e de Washington.

6
Literatura, música e dança

Passaremos agora a uma consideração da literatura, da música e da dança. É um fato perceptível que uma arte literária rica é distribuída muito mais universalmente que a arte decorativa bem desenvolvida. Enquanto entre tribos como os bosquímanos e os esquimós do leste encontramos muito poucos objetos manufaturados de valor artístico, estas mesmas tribos produzem obras literárias em abundância. Volumes de folclore esquimó foram coletados, e se não fosse preciso um conhecimento muito íntimo do povo e uma paciência infinita para coletar canções e poemas, seu número sem dúvida se igualaria ao de narrativas. As coleções do folclore bosquímano também são muito extensas. Eu acredito que a razão para esta diferença não é difícil. A arte decorativa requer folga e sossego, e uma residência fixa. É preciso ter a oportunidade de continuar estavelmente o trabalho que requer o uso de ferramentas; ou ao menos deve haver uma chance de colocá-lo de lado e retomá-lo novamente. A vida de caçadores não favorece a dedicação a tais trabalhos. Antes de tudo, as armas do caçador precisam ser mantidas em ordem. A oferta de provisões geralmente é tão escassa, ou a possibilidade de armazenamento para uso futuro é tão limitada, que o caçador é compelido a passar a maior parte de cada dia em busca das presas. Sobra pouco tempo para trabalhos domésticos. Além disso, quando se levanta o acampamento, o que frequentemente é necessário, é difícil levar consigo obras volumosas não terminadas. Não surpreende, portanto, que os bens domésticos do caçador sejam poucos e de fácil transporte. A propriedade de uma família bosquímana pode ser carregada em duas mãos.

As condições em que obras literárias e musicais se desenvolvem são bastante diferentes. Poderíamos imaginar que o caçador também não teria tempo para o trabalho poético, assim como não tem para a manufatura de artigos decorados. Esta opinião se baseia numa concepção errônea do trabalho do caçador. Ele não fica o tempo todo seguindo arduamente os rastros da presa – muitas vezes ele recorre a armadilhas, ou ele simplesmente fica sentado esperando a presa aparecer. O esquimó, por exemplo, senta por horas perto do buraco de respiração da foca. Durante estes períodos, sua fantasia fica livre para vagar e muitas de suas canções se formam durante estes momentos. Há outras ocasiões de inatividade forçada em que o trabalho manual é impossível, mas em que as pessoas podem dar liberdade a suas fantasias. Um exemplo disto aparece claramente em minha mente: um jovem esquimó foi levado ao cair em gelo flutuante. Depois de alguns dias, ele conseguiu retornar a terra. Durante esses dias de perigos e privações, ele compôs uma canção em que zombava de seus próprios infortúnios e das dificuldades que suportou, uma canção que agradou a fantasia das pessoas e logo se tornou popular em todas as aldeias[1].

> Aya! Estou alegre; isto é bom!
> Aya, só tem gelo ao meu redor, isso é bom!
> Aya! Estou alegre; isto é bom!
> Minha terra é só neve suja, isso é bom!
> Aya! Estou alegre; isto é bom!
> Aya, quando é que isto vai terminar? Isto é bom!
> Estou cansado de vigiar e andar, isto é bom!

Precisamos lembrar que a primeira condição para o desenvolvimento dos trabalhos artísticos é o lazer. Não importa a força do impulso artístico, ele não encontrará expressão enquanto o tempo do homem for inteiramente tomado pela busca das necessidades básicas da vida. O caçador paleolítico que pintava as paredes da caverna deve ter sido capaz de separar tempo suficiente do trabalho de obter seu suprimento de comida para se dedicar à alegria de pintar os animais da caça. Nós reconhecemos num estudo dos produtos artísticos de cada povo que a quantidade que eles produzem tem relação direta com o tempo de seu lazer. Portanto, tribos que obtêm seus suprimentos alimentares principais numa estação e os armazenam para o resto do ano e que, portanto, desfrutam de estações de lazer, serão mais produtivas em obras artísticas assim como em questões cerimoniais e em outras manifestações de vida social que não contribuem para a mera necessidade de alimento e abrigo.

Estas condições são mais fáceis de alcançar para as artes que não requerem trabalho manual, e mais difíceis para aquelas baseadas em ocupações industriais; daí a distribuição mais ampla da arte literária.

As duas formas fundamentais de literatura, a canção e a narrativa, são encontradas universalmente e devem ser consideradas a forma primária da atividade literária. A poesia sem música, quer dizer, formas de expressão literária de forma rítmica fixa, é encontrada apenas em comunidades civilizadas, com a possível exceção de fórmulas cantadas. Em formas culturais mais simples, a música da linguagem desacompanhada não parece ser considerada uma expressão artística, enquanto ritmos fixos que são cantados ocorrem em todos os lugares.

---

1. Cf. *Journal of American Folk Lore*, vol. 7, p. 50.

Podemos até reconhecer que em todas as partes do mundo encontramos canções em que as palavras são subordinadas à música. Assim como cantamos melodias sem palavras, ou porque desconhecemos as palavras – ou, mais importante, num estribilho, com vocábulos que consistem em sílabas sem significado –, também canções levadas num estribilho sem significado são encontradas em todas as partes do globo. Elas não costumam ser registradas porque a coleção de material deste tipo é bastante nova, mas os dados que temos provam que a conexão entre canção e estribilho é universal. Os esquimós têm canções levadas com as sílabas *amna aya*, *iya*, *aya* e outras parecidas. Em alguns casos, há uma certa significância emocional inerente ao estribilho, como na costa noroeste da América onde as canções se referem a seres sobrenaturais diferentes, e cada um tem suas próprias sílabas características: o espírito canibal *ham ham*, o urso pardo *hei hei*, e assim por diante. De acordo com a definição costumeira de poesia, talvez devêssemos excluir tais canções, mas isso é impossível porque a transição de canções levadas apenas pelo estribilho para outras que contêm palavras significativas é bastante gradual. Em muitos casos, uma única palavra é introduzida num ponto definido da melodia e cada uma das estrofes contém uma única palavra. Este pode ser o nome do ser sobrenatural ao qual a canção se refere.

Assim, temos na Colúmbia Britânica:

> Ham ham hamaya, Aquele-que-viaja-de-uma-ponta-do-mundo-para-a--outra ham ham.
> Ham ham hamaya, O-grande-canibal-da-ponta-norte-do-mundo, ham ham.
> Ham ham hamaya, Aquele-que-carrega-cadáveres-para-comer, ham ham.

Em outras canções, as palavras significativas são mais elaboradas. Elas são frases que se encaixam nas melodias, muitas vezes com alterações das formas costumeiras das palavras. As palavras são controladas pelas melodias. Posso imitar isto da seguinte maneira:

> Em vez de "*I saw the great spirit travelling about*"[2], poderíamos ter "*I sawhaw the greaheat sp'rit tra'ling 'bout, ham ham*".

Este processo não é desconhecido entre nós, quando usamos a apóstrofe para sílabas que na fala normal não são omitidas, quando expandimos uma vogal longa por vários tons, quando utilizamos pronúncias arcaicas pelo bem da metragem, ou quando acentos errados são introduzidos. O desprezo pelas palavras também é encontrado em canções emprestadas que são cantadas numa linguagem que não

---

2. "Eu vi o grande espírito viajando por aí" [N.T.].

é compreendida e onde as palavras (que normalmente são pronunciadas de modo errado) têm apenas o valor de um estribilho que pode estar ligado a uma certa emoção determinada pelo uso da canção. Todas estas formas são encontradas em todos os lugares e precisam, portanto, ser consideradas as bases da poesia.

A poesia primitiva é primariamente lírica, em muitos casos ditirâmbica, e elementos que exprimem ideias coerentes definidas são, com toda a probabilidade, desenvolvimentos posteriores. Talvez possamos ver aqui uma analogia com o crescimento da linguagem. No mundo animal, os gritos são primariamente reações a emoções, sendo designativos apenas indiretamente. Parece provável que na fala humana o grito emocional espontâneo precedeu a expressão designativa, e muito mais a predicativa, não de modo nenhum no sentido que a exclamação explica a origem da fala organizada, mas sim que ela provavelmente é a primeira forma de articulação.

Não devemos pressupor que o controle da palavra pela música seja característico de todas as canções primitivas. Pelo contrário, em recitativos que são bastante comuns, as palavras muitas vezes são frases musicais controladoras adicionadas ou omitidas sempre que as palavras exigirem. Entre os índios sioux, encontramos frequentemente ambas as tendências; as palavras adaptadas às melodias e a melodia, por sua vez, ajustada às palavras[3].

Podemos expressar os resultados de nossas considerações afirmando que a canção é mais antiga que a poesia e que a poesia gradualmente se emancipou da música.

A relação entre música, palavras e dança é de um caráter semelhante. A expressão literária primitiva frequentemente, mas nem sempre, é acompanhada por algum tipo de atividade motora; ou certos tipos de movimentos podem liberar articulações que tomam a forma de canções ou de palavras faladas. A emoção forte controlada encontra expressão em movimentos do corpo e na articulação, e a fala emocional libera movimentos semelhantes. Isto pode ser inferido da associação frequente entre canção e dança, canção e jogos e entre gestos e fala animada. A dança sempre permaneceu associada à música, mas com a emancipação da poesia a música perdeu sua associação próxima com a palavra falada.

A prosa artística primitiva tem duas formas importantes: a narrativa e a oratória. A forma da prosa moderna é determinada em grande parte pelo fato de ela ser lida, e não falada, enquanto a prosa primitiva se baseia na arte da declamação oral e, portanto, está relacionada mais intimamente à oratória moderna do que ao estilo literário impresso. A diferença estilística entre as duas formas é considerável.

---

3. DENSMORE, F. "Teton Sioux Music". *Bulletin of the Bureau American Ethnology*, 61, 1918. Washington. Cf. p. ex., n. 38, p. 162.

Infelizmente, a maioria da prosa primitiva foi registrada apenas em linguagens europeias, e é impossível determinar a precisão da transcrição. Na maioria dos registros há uma tentativa óbvia de adaptá-los ao estilo literário europeu. Mesmo quando o material está disponível no texto original, podemos pressupor, ao menos na maioria dos casos, que ele não alcança o padrão de excelência da arte da narrativa nativa. A dificuldade da transcrição fonética das linguagens estrangeiras requer um ditado tão lento que o estilo artístico necessariamente sofre. O número de coletores que possui domínio completo das linguagens dos nativos é simplesmente pequeno demais. A melhor aproximação da arte da narrativa de povos primitivos provavelmente é encontrada nos casos em que nativos educados escrevem os textos, ou em registros feitos por missionários que em longos anos de contato pessoal e próximo ao povo adquiriram controle completo de sua linguagem, e que estão dispostos a nos dar exatamente o que escutam.

Como um exemplo da diferença de estilo entre a transcrição livre de uma história contada em inglês por um intérprete e a tradução de um texto nativo, eu ofereço parte da história do Herói-Gêmeo de Sia contada por M.C. Stevenson e a mesma história ditada para mim no idioma laguna. A Sra. Stevenson[4] conta do seguinte modo:

"Ao visitar a praça os gêmeos encontraram uma grande aglomeração, e os telhados das casas estavam cobertos com aqueles assistindo a dança. Os garotos que se aproximaram da praça a partir de uma rua estreita na aldeia pararam por um momento na entrada. Um disse:

– Acho que todas as pessoas olham para nós e pensam que somos garotos muito pobres; olhe como eles passam de lá para cá e não falam conosco.

Mas depois de um instante ele disse:

– Estamos com um pouco de fome; vamos andar por aí e ver onde podemos encontrar algo para comer.

Eles olharam em todas as casas que davam para a praça e viram banquetes dentro delas, mas ninguém os convidou para entrar e comer, e apesar de inspecionarem todas as casas da aldeia, eles só foram convidados para uma delas. Nessa casa, a mulher disse:

– Garotos, entrem e comam; acho que vocês estão com fome.

Depois do repasto, eles agradeceram dizendo:

– Estava muito bom.

Então um disse:

– Você, mulher, e você, homem – falando com seu marido. – Vocês e toda sua família são bons. Nós comemos em sua casa; nós te agradecemos; e agora ouçam

---

4. STEVENSON, M.C. "The Sia". *11th Annual Report Bureau of Ethnology*, 1894, p. 54-55. Washington.

o que eu tenho a dizer. Eu desejo que vocês e todos os seus filhos partam para uma outra casa; uma casa que está sozinha; a casa redonda fora da aldeia. Todos vocês fiquem lá por um tempo".

A versão laguna é a seguinte[5]:

"Há muito tempo. – Eh. – Há muito tempo na Casabranca vivia o povo. Nesse tempo eles fizeram uma dança de guerra. Nesse tempo, quando eles dançavam, a Mulher-Sal e seus netos, os Heróis-Gêmeos, viajavam nessa direção procurando uma cidade, sim, algum lugar onde ninguém faria sujeira, procurando água boa parada no solo; isso eles procuravam. Quando eles chegaram na Casabranca o povo dançava uma dança de guerra. Eles chegaram no leste da cidade, e subiram a escada, entraram depois de descer, mas ninguém disse nada a eles. Então eles subiram e saíram de novo. Mais uma vez eles desceram numa casa no oeste e mais uma vez eles entraram, descendo. Aqui também ninguém os convidou para entrar e ninguém deu comida a eles. Então eles subiram para sair e desceram da escada. Então a avó falou assim:

– Netos, vocês estão com fome? – disse ela a eles.

Então os Heróis-Gêmeos falaram:

– Sim – disseram eles a ela.

Então a avó, Mulher-Sal, falou assim:

– Vamos pela última vez subir na casa ao oeste.

Assim falou Mulher-Sal. Eles foram para o oeste e subiram, então eles desceram a escada e entraram. Quando eles entraram, o Povo Papagaio estava prestes a comer. Eles disseram:

– Como está tudo?

– Está bem – disse o Povo Papagaio. – Sentem-se – disse o Povo Papagaio. Então eles se sentaram e logo estavam satisfeitos. Depois de um momento aquela que era a mãe do Povo Papagaio falou assim:

– Deem de comer a eles – disse ela.

Então deram de comer a eles e serviram a carne de veado num vasilhame. Então aquela que era a mãe falou assim:

– Recebam isto, comam – disse ela.

Então a Mulher-Sal pôs sua mão na sopa que fora servida e ela a mexeu com sua mão e eles comeram e ficaram satisfeitos. Então aquela que era a mãe do Povo Papagaio retirou a comida. Ela falou assim:

– Eu não sei por que esta sopa é tão diferente – disse ela.

Então ela a experimentou. Então aquela que era a mãe falou assim:

---

5. BOAS, F. "Keresan Texts". *Publications of the American Ethnological Society*, vol. 8, p. 17.

– Oh, essa sopa é muito doce – disse aquela que era a mãe. Então a Mulher-Sal falou assim:

– Veja, vá em frente, sirva-a, dê a sopa para eles e coma – disse a Mulher-Sal.

Então ela serviu a sopa e a passou ao redor. Eles sentaram-se juntos. Então a Mulher-Sal retirou crostas de seu corpo (que era sal) e ela pôs o sal para eles. Então a Mulher-Sal falou assim:

– Vamos continuar a mexer – disse a Mulher-Sal.

Então eles a mexeram e comeram. Agora a Mulher-Sal falou assim:

– Eu digo isto a vocês – disse a Mulher-Sal. – Eu sou a Mulher-Sal, não há nenhuma doença em meu corpo. Pois este meu corpo não é de sal puro? – disse a Mulher-Sal. – Agora eu também digo isto a vocês: Quantas crianças vocês têm e quantas famílias do Povo Papagaio moram aqui? – disse a Mulher-Sal. – Venham nesta direção, pois estou muito grata por vocês me terem dado comida – disse a Mulher-Sal.

Agora aquela que era a mãe do Povo Papagaio saiu para chamar seus parentes. Ela trouxe todos eles. Então ela os levou para baixo e a Mulher-Sal falou assim:

– São estes os seus parentes, o Povo Papagaio?

– Sim – disse aquela que era a mãe. – São eles – disse ela.

– Venha, pegue essa cesta e entregue-a para mim – disse a Mulher-Sal.

Então ela deu a cesta para a Mulher-Sal e o sal caiu de seus braços e de seus pés. Então ela o pegou e o colocou na cesta.

– Peguem isto – disse a Mulher-Sal. – Com isto vocês temperarão o que comem. – Então ela falou mais uma vez. – Chega, está bom, obrigada. Agora nós subiremos para ir embora. Vocês fiquem aqui, então, quando os Heróis-Gêmeos estiverem prontos, abriremos a porta depois de um tempo.

Assim falou a Mulher-Sal. Então eles subiram e foram embora e desceram de novo. Depois que eles desceram para fora, as crianças vieram e olharam para eles por um tempo. Os Heróis-Gêmeos estavam brincando com uma peteca por ali. Então as crianças falaram assim:

– Garoto – eles disseram –, venha, traga-me esta peteca – disse a criança.

Então o mais novo dos Heróis-Gêmeos falou assim:

– Venham – disse ele –, fiquem ali no sul embaixo do algodoeiro.

As crianças foram para o sul. Elas chegaram lá. Então as crianças falaram assim:

– Vá em frente – elas disseram.

– Agora, cuidado – disse o mais velho dos Heróis-Gêmeos – eu arremesso a peteca para o sul.

Quando ela chegou no sul onde elas estavam, a peteca caiu no chão entre elas. Então todas foram transformadas em gralhas. Todas voaram para cima. Então a Mulher-Sal e seus netos foram para o sul. Eles chegaram no sul. Então o mais velho dos Heróis-Gêmeos se levantou. Ele pegou a peteca. O mais novo falou:

– Olhe, agora é a minha vez. Deixe-me fazer a peteca voar para o norte.

– Vá em frente – disse o mais velho.

O mais novo fez a peteca voar para o norte. No norte ela chegou na praça, e quando a peteca caiu as pessoas foram transformadas em pedras. Então a Mulher-Sal falou assim:

– Chega – ela disse. – Agora vão para a casa do Povo Papagaio e abram a porta".

Um outro exemplo talvez seja útil. A Dra. Ruth Benedict registrou o seguinte como parte do mito de criação de um índio zuni que conhecia bem o inglês:

"Os Dois vieram para o quarto mundo. Estava escuro lá; eles não conseguiam enxergar nada. Eles encontraram um homem; ele estava nu e seu corpo coberto com uma gosma verde, ele tinha uma cauda e um chifre em sua testa. Ele os levou para o seu povo. Os Dois disseram para eles:

– No mundo superior não há ninguém para venerar o sol. Ele nos mandou para vocês para levá-los para o mundo acima.

Eles disseram:

– Nós estamos dispostos. Neste mundo não conseguimos enxergar uns aos outros, nós pisamos nos outros, urinamos nos outros, cuspimos nos outros, jogamos lixo nos outros. É muito ruim aqui, nós não queremos ficar. Estávamos esperando por alguém para nos levar para fora. Mas vocês precisam falar com o sacerdote do norte; queremos saber o que ele tem a dizer.

Eles os levaram para o sacerdote do norte. Ele disse para eles:

– O que é que vocês vieram dizer?

– Nós queremos que vocês venham para o mundo superior.

– Nós estamos dispostos a ir. Neste mundo não conseguimos enxergar uns aos outros, nós pisamos nos outros, urinamos nos outros, jogamos lixo nos outros, cuspimos nos outros. É muito ruim aqui, nós não queremos ficar. Estávamos esperando por alguém para nos levar para fora. Mas vocês precisam falar com o sacerdote do oeste; queremos saber o que ele tem a dizer." (isto se repete para os sacerdotes das seis direções.)

Cushing[6] relatou o mesmo incidente da seguinte forma:

"Logo, no mais profundo dos quatro úteros-cavernas do mundo, a semente

---

6. CUSHING, F.H. "Zuni Creation Myths". *13th Annual Report of the Bureau of American Ethnology*, p. 381.

dos homens e das criaturas tomou forma e aumentou; assim como dentro de ovos em lugares quentes os vermes aparecem rapidamente, e ao crescer rompem suas cascas e se tornam pássaros, girinos ou serpentes, também os homens e todas as criaturas cresceram múltipla e variadamente em muitos tipos. Assim, o útero ou mundo-caverna mais profundo, que era Anosin tehuli (o útero da profundeza fuliginosa ou da germinação-crescimento, porque era o lugar da primeira formação e escuro como uma chaminé à noite, e também imundo, como as entranhas da barriga) ficou cheio de seres. Em todos os lugares havia criaturas não terminadas, rastejando como répteis uns sobre os outros na imundície e na escuridão negra, amontoando-se juntos e pisando uns nos outros, um cuspindo no outro ou fazendo outras indecências, ao ponto que seus murmúrios e lamentações ficaram altos, até que muitos entre eles tentaram escapar, ficando mais sábios e parecidos com homens".

Eu acho que estes exemplos demonstram que não é fácil descobrir o padrão estilístico da narrativa primitiva a partir de materiais publicados. Às vezes a transcrição é simples e seca devido a dificuldades de expressão que o intérprete não consegue superar; às vezes é elaborada num estilo literário sobreposto que não pertence ao original.

Na narrativa em prosa livre, uma ênfase particular é colocada sobre a completude da sucessão de eventos. Informantes pueblo e kwakiutl criticam histórias a partir deste ponto de vista. Um pueblo dirá: "Você não pode dizer 'ele entrou na casa', pois ele precisa primeiro subir a escada, e depois descer na casa. Ele precisa cumprimentar os presentes apropriadamente e receber a resposta educada apropriada". Nenhum destes passos pode ser omitido. Isto é ilustrado pelo exemplo da história laguna contado anteriormente (cf. p. 293-295). Os kwakiutls não podem dizer: "Então ele falou", mas eles diriam: "Então ele se levantou, falou e disse". Eles não permitem que uma pessoa chegue a algum lugar sem que antes ela comece a viagem. Uma verborragia épica, uma insistência quanto aos detalhes é característica da maior parte da narrativa livre primitiva.

Além destes elementos livres, a prosa primitiva contém passagens de forma fixa que são, em grande parte, a fonte de sua atratividade ao ouvinte. Muitas vezes, estas passagens consistem em conversações entre os atores, e, nelas, desvios da fórmula fixa não são permitidos. Em outros casos, elas são de forma rítmica e precisam ser consideradas poesia, cantos ou canções, e não prosa.

Em quase todas as coleções confiáveis, as partes formais fixas são de importância considerável. Em alguns casos, como entre os wailakis da Califórnia, o texto conectivo desaparece quase completamente.

Em contraste com a plenitude da narrativa livre, estas partes formais tendem a ser tão breves que podem ser obscuras, a não ser que os ouvintes conheçam a significância da história. Exemplos deste tipo são as narrativas breves dos esquimós. No Estreito de Cumberland eu registrei o seguinte exemplo[7]: uma história de uma mulher e o Espírito da Casa-Cantante.

> "Onde está seu dono? Onde está seu mestre? A casa-cantante tem um dono? A casa-cantante tem um mestre? Ela não tem dono." – "Aqui está ele, lá está ele." – "Onde estão seus pés? Onde estão as panturrilhas de suas pernas? Onde estão seus joelhos? Onde estão suas coxas?" – "Aqui estão eles, lá estão eles." – "Onde está seu estômago?" – "Aqui está ele, lá está ele." – "Onde está seu peito? Onde está seu braço? Onde está seu pescoço? Onde está sua cabeça?" – "Aqui está ela, lá está ela". Ele não tinha cabelo.

Isto significa que a mulher procurava sentir o dono sobrenatural da casa-cantante. Ele teria pernas arqueadas, não teria cabelo e não teria o osso occipital. Tocar sua cabeça mole é morte imediata.

A mesma observação pode ser feita para fórmulas dos chukchis[8].

> Eu chamo Corvo. Meu abdome eu transformo numa baía. A baía está congelada. Lixo de gelo está lá. Todo esse lixo está congelado no gelo da baía. É a doença de meu estômago. Oh, você meu estômago, você está cheio de dores. Eu te transformo numa baía congelada, numa velha banquisa de gelo, numa banquisa de gelo ruim.
> Oh, oh! Eu chamo o Corvo. Você Corvo viaja há tempos muito remotos. Eu quero sua ajuda. O que você vai fazer com esta baía que está congelada? Pessoas maliciosas a fizeram congelar; você tem um bico forte, o que você vai fazer?

Às vezes estas partes de narrativas estão numa forma arcaica, ou numa linguagem estrangeira, e podem ser ininteligíveis. A impressão que elas causam está na forma e na tendência emocional geral das passagens em que ocorrem.

Quando tais passagens são discursos, elas provavelmente são o melhor material para o estudo do estilo literário.

A partir destas observações, passemos para algumas poucas características gerais do estilo literário, começando com uma consideração do ritmo e da repetição.

A investigação da narrativa primitiva e também da poesia prova que a repetição, particularmente a repetição rítmica, é uma de suas características estéticas fundamentais.

Não é fácil formar uma opinião justa sobre o caráter rítmico da prosa formal; em parte porque o senso rítmico dos povos primitivos é muito mais desenvolvi-

---

[7]. *Journal of American Folk-Lore*, vol. 7, 1894, p. 45.

[8]. BOGORAS, W. "Chukchee Texts". *Publications of the Jesup North Pacific Expedition*, vol. VIII, p. 133.

do que o nosso. A simplificação do ritmo das canções populares modernas, e da poesia que pretende atrair o gosto popular, embotou nossa percepção da forma rítmica. Eu já me referi a esta questão anteriormente ao discutir a complexidade do ritmo na arte decorativa. É preciso um estudo cuidadoso para compreender a estrutura do ritmo primitivo, ainda mais na prosa do que na canção, porque neste caso não temos a ajuda do padrão melódico.

A repetição rítmica de conteúdo e de forma é encontrada rotineiramente na narrativa primitiva. Por exemplo, as narrativas dos índios chinooks muitas vezes são construídas de modo que cinco irmãos, um depois do outro, têm a mesma aventura. Os quatro mais velhos perecem enquanto o mais jovem emerge bem-sucedido e em segurança. A história é repetida *verbatim* para todos os irmãos, e seu comprimento, que para nossos ouvidos e nosso gosto é intolerável, provavelmente gera prazer através da forma repetida[9]. Encontramos condições muito semelhantes em contos de fadas europeus sobre os destinos de três irmãos, dois dos quais perecem ou fracassam em suas tarefas, enquanto o mais jovem é bem-sucedido. Repetições semelhantes são encontradas na história alemã de Chapeuzinho Vermelho, na história europeia muito disseminada do galo que vai enterrar sua parceira, ou na história dos três ursos. Em contos orientais, os incidentes da história às vezes são repetidos *verbatim* ao serem recontados por um dos heróis.

Alguns exemplos adicionais retirados de narrativas de outros povos ilustrarão a ocorrência geral da tendência à repetição. Na história basoto chamada Kumonngoe, um homem leva sua filha para a selva onde ela será devorada por um canibal. No caminho, ele encontra três animais e o filho de um chefe. Em cada caso ocorre a mesma conversa:

> – Para onde você leva sua filha?
> – Pergunte para ela, ela já é crescida.
> Ela responde:
> – Eu dei para Hlabakoane, Kumonngoe[10],
> Para o rebanho de nosso gado, Kumonngoe
> Eu achava que nosso gado ficaria no curral, Kumonngoe,
> Então eu dei para ele o Kumonngoe de meu pai.

Num conto omaha[11] de um Homem-Cobra relata-se que um homem foge de uma serpente. Três ajudantes, um depois do outro, dão a ele mocassins que

---

9. BOAS, F. "Chinook Texts". *Annual Report of the Bureau of American Ethnology*, 1894, p. 9s. Washington.

10. A garota tinha um irmão chamado Hlabakoane, para quem ela deu uma comida mágica chamada Kumonngoe, que pertencia a seu pai e ela fora proibida de tocar. Cf. JACOTTET, E. *The Treasury of Basuto Lore*, vol. I, 1908, p. 114.

11. DORSEY, J.O. "The Theigha Language". *Contributions to North American Ethnology*, vol. VI, 1890, p. 284. Washington.

na manhã seguinte voltam sozinhos para seus donos, e a cada vez a mesma conversa é repetida. Quando a serpente parte para a perseguição, ela pede informações a todos os animais com exatamente as mesmas palavras. Numa tradição dos kwakiutls da Ilha de Vancouver, a mesma fórmula é repetida quarenta vezes com a descrição do mesmo cerimonial. Nas narrativas dos índios pueblo, o mesmo incidente é repetido quatro vezes acontecendo a quatro irmãs; as garotas amarela, vermelha, azul e branca. Numa narrativa siberiana da Lebre, ouvimos que um caçador se esconde sob os galhos de um salgueiro caído. Uma lebre depois da outra aparece para observar, espia o caçador e foge. Num conto papua da Nova Guiné, os pássaros vêm um depois do outro para tentar bicar o estômago de uma pessoa afogada para que saia a água que ela engoliu. Este tipo de repetição aparece ainda mais marcadamente numa narrativa da Nova Irlanda. Os pássaros tentam derrubar o casuar do galho de uma árvore onde ele se empoleirou. Para conseguir isso, um depois do outro pousa no mesmo galho do casuar, mas cada vez mais próximo do tronco. Assim ele é forçado a se mover para cada vez mais longe até finalmente cair.

As repetições rítmicas são muito mais notáveis em canções. As genealogias polinésias oferecem um exemplo excelente. Assim, encontramos no Havaí a seguinte canção[12]:

> Lii-ku-honua, o homem,
> Ola-ku-honua, a mulher,
> Kumo-honua, o homem,
> Lalo-honua, a mulher,

e assim em diante por dezesseis pares.

Ou numa canção de ninar dos índios kwakiutls[13]:

> Quando eu for um homem, então serei um caçador, ó pai! ya ha ha ha.
> Quando eu for um homem, então serei um arpoador, ó pai! ya ha ha ha.
> Quando eu for um homem, então serei um canoeiro, ó pai! ya ha ha ha.
> Quando eu for um homem, então serei um carpinteiro, ó pai! ya ha ha ha.
> Quando eu for um homem, então serei um artesão, ó pai! ya ha ha ha.
> Para que não precisemos de nada, ó pai! ya ha ha ha.

Na canção esquimó do corvo e dos gansos, o corvo canta[14]:

---

12. *Fornander Collection of Hawaiian Antiquities and Folk-Lore* – Mem. Bernice Pauahi Bishop Museum, vol. VI, 1916, p. 365. Honolulu.

13. BOAS, F. "Ethnology of the Kwakiutl". *35th Annual Report of the Bureau of American Ethnology*, 1921, p. 1.310. Washington.

14. THALBITZER, W. "The Ammassalik Eskimo". *Meddelelser om Grønland*, vol. XL, p. 211. Compare com p. 297 para uma fórmula semelhante do Estreito de Cumberland.

> Oh, estou me afogando, ajude-me!
> Oh, agora as águas chegam nos meus grandes tornozelos,
> Oh, estou me afogando, ajude-me!
> Oh, agora as águas chegam nos meus grandes joelhos,

e assim em diante por todas as partes do corpo até os olhos.

É muito interessante a analogia entre esta canção e a seguinte canção de guerra australiana:

> Acerte sua testa com a lança
> Acerte seu peito com a lança
> Acerte seu fígado com a lança
> Acerte seu coração com a lança etc.

Variações rítmicas de um tipo semelhante também ocorrem na oratória quando várias pessoas são endereçadas no mesmo modo formal. Como exemplo, podemos usar o seguinte discurso kwakiutl:

> Agora vocês testemunharão, Nortistas, a dança de Muitos-em-Fogo, a Filha Daquele-que-dá-Presentes,
> Agora vocês testemunharão, Grandes Kwakiutls, a dança de Muitos-em-Fogo, a Filha Daquele-que-dá-Presentes,
> Agora vocês testemunharão, Lado Rico[15], a dança de Muitos-em-Fogo, a Filha Daquele-que-dá-Presentes,
> Eu cheguei, Nortistas, eu cheguei, Grandes Kwakiutls, eu cheguei, Lado Rico.

As repetições discutidas até agora são de forma rítmica com conteúdo variado. Elas podem ser comparadas a uma sucessão ordenada de motivos decorativos que concordam no plano da unidade, mas cujos detalhes variam. Na poesia, repetições rítmicas de unidades formais idênticas são frequentes. Elas ocorrem em todas as canções sem palavras, que consistem apenas em vocábulos. Um exemplo disso é uma canção de canoa kwakiutl em que cada sílaba é cantada com um golpe dos remos:

> Aw, ha ya ha ya hä
> ha ya he ya ä
> he ya ha ya ä
> A, ha ya ha ya hä
> aw, ha ya he ya hä
> he ya ha ya hei
> ya hä
> hä hä wo wo wo

---

15. Estes são nomes de tribos. *Columbia Contributions to Anthropology*, III, p. 140.

Elas também são encontradas em introduções a muitas canções em que a melodia é levada por vocábulos como uma introdução às palavras da canção[16]:

> Mai hamama.
> Haimama hamamai hamamamai.
> Hamama hamamayamai
> Haimama hamamai hamamamai.

O ritmo não está confinado às unidades maiores, sendo aplicado como um recurso artístico na estrutura detalhada. Em discursos de exortação, algumas tribos desenvolvem uma forma rítmica adicionando uma sílaba de acento forte a cada palavra. Os kwakiutls usam o sufixo de acento forte *ai* para este propósito, e posso imitar a impressão de seus discursos dizendo: "Bem-vindos-ai! Irmãos-ai! À minha festa-ai!" Aqui, o tempo para cada grupo de palavras que termina em *ai* é aproximadamente igual, ou pelo menos as palavras que levam ao sufixo *ai* são pronunciadas com grande rapidez quando contêm uma frase mais longa.

No recital de mitos, a estrutura rítmica às vezes é atingida adicionando-se sílabas sem significado que transformam o recital num canto. Assim, os índios fox adicionam ao recital da lenda do Herói Cultural as sílabas *nootchee, nootchee*. A.L. Kroeber e Leslie Spier nos contam que os mitos do sul da Califórnia são cantados. Edward Sapir observou o recitativo de canções da mitologia paiute, com cada animal falando de acordo com um ritmo e tom definidos aos quais o texto é ajustado[17]. Eu registrei uma narrativa esquimó do Estreito de Cumberland em que as viagens do herói são registradas num canto com frases melódicas intercaladas[18]. Em lamentos, a repetição do choro formal de lamentação em intervalos curtos e a pronúncia rápida e uniforme do recital criam estrutura rítmica.

A estrutura rítmica da canção é muito mais estrita do que na prosa. Muitas vezes pressupõe-se que a regularidade do ritmo musical, encontrada na maioria da música primitiva, deve-se à multiplicidade de ações motoras ligadas à música, particularmente à relação próxima entre a música e a dança. É verdade que a canção primitiva muitas vezes é acompanhada por movimentos do corpo – um balançar do tronco inteiro, movimentos da cabeça, pés e braços; palmas e pisadas no chão; mas é um erro pressupor que aqui vale o mesmo sincronismo ao qual estamos acostumados. Para nós, as pisadas e as palmas coincidem com o acento da canção. Algumas tribos se excitam tanto que a excitação pela articulação e

---

16. "The Social Organization and the Secret Societies of the Kwakiutl Indians". *Rep. U.S. National Mus. for 1895*, 1897, p. 703. Washington.

17. "Song Recitative in Paiute Mythology". *Journal of American Folk-Lore*, vol. 23, p. 455s.

18. BOAS, F. *Bull. A.M.N.H.*, vol. 15, p. 335, 340, canção em *Sixth Annual Report Bureau of Ethnology*, p. 655, n. 13.

pelos movimentos das mãos ou dos pés coincidem. Este hábito tem o efeito de deixar as palmas, o batuque ou as pisadas seguirem o acento da canção. Também não é raro que o padrão rítmico de movimentos corporais e da canção não sejam homólogos, e sim inter-relacionados de modos diferentes ou às vezes até pareçam bastante independentes um do outro. A música negra, assim como a do noroeste da América, oferecem vários exemplos deste tipo.

Apesar do problema envolvido na estrutura da poesia primitiva ser melhor compreendido agora do que era há alguns poucos anos, e apesar de muitos esforços enérgicos serem feitos para obter coleções adequadas, o material para o estudo deste assunto ainda é bastante insuficiente. Os viajantes raramente são treinados na arte de gravar canções, e são capazes de nos dar apenas as formas mais simples que oferecem as menores dificuldades, ou de resumir suas observações em descrições que muito frequentemente são enganosas. Observações exatas mostram que a complexidade rítmica é bastante comum. Ritmos regulares consistem de duas a sete partes, e agrupamentos muito mais longos ocorrem sem regularidade reconhecível da estrutura rítmica. Sua repetição numa série de versos prova que eles são unidades fixas.

Devido à qualidade emocional determinada fisiologicamente do ritmo, ele entra em todos os tipos de atividades relacionadas de alguma forma à vida emocional. Seu efeito excitante se manifesta em canções e danças religiosas. Seu controle atraente pode ser observado em canções de guerra; seu efeito relaxante aparece em melodias; seu valor estético é visto na canção e na arte decorativa. Não devemos procurar a origem do ritmo em atividades religiosas e sociais, mas o efeito do ritmo é semelhante aos estados emocionais ligados a elas e, portanto, os excita e é excitado por elas.

Eu creio que a grande variedade de formas em que a repetição rítmica de elementos iguais ou semelhantes é usada, na prosa e na poesia como um ritmo de tempo, na arte decorativa como um ritmo do espaço, mostra que a teoria de Bücher que afirma que todo ritmo é derivado dos movimentos que acompanham o trabalho não se sustenta, certamente não totalmente. Wundt deriva o ritmo das canções usadas em cerimônias da dança, e o das canções de trabalho, dos movimentos necessários para a realização do trabalho – uma teoria praticamente idêntica àquela proposta por Bücher, já que os movimentos da dança são bastante homólogos aos do trabalho. Não há dúvida que a aptidão ao ritmo é fortalecida pela dança e pelos movimentos necessários à execução do trabalho, não apenas no trabalho comum de grupos, de indivíduos que precisam tentar manter o passo, mas também no trabalho industrial, como cestaria ou cerâmica, que requer movimentos repetidos regularmente em sua execução. As repetições na narrativa em prosa, assim como os ritmos da arte decorativa, quando não são exigidas pela técnica são prova da inadequação da explicação puramente técnica. O prazer causado pela repetição regular no bordado, na pintura e no encordoamento de contas não pode ser explicado como resultado de movimentos regulares determinados tecnicamente, e não há nenhuma indicação que sugere que este tipo de ritmo se desenvolveu depois do ritmo determinado por hábitos motores.

Discutir as características das formas poéticas primitivas é uma atividade precária, em parte porque há tão pouco material confiável disponível, mas também em parte devido à impossibilidade de obter uma percepção justa do significado e valor da expressão literária sem um conhecimento íntimo da linguagem e da cultura em que ela surgiu. Por esta razão, eu basearei os comentários seguintes principalmente em observações da tribo kwakiutl, cuja linguagem e cultura eu conheço. Seria injustificável generalizar e afirmar que as características que discutirei ocorrem em toda a literatura primitiva. Pelo contrário, com a expansão de nosso conhecimento da literatura primitiva, certamente descobriremos que prevalece a individualidade do estilo. Ainda assim, parece provável que características que sejam análogas aos nossos próprios recursos literários podem revelar tendências gerais.

A ênfase de pontos salientes é usada extensivamente na prosa e nas canções kwakiutls. A ênfase ocorre mais frequentemente através da repetição. Ofereço alguns exemplos obtidos de discursos: "Realmente, realmente, verdadeiras são as palavras da canção, de minha canção, cantada para você, tribo"[19].

"Ele é um bom chefe que é bom, falando bondosamente para aqueles que o têm como chefe"[20].

"Agora terminou a canção de meu chefe. Terminada está a grande canção"[21].

"Agora vocês darão o nome de Grande-Convidadora para a Convidadora que saiu de seu quarto, ela que foi feita princesa, ela que é completamente uma princesa por causa daquilo que foi feito por este chefe que a tem como princesa"[22].

Em canções, as repetições são muito mais frequentes do que na fala. Eu ofereço alguns exemplos:

"Wa, saia do caminho! Waw haw hawa, Wa, saia do caminho! Ah, não peça piedade em vão, Waw haw hawa! Ah, não peça piedade em vão e erga suas mãos!"[23]

---

19. "Contributions to the Ethnology of the Kwakiutl", *Columbia University Contributions to Anthropology*, vol. 3, p. 194, linha 25.

20. Ibid., p. 258, linha 24.

21. Ibid., linha 25.

22. Ibid., p. 308, linha 3.

23. "Ethnology of the Kwakiutl". *Thirty-fifth Annual Report Bur. Am. Ethn.*, p. 1.288.

Outro exemplo é o seguinte:

"Eu sou a única grande árvore no mundo, eu o chefe: eu sou a única grande árvore no mundo, eu o chefe.

Eu sou o grande chefe que vence, Ha, ha, eu sou o grande chefe que vence, Ha, ha!"[24]

Pode-se obter a ênfase colocando-se a palavra a ser enfatizada no final de uma frase e começando a próxima frase com a mesma palavra.

Há também muitas partículas de ênfase. O *ai* de fechamento a que me referi antes, utilizado na oratória exortativa, pertence a este grupo. Afixos verbais que significam "realmente", "de fato" e similares são usados na fala formal para dar a força apropriada para a expressão inteira. Num lamento, uma mulher canta: "Haha, hanane, agora eu realmente faço isto, eu me lembro de meus antepassados reais do passado e realmente de meus bisavôs e agora eu realmente continuarei com o meu mito de família aqui, contando isso, do meu começo no começo do mundo, do chefe que chegou a este mundo, haha, hanane; e este realmente era meu ancestral que realmente andava por aí declamando"[25].

Na África, a narração de uma história é animada por exclamações afirmativas da plateia. Quando o narrador diz: "A tartaruga matou o leopardo", a plateia repete, batendo palmas: "O leopardo, o leopardo".

Também se dá ênfase através do acúmulo de sinônimos. Termos alternados muitas vezes são usados deste modo, e no original eles frequentemente têm um valor rítmico adicional devido à homologia de sua forma. Assim, os kwakiutls cantam numa canção de louvor: "Eu grandemente temo meu chefe, ó tribos! Eu tremo por causa deste grande meio de tentar causar medo, deste grande medo de tentar causar terror, desta grandíssima causa de terror"[26].

"Eu quebrarei, eu deixarei o grande Cobre desaparecer, a propriedade do grande tolo, do grande extravagante, do grande superador, do mais distante, do maior Espírito-do-Bosque entre os chefes"[27].

O começo ou o fim de uma unidade rítmica muitas vezes é marcado por uma interjeição como "haha hanane" do lamento citado anteriormente, ou pela repetição da mesma palavra. Ambas as formas ocorrem frequentemente em canções de amor:

> Ye ya aye ya! Você tem coração duro, você que diz que me ama, Você tem coração duro, minha querida!

---

24. Ibid., p. 1.290.

25. Ibid., p. 836.

26. Ibid., p. 1.287.

27. "Cobre" significa uma das valiosas placas de cobre que são consideradas o "maior" tipo de propriedade. O "Espírito-do-Bosque" é o símbolo da riqueza e do poder. Ibid., p. 1.288.

> Ye ya aye ya! Você é cruel, você que diz que morre de amores por mim, minha querida!
> Ye ya aye ya! Quando é que você vai falar, meu amor? Minha querida![28]

Ou numa canção de xamã[29]:

> O Bom Poder Sobrenatural me disse para continuar a curá-lo,
> O Bom Poder Sobrenatural, o Xamã-do-Mar, me disse para continuar colocando o anel de cicuta sobre ele,
> O Bom Poder Sobrenatural me disse para colocar de volta a alma em nosso amigo,
> O Bom Poder Sobrenatural, o Chefe-da-Água-Alta, o Provedor-da-Vida-Longa-do-Mar, me disse para dar a ele vida longa.

A simetria, no sentido rígido do termo, não existe nas artes que se baseiam em sequências de tempo. Uma reversão de sequência de tempo não é sentida como simetria do mesmo modo que uma reversão de sequência espacial onde cada ponto tem seu equivalente. Em sequências de tempo, sentimos a simetria apenas quanto à ordem de repetição e frases estruturais. O seguinte poema negro ilustrará isto:

> Ko ko re ko kom on do!
> Garota se foi, ele não foi,
> Ko ko re ko kom on do![30]

Entretanto, parece que na poesia recitativa e na música primitivas esta forma não é tão frequente quanto nas canções populares ou na poesia modernas.

O efeito da poesia e da oratória depende em parte do uso da metáfora. É difícil discutir isto de modo generalizado, porque a apreciação da metáfora requer um conhecimento muito íntimo da linguagem em que ela ocorre. A aparente ausência da metáfora é, sem dúvida, mais provável devido a registros imperfeitos do que a uma ausência real de figuras de linguagem. É muito notável que seja difícil encontrar expressões metafóricas na literatura dos índios americanos, ainda que ela, sem dúvida, seja uma característica de sua oratória. Todo o sistema de nomes da maioria dos índios americanos prova que eles conhecem a linguagem figurativa.

Aqui também me permitirei confinar minhas observações ao uso da metáfora entre os kwakiutls, cujas formas de linguagem eu conheço razoavelmente bem. As expressões metafóricas são usadas particularmente na descrição da grandeza

---

28. Ibid., p. 1.301.

29. Ibid., p. 1.296.

30. BECKWITH, M.W. "Jamaica Anansi Stories". *Memoirs of the American Society*, vol. 17, 1924, p. 107.

de um chefe ou de um guerreiro. O chefe é comparado a uma montanha; a um precipício (do qual rola a riqueza que soterra as tribos); a uma pedra que não pode ser escalada; ao poste do céu (que sustenta o mundo); à única grande árvore (que ergue sua copa sobre as árvores menores do bosque ou que se ergue solitária numa ilha); a uma canoa carregada ancorada; àquele que enfumaça o mundo inteiro (com a fogueira na casa em que ele oferece festas); à árvore grossa; à raiz grossa (da tribo). Dizem que através de seus grandes atos ele queima as tribos, um termo que é primariamente usado para o guerreiro. O povo o segue como os jovens mergansos seguem a mãe. Ele faz os povos sofrerem com seu fazedor de vidas curtas; ele empurra as tribos para longe. Seu rival que ele tenta derrotar é chamado de: aquele das penas arrepiadas; aquele que ele coloca nas costas (como um lobo carregando um veado); aquele da língua frouxa; aquele que perde sua cauda (como o salmão); a mulher aranha; o cachorro velho; o rosto embolorado; o rosto ressecado; o pedaço de cobre quebrado.

A grandeza de um chefe é chamada de peso de seu nome; quando ele se casa com uma princesa ele ergue seu peso do chão; sua riqueza de cobertores é uma montanha que perfura nossos céus; na festa, cercado por sua tribo, ele está em sua fortaleza. A riqueza que ele adquire é um salmão que ele pega.

Ao seguirem costumes antigos, as pessoas caminham nas estradas abertas para eles por seus ancestrais.

O guerreiro ou uma pessoa de temperamento ruim é chamado de "heléboro". O guerreiro também é chamado de "a serpente do mundo de duas cabeças".

Os termos metafóricos são um elemento importante dos discursos que acompanham compras públicas, particularmente a compra de "cobres" valiosos. Muitos destes termos são acompanhados por ações simbólicas. A primeira parte do pagamento na compra de um cobre é chamada de travesseiro ou de colchão em que o cobre é colocado ou a linha do arpão que o puxa para a terra. A compra em si é chamada de "safanão", que significa empurrar o valor da compra sob o nome do comprador, que sobe assim de posição. No fim da transação, o vendedor dá ao comprador um certo número de cobertores (que são o padrão de valor) como um "cinto" para segurar os cobertores (que compõem o preço de compra); como caixas para armazenar esses cobertores; e finalmente ele dá uma quantidade como um vestido para sua dançarina (que é uma parente sua que dança para ele em ocasiões festivas).

Quando uma pessoa dá uma grande festa para seu rival, ele extingue a fogueira da casa de seu rival; sua festa se aproxima da fogueira no meio da casa. Se sua generosidade superar a do rival, sua festa atravessa a fogueira e alcança os fundos da casa, onde o chefe está sentado.

Presentes para uma noiva são uma corda para amarrar suas posses; um tapete onde ela se sentará; e um mastro para sua canoa.

Eu não menciono aqui os muitos termos eufemísticos para doenças e morte, exceto alguns usados em discursos: o chefe morto foi descansar; ele desapareceu deste mundo; ele fica longe; ou ele se deita.

As figuras metafóricas não são raras em canções. Sobre a morte de um homem renomado que se afogou, sua canção de luto diz:

> Eu perdi minha mente quando a lua desceu na beira das águas[31].

E em outra canção de luto[32]:

> Hana, hana, hana. Ele quebrou, o poste do mundo.
> Hana, hana, hana. Ele caiu no chão, o poste do mundo.
> Hana, hana, hana. Nosso grande chefe foi descansar.
> Hana, hana, hana. Agora nosso antigo chefe caiu.

Numa canção de festa, o chefe é comparado ao salmão[33]:

> O grande não se moverá, o maior, o grande Salmão da Primavera.
> Vá, ó grande, machuque as criancinhas, os pardais humildes que você provoca, grande Salmão da Primavera.

Em outra canção de festa, os rivais são comparados a insetos[34]:

> Eu sou um chefe, eu sou um chefe, eu sou seu chefe, seu, vocês que voam por aí.
> Eu sou grande demais para ser mordido pelas mosquinhas voando por aí.
> Eu sou grande demais para ser desejado como comida pelas mutuquinhas voando por aí.
> Eu sou grande demais para ser mordido por esses mosquitinhos que voam por aí.

Em mais uma canção, ele é comparado com uma árvore[35]:

> Um grande dançarino de cedro é nosso chefe, nossas tribos.
> Ele não pode ser alcançado, nosso grande chefe, nossas tribos.
> Meu chefe aqui de muito tempo, do começo do tempo dos mitos, para vocês, tribos.

---

31. "Ethnology of the Kwakiutl". *35th Annual Report of the Bureau of American Ethnology*, p. 1.292.

32. BOAS, F. "Kwakiutl Ethnology". *Columbia University Contributions to Anthropology*, vol. III, p. 77.

33. Ibid., p. 123.

34. Ibid., p. 129.

35. Ibid., p. 197.

Vários ditos dos tsimshians também oferecem bons casos do uso da metáfora. "Mesmo um veado sem dentes pode realizar alguma coisa"; "ele está apenas dormindo em cima de couro de veado" (ou seja, não está esperando dificuldades que se aproximam); "parece que você pensa que o Rio Nass sempre é calmo" (ou seja, que você sempre terá sorte); "ele está só se divertindo com as vitórias-régias por um tempinho" (como um urso comendo vitórias-régias prestes a ser morto pelo caçador escondido)[36].

Podemos encontrar exemplos de metáforas de vez em quando em canções e discursos. Os osages cantam:

> Ho! Para onde eles (os pequeninos) dirigirão seus passos, disseram na casa.
> É para um pequeno vale que eles dirigirão seus passos.
> Na verdade, não é de um pequeno vale de que se fala,
> É para a curva de um rio que eles dirigirão seus passos.
> Na verdade, não é da curva de um rio de que se fala,
> É para uma casinha que eles dirigirão seus passos.

O vale e a curva do rio representam o caminho da vida que é representado como o cruzamento de quatro vales ou como seguindo o curso de um rio com quatro curvas[37]. Este conceito também é expresso na arte decorativa dos índios das planícies[38].

Uma outra metáfora é usada na seguinte ilustração:

> Em cima de quem tiraremos nossos mocassins? Eles disseram um para o outro, disseram nesta casa.
> Na direção do sol poente
> Há um jovem adolescente,
> Em cima dele nós sempre tiraremos nossos mocassins, eles disseram um para o outro, disseram nesta casa.

Aqui, tirar os mocassins significa esmagar e matar o inimigo, personificado aqui no jovem adolescente[39].

No discurso que contém a lenda de migração dos creeks, o cacique Chekilli disse: "Os cussetaws ainda não podem deixar seus corações vermelhos que, entretanto, são brancos num lado e vermelhos no outro"[40].

---

36. *Journal of American Folk-Lore*, vol. 2, 1889, p. 285.

37. LA FLESCHE, F. "The Osage Tribe, the Rite of Vigil". *39th Annual Report of the Bureau of American Ethnology*, 1925, p. 258. Washington.

38. KROEBER, A.L. "The Arapaho". *Bulletin of the American Museum of Natural History*, vol. 18, lâmina 16, p. 100. • WISSLER, C. "Decorative Art of the Sioux Indians". Op. cit., p. 242, fig. 77.

39. LA FLESCHE, F. Op. cit., p. 84.

40. GATSCHET, A.S. *A Migration Legend of the Creek Indians*. Filadélfia, 1894, p. 251.

James Mooney registra a seguinte fórmula para o sucesso na caça obtida dos cherokees[41].

> Me dê o vento. Me dê a brisa. Yu! Ó Grande Caçador Terrestre, eu venho para a beira do cuspe onde você repousa. Que seu estômago se cubra; que ele se cubra com folhas. Que ele se cubra numa única curva, e que você nunca se satisfaça.
> E você, ó Antigo Vermelho, que você paire sobre meu peito enquanto eu durmo. Agora deixe que bons (sonhos?) se desenvolvam; deixe que minhas expressões sejam propícias. Ha! Agora deixe que minhas pequenas trilhas sejam direcionadas quando elas se deitam em várias direções (?). Deixe que as folhas sejam cobertas com o sangue coagulado, e que isto nunca deixe de ser assim. Vocês dois as enterrarão em seus estômagos. Yu.

Nesta fórmula, os deuses da caça, do fogo e da água são invocados. O Grande Caçador Terrestre é o rio, e seu cuspe, a espuma; as folhas sujas de sangue em que a presa foi morta servem para cobrir a superfície da água. O caçador pede para que todas as presas se reúnam numa curva do rio que deveria durar para sempre. Na segunda parte, o Antigo Vermelho é o fogo. Ele paira sobre o peito porque o caçador esfrega cinzas nele. As folhas sujas de sangue são jogadas no fogo e na água, o que é expresso pelo enterro delas no estômago.

Os conteúdos da narrativa, poesia e canção primitivas são tão variados quanto os interesses culturais dos cantores. Não parece ser admissível medir seu valor literário através dos padrões das emoções que eles causam em nós. Devemos investigar até que ponto eles são uma expressão adequada da vida emocional dos nativos. Para o homem primitivo, a fome é algo completamente diferente do que é para nós, que normalmente não sabemos o que a agonia da fome significa, que não percebemos todas as implicações da inanição. Se um povo como os bosquímanos ou os esquimós canta sobre a sua alegria depois de uma caça bem-sucedida e depois de uma refeição farta, se os orang semangs da península malaia cantam sobre a colheita de frutas e a caça bem-sucedida, a conotação destas canções não é diferente da conotação de uma canção de colheita. Nós deixamos a concretude da representação nos enganar muito facilmente, e pressupomos que a conotação emocional que exigimos na poesia deve estar ausente. Mesmo entre nós, uma passagem gráfica num poema lírico nem sempre cria uma imagem mental definida, em vez disso, ela pode fazer um apelo às emoções engendradas pelos termos descritivos. Por esta razão, devemos necessariamente pressupor que o ambiente emocional da representação é o elemento poético essencial para o

---

41. MOONEY, J. "The Sacred Formulas of the Cherokees". *7th Annual Report of the Bureau of American Ethnology*, p. 369.

cantor, e não os termos objetivos, que são os únicos que nos atraem, já que não estamos familiarizados com as emoções da vida cotidiana nativa. Nós sentimos apenas o valor gráfico das palavras. A canção semang muito citada[42] representa um bom exemplo:

> Nossa fruta fica gorda na ponta do galho.
> Nós subimos e a cortamos da ponta do galho.
> Gordo também é o pássaro (?) na ponta do galho.
> E gordo o esquilo jovem na ponta do galho.

Esta canção, que lida com plantas e animais que servem de comida, deve ser comparada com outra que conseguimos apreciar mais facilmente:

> O caule se dobra quando as folhas crescem.
> Os talos das folhas balançam para lá e para cá.
> Para lá e para cá eles balançam de modos diversos.
> Nós os esfregamos e eles perdem sua rigidez.
> No Monte Inas eles são soprados.
> No Monte Inas que é nossa casa.
> Soprados pela brisa leve.
> Soprada é a névoa (?).
> Soprada é a cerração.
> Soprados são os brotos jovens.
> Soprada é a cerração das colinas,
> Soprada pela brisa leve
> etc.

Se nós sentimos que este último é um tipo mais poético, isto supostamente ocorre apenas porque não conseguimos compartilhar os sentimentos causados nos orang semangs pela referência aos seus esforços de coletar frutas e caçar animais. A eficácia da poesia não depende do poder de descrição expressiva que cria imagens mentais claras, mas sim da energia com a qual as palavras animam as emoções.

É enganoso comparar a poesia primitiva que foi registrada por colecionadores com a poesia literária de nossos tempos. As canções sexuais rudes ou as canções de bebedeiras que não formam parte de nossa literatura educada são muito semelhantes às canções que podem ser ouvidas na sociedade primitiva na companhia de jovens homens libidinosos ou jovens mulheres excitadas, e sua prevalência nas coleções existentes é, quase certamente, meramente resultado da incapacidade do coletor de abordar os nativos em momentos de devoção religiosa, de amor romântico ou de exaltação poética. Em muitos casos, fica bastante óbvio

---

42. SKEAT, W.W. & BLAGDEN, C.O. *Pagan Races of the Malay Peninsula*. Vol. 1, 1906, p. 627.

que algumas das canções coletadas foram feitas para zombar do coletor. Não é admissível extrapolarmos, a partir das evidências magras que possuímos, um sistema de desenvolvimento de canções em que as formas rudes, os espíritos exuberantes da vida cotidiana são confundidos com a expressão da realização poética mais alta. Em todos os casos em que coleções mais completas estão disponíveis, como na América, por exemplo: dos omahas, dos esquimós, dos kwakiutls e de algumas das tribos do sudoeste, há amplas evidências de sentimentos poéticos que se movem em planos mais altos.

Ainda assim, a suscetibilidade poética não é a mesma em todos os lugares, nem em forma nem em intensidade. A cultura local determina que tipo de experiências tem um valor poético e a intensidade com a qual elas agem. Eu escolhi como exemplo a diferença entre o estilo descritivo encontrado na Polinésia e o de muitas tradições indígenas. Na Coleção Fornander de histórias havaianas nós lemos: "Eles admiraram a beleza de sua aparência. Sua pele era como a de uma banana madura. Seus olhos eram como os brotos jovens de uma banana. Seu corpo era reto e sem manchas e ele não tinha igual". Na história de Laieikawai conta-se: "Eu não sou a senhora desta costa. Eu venho do interior, do topo de uma montanha vestida num traje branco". Seria uma tarefa vã buscar passagens semelhantes na literatura de muitas tribos indígenas. Os índios americanos diferem consideravelmente entre si em relação a esta característica. Os contos tsimshians são ricos comparados com a aridez dos contos descritivos das tribos do planalto.

Descrições poéticas aparecem mais frequentemente em canções. Entretanto, mesmo elas não são encontradas em todos os lugares. As canções dos índios do sudoeste sugerem que os fenômenos da natureza impressionaram profundamente o poeta, apesar de precisarmos lembrar que a maioria de seus termos descritivos é composta de expressões cerimoniais estereotipadas.

> Como exemplo, eu ofereço a seguinte canção dos navajos[43]:
> Que eu possa andar na trilha marcada com pólen,
> Que eu possa andar com gafanhotos aos meus pés,
> Que eu possa andar com orvalho nos meus pés,
> Que eu possa andar com beleza,
> Que eu possa andar com beleza diante de mim,
> Que eu possa andar com beleza atrás de mim,
> Que eu possa andar com beleza acima de mim,
> Que eu possa andar com beleza abaixo de mim,
> Que eu possa andar com beleza ao redor de mim,
> Que eu possa andar, na velhice, vagando ativamente numa trilha de beleza,

---

43. MATTHEWS, W. "Navaho Myths, Prayers and Songs". *University of California Publications in Archaeology and Ethnology*, vol. 5, p. 48, linhas 61-73.

> Que eu possa andar, na velhice, vagando numa trilha de beleza, vivendo novamente,
> Ela termina na beleza.

A seguinte canção dos apaches tem caráter semelhante[44]:

> No leste, onde fica a água preta, está o milho grande, com raízes firmes, seu pé grande, sua seda vermelha, suas folhas longas, seu pendão escuro e distendido, onde há o orvalho.
> No pôr do sol onde fica a água amarela, está a abóbora grande com suas gavinhas, seu caule longo, suas folhas largas, seu topo amarelo onde há pólen.

A seguinte canção dos pimas também tem importância cerimonial[45]:

> Vento agora começa a cantar;
> Vento agora começa a cantar;
> Vento agora começa a cantar.
> A terra se estende diante de mim,
> Diante de mim ela se estende.
>
> A casa do vento agora troveja;
> A casa do vento agora troveja.
> Chegou o vento com miríades pernas.
> O vento veio correndo para cá.
>
> O Vento da Cobra Preta veio para mim;
> O Vento da Cobra Preta veio para mim.
> Veio e se enrolou ao redor,
> Veio aqui correndo com sua canção.

A seguinte canção esquimó que descreve a beleza da natureza é bem conhecida[46]:

> O grande Monte Kunak lá ao sul, eu o vejo;
> O grande Monte Kunak lá ao sul, eu o observo;
> O brilho fulgurante lá ao sul, eu contemplo.
> Fora de Kunak ele se expande,
> O mesmo que Kunak na direção da costa realmente abrange.
> Veja, como lá para o sul eles se alteram e mudam.

---

44. GODDARD, P.E. "Myths and Tales from the White Mountain Apache". *Anthropological Papers of the American Museum of Natural History*, vol. 24, 1910.

45. RUSSELL, F. "The Pima Indians". *26th Annual Report of the Bureau of American Ethnology*, p. 324.

46. RINK, H. *Tales and Traditions of the Eskimos*. Londres, 1875, p. 68.

> Veja, como lá ao sul eles tendem a embelezar um ao outro,
> Enquanto da costa ele é envolvido em lençóis ainda mudando,
> Da costa envolvido em embelezamento mútuo.

Uma canção, desde que não contenha palavras inteligíveis, pode ser de valor estético puramente formal, que depende de seu caráter melódico e rítmico. Mesmo estas formas podem ser ligadas a grupos de ideias de valor emocional mais ou menos diferente. Por outro lado, a importância estabelecida da canção pode variar materialmente quando conjuntos de palavras diferentes são usados com ela. Nós observamos isto em nossa própria cultura, quando pensamentos diversos são expressos com o mesmo metro ou quando poemas distintos são cantados de acordo com a mesma melodia – como, por exemplo, ocorreu na passagem de canções populares para canções religiosas. Eu não sei até que ponto isto ocorre na poesia primitiva. Entre as tribos que conheço melhor, há uma tendência decisiva a associar um certo ritmo com um certo conjunto de canções. Assim, o ritmo de cinco partes da costa noroeste da América parece estar ligado intimamente ao cerimonial religioso de inverno; as canções de luto, com batidas regulares e lentas.

A relação inerente entre o tipo literário e a cultura também aparece claramente na narrativa.

Os motivos da ação são determinados pelo modo de vida e os principais interesses do povo, e as tramas nos dão uma representação deles.

Em muitos contos típicos dos chukchis da Sibéria o assunto do conto é a tirania e a arrogância acachapante de um caçador ou guerreiro atlético e as tentativas dos aldeões de se libertarem. Entre os esquimós, um grupo de irmãos muitas vezes substitui o valentão da aldeia. Entre ambos estes grupos de pessoas que vivem em pequenos assentamentos sem nenhuma organização política firmemente estabelecida, o medo da pessoa mais forte tem um papel importante, esteja este poder baseado em força corporal ou em supostas qualidades sobrenaturais. A história geralmente utiliza um garoto fraco e desprezado como o salvador da comunidade. Apesar de histórias de chefes tirânicos ocorrerem entre os índios, elas não são de modo nenhum um tipo predominante.

O principal tema dos índios da Colúmbia Britânica, cujos pensamentos são quase completamente tomados pelo desejo de obter uma posição mais alta na comunidade, é a história de um homem pobre que atinge uma posição alta, ou das lutas entre dois chefes que tentam superar um ao outro em feitos que aumentarão sua posição social. Entre os pés-pretos, o tema principal é a aquisição de cerimônias, cuja posse e prática é um elemento muito importante em suas vidas.

Todas estas diferenças não são inteiramente de conteúdo, pois elas influenciam a forma da narrativa, já que os incidentes são amarrados de maneiras diferentes. O mesmo motivo recorre repetidamente nas histórias dos povos primitivos, de modo que uma grande massa de material coletado da mesma tribo corre o risco de ser muito monótona, e depois de um certo ponto temos apenas novas variações de temas antigos.

Entretanto, são muito mais fundamentais as diferenças baseadas na diferença geral de perspectiva cultural. A mesma história contada por tribos diferentes pode ter uma aparência completamente diferente. Temos não apenas um ambiente distinto, mas também a motivação e os principais pontos das histórias são enfatizados de modos diferentes, e assumem uma cor local que pode ser compreendida apenas em relação à cultura inteira. Um exemplo selecionado das histórias dos índios norte-americanos ilustrará esta afirmação. Eu escolhi a história do marido estrela, contada nas pradarias, na Colúmbia Britânica e na costa do Atlântico Norte. As tribos das pradarias contam que duas donzelas saem para escavar raízes e acampam na mata. Elas veem duas estrelas e desejam se casar com elas. Na manhã seguinte, elas se encontram no céu, casadas com as estrelas. Elas são proibidas de escavar certas raízes grandes, mas as jovens desobedecem as ordens de seus maridos e, através de um buraco no chão, veem a terra lá embaixo. Com a ajuda de uma corda, elas descem. A partir daqui, a história toma rumos distintos em áreas geográficas diferentes. Numa forma, descrevem-se as aventuras das mulheres depois de seu retorno, na outra os feitos das crianças geradas por uma delas. O ponto de vista central da mesma história contada pelos índios da Colúmbia Britânica muda completamente. As garotas de uma aldeia constroem uma casa onde elas brincam, e um dia elas conversam sobre as estrelas, sobre como elas devem ser felizes porque conseguem enxergar o mundo inteiro. Na manhã seguinte elas acordam no céu, diante da casa de um grande chefe. A casa é lindamente entalhada e pintada. De repente, aparecem vários homens que fingem abraçar as garotas, mas as matam sugando seus cérebros. Salvam-se apenas a filha do chefe e sua irmã mais nova. A irmã mais velha torna-se a esposa do chefe das estrelas. Finalmente, o chefe as envia de volta com a promessa de ajudá-las sempre que elas precisarem. Elas encontram a aldeia abandonada e o chefe das estrelas envia para baixo sua casa e as máscaras e apitos que pertencem a uma cerimônia que se torna a propriedade hereditária da família da mulher. A história acaba com a aquisição da casa e da cerimônia, questões que são de importância fundamental na vida dos índios. Deste modo, a história se torna uma parte da longa série de histórias de importância semelhante, ainda que os conteúdos pertençam a um grupo completamente distinto.

Como um segundo exemplo, eu menciono a história de Amor e Psiquê que recebeu um novo molde dos índios pueblos. Aqui, o antílope aparece na forma de uma donzela. Ela se casa com um jovem que é proibido de ver a garota. Ele transgride esta ordem e, à luz de uma vela, olha para ela enquanto ela dorme. Imediatamente a garota e a casa desaparecem e o jovem se encontra na poça d'água de um antílope.

Igualmente instrutivas são as transformações de histórias bíblicas nas bocas dos nativos. A Dra. Benedict e o Dr. Parsons registraram uma história de natividade dos zunis onde Jesus aparece como uma garota, a filha do sol. Depois de a criança nascer, os animais domésticos a lambem – apenas a mula se recusa a fazê-lo, e é punida com a esterilidade. A história inteira recebe um aspecto novo. Ela é usada para explicar a fertilidade dos animais, e conta como se pode aumentar a fertilidade, um pensamento sempre presente na mente dos pueblos.

Os contos de fadas europeus diferem neste respeito dos contos de tribos primitivas, pois tanto em conteúdos quanto na forma eles abrigam muitos resquícios de tempos passados. É muito evidente que o conto de fada europeu moderno não reflete as condições do estado de nossos dias, nem as condições de nossa vida cotidiana, e sim nos dão um retrato imaginativo da vida rural em tempos semifeudais e que, devido às contradições entre o intelectualismo moderno e a tradição rural antiga, ocorrem conflitos de pontos de vista que podem ser interpretados como resquícios. Nos contos dos povos primitivos é o oposto. Uma análise detalhada dos contos tradicionais de várias tribos indígenas mostra uma concordância completa entre as condições de vida com aquelas que podemos abstrair das histórias. Crenças e costumes na vida e nas histórias estão em acordo completo. Isto vale não apenas para materiais nativos antigos, mas também para histórias importadas que foram tomadas por empréstimo há algum tempo. Elas são rapidamente adaptadas para o modo de vida predominante. A análise das histórias da costa noroeste e dos pueblos têm o mesmo resultado. É apenas durante o período de transição para novos modos de vida, como os que são causados pelo contato com europeus, que contradições aparecem. Assim, nas histórias de Laguna, um dos pueblos do Novo México, o visitante sempre entra pelo teto da casa, apesar das casas modernas terem portas. O chefe da organização cerimonial tem um papel importante em muitas histórias, mas a organização em si desapareceu em grande parte. As histórias dos índios das planícies ainda falam de caças aos búfalos, mesmo que estes tenham desaparecido e o povo tenha se transformado em lavradores e trabalhadores.

Seria errôneo supor que a ausência de resquícios de um período anterior pode ser explicada como resultado da permanência das condições, de uma falta de mudança histórica. A cultura primitiva é um produto do desenvolvimento histórico do mesmo modo que a civilização moderna. Os modos de vida, costumes e crenças das tribos primitivas não são estáveis; mas a taxa de mudança, a não ser que ocorram perturbações vindas do exterior, é mais lenta do que entre nós. O que falta é a estratificação social pronunciada de nossa época que faz com que os vários grupos representem, por assim dizer, períodos de desenvolvimento diferentes. Até onde eu sei, encontramos o pano de fundo formal cultural da arte da narrativa dos povos primitivos sendo quase completamente determinado por seu estado cultural atual. As únicas exceções são encontradas em períodos de mudança extraordinariamente rápida ou de desintegração. Entretanto, também neste caso ocorre um reajuste. Assim, as histórias dos negros modernos de Angola refletem a cultura mista da costa oeste africana. No pano de fundo cultural da narrativa, os resquícios não têm um papel importante, pelo menos não em condições normais. A trama pode ser antiga e originária de fontes estrangeiras, mas em sua adoção ela sofre mudanças radicais.

Estas observações sobre a literatura não significam, obviamente, que em outros aspectos da vida costumes e crenças antigas não possam persistir por longos períodos.

Nós falamos até agora da estrutura dos elementos de contos em prosa e de canções. Também encontramos características importantes na maneira de sua composição. Nas narrativas de alguns povos, os episódios são anedoticamente curtos; entre outros, sentimos o desejo de uma estrutura mais complexa. Isto muitas vezes é obtido através do recurso pobre de concentrar todas as anedotas ao redor de um personagem.

Em muitos casos, a esperteza, força, voracidade ou paixão do herói dá um caráter mais ou menos definido ao ciclo inteiro. O conto do Corvo do Alasca consiste inteiramente de episódios sem relação entre si. O único elemento de conexão, além da identidade do herói, é a voracidade do Corvo; mas mesmo isto desaparece em muitos casos. São muito semelhantes as histórias do Coiote nos planaltos, da Aranha dos sioux, do Coelho dos algonquins, da Aranha da costa da Guiné, do Coelho e da Tartaruga na África do Sul e da Raposa na Europa. Não há nenhuma conexão interna entre o caráter específico do herói e os conteúdos na anedota dos dançarinos vendados (pássaros são induzidos a dançar com os olhos fechados para dar ao herói uma oportunidade de quebrar seus pescoços sem ser observado); na história do malabarista de olhos (o herói que é induzido a jogar seus olhos para cima, que então ficam presos nos galhos de uma árvore, deixando-o cego); ou no incidente do anfitrião desajeitado (o herói é convidado a desfrutar de comida obtida magicamente, e ele retribui o convite, mas é derrotado vergonhosamente em sua tentativa de repetir o procedimento mágico).

Às vezes as histórias são amarradas com o fio frouxo de uma Odisseia, uma narrativa de aventuras e viagens. Pertence a esta classe a história esquimó de um herói que escapou de uma tempestade criada por magia, e que encontrou perigos dos mares que são descritos num certo detalhe. Ele chega a uma costa estrangeira e encontra canibais e outras criaturas perigosas. Finalmente, ele volta para casa. Um outro caso deste tipo é uma lenda de desenvolvimento recente dos tlingits do Alasca. Nos primeiros dias da colonização russa do Alasca, os tlingits atacaram o forte de Sitka e o governador russo, Baranoff, teve que fugir. Depois de alguns anos ele retornou para restabelecer o forte. Este intervalo é preenchido pelos tlingits com uma jornada maravilhosa, que conta como ele partiu em busca de seu filho. Ele encontra seres fabulosos que são conhecidos de outras histórias, visita a entrada do mundo inferior e se comunica com os fantasmas, que dão instruções a ele. Entre os índios pueblo, um grande número de incidentes são conectados numa história de migração em que a tribo inteira participa.

Em outros casos, há um esforço para estabelecer uma conexão interna entre os elementos distintos. Assim, o conto desconexo do Corvo no Alasca foi remodelado, no sul da Colúmbia Britânica, de modo que alguns dos elementos do conto se combinem internamente: o Pássaro-trovão rouba uma mulher. Para recuperá-la, o corvo cria uma baleia de madeira e mata a goma porque precisa dela para calafetar a baleia. Em outra história, a morte da goma é a introdução a uma visita ao céu. Os filhos da goma assassinada sobem ao céu para se vingar.

Outras histórias são desenvolvidas de modo a formar um roteiro complexo e romanesco. As lendas de criação dos polinésios têm este caráter. Mesmo entre as tribos que gostam da anedota etiológica breve ocorrem histórias que contêm os elementos de um poema épico. O contorno simples de uma história de família dos kwakiutls pode servir como exemplo: o Pássaro-trovão e sua esposa moram no céu, eles descem para nossa terra e se tornam os ancestrais de uma família. O Transformador se encontra com eles e, numa série de competições, os dois descobrem que têm poder igual. Finalmente, o Transformador coloca sapos no estômago do Pássaro-trovão ancestral, que os remove e os deposita numa pedra. Os filhos de um de seus amigos aparecem e então os sapos entram em seus estômagos, mas eles são curados pelo Pássaro-trovão ancestral. Em troca, ele recebe uma canoa mágica. A história segue e relata o nascimento, crescimento mágico e aventuras de seus quatro filhos. Sua esposa é violentada por um espírito e dá à luz um garoto que é lavado no muco de uma serpente de duas cabeças. Assim, sua pele se transforma em pedra. A história continua com uma longa série de aventuras bélicas deste filho. Ele acaba seduzindo uma princesa para um de seus irmãos. Numa visita à casa dela, o filho desta princesa é zombado pelas crianças na aldeia do pai dela. A segunda esposa do pai dela é escravizada por Corpo-de--Pedra, o jovem cuja pele foi transformada em pedra. Ela dá à luz um garoto e, com um truque, consegue fugir com seu filho. Os dois irmãos crescem e, numa série de aventuras e façanhas, ambos obtêm poderes sobrenaturais. Eles se encontram e viajam juntos para a aldeia de seus pais, matando e transformando monstros perigosos no caminho. Enquanto isso, Corpo-de-Pedra obteve um cerimonial de uma tribo do sul e vai para a Montanha-Pena ao norte para obter penugem de pássaro, necessária para esta dança. No seu caminho de volta, ele encontra os ancestrais de outra tribo e eles competem com poderes mágicos. Ele é derrotado e morto com toda a sua trupe. Na história principal, este incidente é omitido. Ele continua e os dois irmãos, os filhos da mulher que fugiu, viram sua canoa e o matam. Numa visita para o pai dela, a mulher casada com o irmão de Corpo-de-Pedra vê a cabeça de Corpo-de-Pedra e seu filho relata isto depois de seu retorno. Então o povo de seu marido parte para se vingar, mas todos são mortos pelos dois irmãos, que oferecem um banquete em sua casa e maltratam seus convidados.

Até agora, tratamos apenas do reflexo da vida cultural na forma da narrativa. Sua influência também se expressa de outra maneira. Quando a narrativa está completamente integrada à vida das pessoas, ocorre um processo bastante semelhante àquele que observamos na arte decorativa. Assim como uma forma geométrica muitas vezes recebe um significado secundário que é injetado nela, também a narrativa recebe uma significância interpretativa que é bastante diferente do conto original; e assim como na arte decorativa o significado extrínseco varia de caráter de acordo com a cultura do povo, também o estilo da interpretação de um conto depende dos interesses culturais do povo que o conta e, consequentemente, assume formas distintas. Nós vimos que estilos artísticos tendem a ser disseminados por áreas amplas, enquanto o significado explicativo da arte demonstra uma individualidade muito maior. Precisamente da mesma maneira, as histórias tendem a viajar por áreas enormes, mas sua significância muda de acordo com os vários interesses culturais das tribos. Como um exemplo, refiro-me à história da garota que se casou com um cachorro, uma história bastante espalhada pela América do Norte. Ela é usada para explicar a origem da Via Láctea (Alasca); a origem do herói cultural (Colúmbia Britânica); a origem do ancestral tribal (sul da Colúmbia Britânica); a origem de um desfiladeiro vermelho (interior do Alasca); a origem da Sociedade do Cão (Pés-pretos); e a razão dos cachorros serem os amigos do homem (Arapaho)[47].

A perspectiva do desenvolvimento histórico das histórias explicativas expressa aqui é análoga àquela que trata da relação entre o simbolismo e o desenho. O tipo geral de interpretação do simbolismo existe na tribo, e a história é feita para se conformar a ele. Em muitos casos, a explicação simbólica ou interpretativa é um elemento estrangeiro adicionado ao desenho ou à história de acordo com um padrão estilístico que controla a imaginação do povo. Este processo também pode levar indiretamente a um desenvolvimento estilístico semelhante de outras representações, ou a tentativas de explicar fenômenos da natureza. A forma resultante só pode se desenvolver embasada num estilo preexistente que tem sua origem em fontes não simbólicas e não interpretativas.

Não devemos pressupor que o estilo literário de um povo seja uniforme – pelo contrário, as formas são muito variadas. Eu já observei que a unidade de

---

47. WATERMAN. "The Explanatory Element in the Folk-tales of the North American Indians". *Journal of American Folk-lore*, vol. 27, 1914, p. 28s.

estilo também não é encontrada na arte decorativa, e que podemos citar muitos casos em que estilos diferentes são usados em indústrias diferentes ou por grupos diferentes da população. Assim, encontramos numa tribo histórias complexas que têm coesão estrutural definida e anedotas breves; algumas contadas com um deleite evidente quanto a detalhes difusos, outras quase reduzidas a uma fórmula. Um exemplo disto são as histórias longas e as fábulas animais dos esquimós. As primeiras tratam de eventos que acontecem na sociedade humana, de viagens aventureiras, de encontros com monstros e seres sobrenaturais, dos feitos de xamãs. Elas são histórias romanescas. Por outro lado, muitas das fábulas animais são meras fórmulas. Contrastes semelhantes são encontrados nas histórias e fábulas dos negros.

Os estilos de canções também variam consideravelmente de acordo com a ocasião para a qual elas são compostas. Entre os kwakiutls, encontramos canções longas em que a grandeza dos ancestrais é descrita na forma de recitativos. Em festivais religiosos, utilizam-se canções de estrutura rítmica rígida para acompanhar danças. Nelas, as mesmas palavras ou sílabas são repetidas continuamente, apenas apresentando outra apelação para o ser sobrenatural em cuja honra elas são cantadas em cada nova estrofe. Também são de um tipo diferente as canções de amor, que não são nem um pouco raras.

É notável que certas formas literárias, encontradas entre todas as raças do velho mundo, sejam desconhecidas na América. Particularmente, pertence a este grupo o provérbio. A posição importante do provérbio na literatura da África, Ásia e também da Europa até tempos bastante recentes é bem conhecida. Particularmente na África encontramos o provérbio sendo utilizado constantemente. Ele é até a base de decisões de tribunais. A importância do provérbio na Europa é ilustrada pelo modo como Sancho Pança o aplica. A literatura asiática é igualmente rica em ditos proverbiais. Entretanto, não conhecemos quase nenhum dito proverbial de índios americanos. Eu me referi anteriormente a alguns ditos metafóricos dos tsimshians, os únicos ditos metafóricos que conheço ao norte do México[48].

Encontramos as mesmas condições quanto à charada, um dos passatempos favoritos do velho mundo, mas que está quase completamente ausente na América. Conhecemos charadas do Rio Yukon, uma região onde podemos encontrar influências asiáticas em várias características culturais, e também em Labrador. Em outras partes do continente, questionamentos cuidadosos não revelaram sua ocorrência. É notável que mesmo no Novo México e no Arizona, onde índios e espanhóis viveram lado a lado por vários séculos e onde a literatura indígena

---

48. Eu obtive um ditado dos esquimós do estuário do Cumberland: "Se eu for buscá-los eu seria como aquele que vai comprar as costas de um salmão" (ou seja, algo sem valor).

está cheia de elementos espanhóis, a charada ainda assim não tenha sido adotada, mesmo que os espanhóis dessa região gostem tanto de charadas quanto os de outras partes do país. Entretanto, Sahagun registra várias charadas do México[49].

Como um terceiro exemplo, menciono o desenvolvimento peculiar do conto de animais. A fábula animal através da qual a forma e os hábitos dos animais, ou a existência de fenômenos naturais é explicada é comum à humanidade por todo o mundo. A fábula moralizante, por outro lado, pertence ao velho mundo.

A distribuição da poesia épica também é ampla, mas ainda assim limitada a uma área circunscrita bastante definida, a saber, a Europa e uma parte considerável da Ásia Central. Já mencionamos que na América ocorrem tradições tribais longas e conexas, mas até agora jamais descobrimos nenhum traço de uma composição que poderia ser chamada de um romance ou de um verdadeiro poema épico. Também não podemos designar como poesia épica as lendas polinésias que falam da ascendência e dos feitos de seus chefes. A distribuição desta forma só pode ser compreendida com base na existência de relações culturais antigas. Por esta razão, a análise de Wundt sobre a origem do poema épico não parece adequada. Ela só tem significado quando existia a inclinação de expressar em canções a história tribal e os feitos de heróis, um padrão que se desenvolveu localmente, mas que não é de ocorrência universal.

Com base na distribuição destes tipos, podemos estabelecer duas conclusões: Primeira, que estas formas não são necessariamente passos no desenvolvimento da forma literária, mas que elas ocorrem apenas sob certas condições; segunda, que as formas não são determinadas pela raça, e dependem de acontecimentos históricos.

Se na época em que os europeus chegaram ao novo mundo a literatura dos americanos não possuía os três tipos de literatura que mencionamos, não se segue que eles teriam aparecido num momento posterior. Não temos razão nenhuma para pressupor que a literatura americana era menos desenvolvida do que a da África. Pelo contrário, a arte da narrativa e da poesia são altamente desenvolvidas em muitas partes da América. Em vez disso, devemos pressupor que as condições históricas levaram a uma forma diferente daquela do velho mundo.

A distribuição ampla da maioria destas formas entre europeus, mongóis, malaios e negros prova a independência do desenvolvimento literário da ascendência racial. Ela demonstra ser uma das características da área cultural de extensão enorme que engloba quase todo o velho mundo, e que também em outras características aparece em contraste distinto com o novo mundo. Mencionarei aqui apenas o desenvolvimento de um procedimento judicial formal, baseado na exibição de provas, no juramento e no ordálio, e a ausência deste complexo na

---

49. SAHAGUN, B. (cf. nota 40, p. 137), vol. 2, p. 236-237.

América; e a ausência na América da crença na obsessão e no mau-olhado que é amplamente conhecida no velho mundo.

As características da poesia nos levam a uma consideração sobre as formas da música. O único tipo de música que tem ocorrência universal é a canção; e, portanto, devemos buscar a fonte da música aqui. Características universalmente válidas da canção também serão princípios gerais da música. Dois elementos são comuns a todas as canções: o ritmo e intervalos fixos. Já mostramos que não devemos conceber o ritmo com base em nossa regularidade moderna como uma sequência de métricas de duração igual e uma subdivisão um tanto livre, pois sua forma é muito mais geral. Irregularidades aparentes não devem ser interpretadas erroneamente como uma falta de ritmo, pois em cada repetição de uma canção a mesma ordem é preservada sem mudanças. Precisamente assim como a ordem rítmica na arte decorativa primitiva é mais complexa do que a nossa, também o ritmo da música parece ser mais complexo. Métricas regulares ocorrem, mas elas não são confinadas a compassos de 2, 3 ou 4 tempos como os nossos – sequências de 5 ou 7 tempos ocorrem frequentemente e até predominam em alguns tipos de música: ritmos de cinco tempos são comuns no noroeste da América, de sete tempos no sul da Ásia. Encontramos alterações de ritmos que não são familiares para nós, assim como sequências muito complexas que simplesmente não podem ser reduzidas a métricas. O melhor modo de descrever o ritmo de muitos tipos de música primitiva é como uma sequência regular de frases musicais de estrutura irregular. Às vezes as frases se expandem em unidades rítmicas longas sem subdivisões reconhecíveis.

Um segundo elemento fundamental de toda música é o uso de intervalos fixos que podem ser transpostos de um ponto da série de tons para outro e que sempre são reconhecidos como equivalentes. Ao cantar, estes intervalos são naturalmente imprecisos, pois a entonação é incerta e oscilante, dependendo da intensidade da excitação emocional. É provável que os intervalos aumentem quando as emoções dos cantores elevam-se a um tom maior. É, portanto, difícil, e talvez impossível, dizer o que os cantores pretendem cantar. O intervalo musical pode ser comparado com a melodia da linguagem. A maioria das linguagens não usa o tom como uma parte importante e significativa da articulação. O uso do tom na linguagem tem distribuição mais ampla do que normalmente se pensa. Ele não é de modo nenhum uma característica exclusiva do chinês, ocorrendo também na África, assim como na América, para não falarmos de seu uso familiar nas linguagens escandinavas e no grego antigo. Teoricamente, é concebível que a fala humana antiga possa ter usado intervalos fixos e a entonação musical de vogais e consoantes vocalizadas, assim como o timbre diferente de vogais (as nossas *a*, *e*, *i*, *o*, *u* e outros valores vogais), para expressar ideias diferentes, mas não podemos provar que isto realmente ocorreu. É muito mais provável, de acordo com as evidências linguísticas disponíveis, que o tom musical na linguagem seja um desenvolvimento secundário que se seguiu ao desaparecimento de elementos formativos. Devemos também considerar que, em linguagens com tom, sons semivocálicos são de grande importância e eles não são partes típicas da sequência melódica, apesar de ocorrerem como terminações de versos. Além do mais, os intervalos da fala não são fixos, e variam consideravelmente de acordo com a posição da palavra na frase. Portanto, não parece provável que a melodia possa ser derivada diretamente da fala, como Herbert Spencer tentou fazer. Eu prefiro seguir a opinião de Stumpf, que exige uma origem diferente para o intervalo fixo. É muito mais provável que o grito sustentado use intervalos fixos e tons estáveis.

Qualquer que seja sua origem, precisamos reconhecer a existência dos intervalos fixos e sua capacidade de transposição como os requerimentos fundamentais de toda música. É verdade que em algumas linguagens o valor do intervalo fixo é sentido fortemente. Isto é demonstrado pela assim chamada linguagem de tambores da África Ocidental, onde a melodia e ritmo da fala são repetidos em tambores de tons definidos e onde estas sequências de tons são compreendidas.

Investigações suplementares da música primitiva exigem um estudo dos próprios intervalos. Não obstante as grandes diferenças entre os sistemas, verificamos que todos os intervalos podem ser interpretados como subdivisões da oitava. Para um ouvido destreinado, a oitava aparece muito costumeiramente como um tom único; em outras palavras, não se faz distinção entre um tom e sua oitava. Em menor grau isto vale para a quinta e até para a quarta. A maioria dos intervalos que foi encontrada deve ser tratada como subdivisões da oitava. Entretanto, a subdivisão nem sempre procede de acordo com princípios harmônicos como na nossa música, mas sim através de tons equidistantes. O desenvolvimento da harmonia na música moderna teve o efeito de nos fazer perder toda percepção da equidistância numa série harmônica, e também que a música recente em que tons equidistantes não harmônicos são empregados requer uma ruptura difícil com o padrão de forma musical ao qual estamos acostumados. Depois de uma longa batalha, chegamos a um acordo entre os dois sistemas, o harmônico e o equidistante, ao dividirmos a oitava em doze partes iguais que se aproximam bastante dos intervalos harmônicos naturais, ainda que as diferenças sejam perceptíveis a um ouvido treinado. Os javaneses dividem a oitava em sete passos equidistantes, os siameses em cinco – sistemas que estão num conflito fundamental com os de nossa música. Para resumir, existe uma grande variedade de escalas que servem como fundamentação para os sistemas musicais de povos diferentes. Todos parecem ter em comum a oitava como fundamentação.

Eu não me estenderei mais sobre este assunto complicado, porque ainda não encontramos um método seguro que nos permita dizer definitivamente sobre o que as pessoas *querem* cantar quando não existe nenhuma teoria da música entre elas como existe entre nós ou entre os povos civilizados da Ásia, e que não têm instrumentos construídos com exatidão.

Entre os instrumentos musicais, um tipo é de distribuição universal: os instrumentos de percussão, ou talvez melhor, instrumentos para produzir sons que carreguem o ritmo da canção. Nos casos mais simples, são gravetos usados para bater em tábuas ou em outros objetos ressonantes. Mas, além deles, encontramos em todos os lugares o uso de algum tipo de tambor: caixas de madeira ocas, cilindros ocos ou aros cobertos com um couro. Também ocorrem chocalhos e outros dispositivos locais para produzir sons. Os instrumentos de sopro para propósitos musicais não são tão gerais. Apitos usados como chamados talvez sejam universais, mas a flauta não é usada em todos os lugares como um instrumento musical. O uso de instrumentos de cordas é ainda mais restrito. Na época da descoberta, eles eram inteiramente desconhecidos na América. Entre as tribos primitivas, incluindo toda a América, a canção era acompanhada apenas por batidas rítmicas ou instrumentos de percussão. É interessante notar que as batidas nem sempre coincidiam com o acento da canção, tendo muitas vezes um ritmo independente, ainda que coordenado (cf. p. 301). A canção com partes diferentes também é desconhecida na música primitiva. Na África, temos cantores solos com a resposta de um coro, e um tipo de polifonia devido à sobreposição deles. Observa-se na África ocasionalmente canções realmente em partes.

A música sempre é expressionista, e conseguimos associar um estado de espírito definido com uma melodia ou um ritmo, mas estas associações variam consideravelmente com estilos locais. Eu já me referi em outro lugar às sensações que nós associamos com os tons maiores e menores. Elas não são de modo nenhum compartilhadas com povos que cresceram sob a influência de outro estilo musical. É provável que o significado simbólico da música em si seja mais vago que o da canção; mas é difícil chegar a uma decisão definitiva sobre esta questão, pois quase não há música sem canção ou sem associação com ações simbólicas ou representativas. Esta condição talvez seja comparável com a que encontramos quanto à significância simbólica nas artes gráficas e plásticas, cujas conotações são, como vimos, certas apenas quando existe uma relação definida entre forma e conteúdo implícito. É inteligível que um tipo de melodia que sempre seja aplicado em cerimônias fúnebres produza o efeito emocional apropriado, enquanto o mesmo tipo de melodia sem este ambiente definido pode ter um efeito bastante diferente.

O estado atual de nosso conhecimento da música primitiva não permite que estabeleçamos áreas musicais definidas, mas conhecemos o suficiente para provar que, como em todas as outras características culturais, podemos reconhecer uma série de áreas musicais, cada uma delas caracterizada por traços fundamentais comuns. O compasso estreito de melodias de canções do leste da Sibéria, a cadência decrescente com repetições de motivos numa série decrescente de tons fundamentais entre os índios das planícies, a antifonia de canções negras são exemplos deste tipo. Os sistemas variáveis de tonalidade, o uso de música puramente instrumental, o tipo de acompanhamento das canções são outros. Parece bastante certo que é possível determinar grandes áreas onde, por difusão, tipos semelhantes de arte musical se desenvolveram e onde, por subdivisão, tipos locais podem ser segregados de caráter semelhante àqueles encontrados na arte decorativa. Mesmo na música popular moderna da Europa podemos reconhecer um caráter definido da música popular de cada nação. Melodias emprestadas adaptadas a formas locais ilustram este tipo de individualidade. Como um exemplo desta adaptação, ofereço na página seguinte uma canção alemã que foi adotada pelos mexicanos. Ela provavelmente foi levada para lá pelo exército de Maximiliano[50].

Quanto à inter-relação entre os movimentos corporais e as articulações, parece provável que movimentos corporais rítmicos liberam articulações rítmicas, ou seja, canções; e que, neste sentido, canções que consistem em sílabas sem significado podem ter sua origem no movimento. Por outro lado, a excitação engendrada pela canção leva a movimentos que estão relacionados ao ritmo da canção, de modo que, neste sentido, uma dança é condicionada pela canção. Com "dança" queremos dizer aqui os movimentos rítmicos de qualquer parte do corpo, o balanço dos braços, movimentos do tronco ou da cabeça, ou movimentos das pernas e pés. As duas formas de expressão são determinadas mutuamente.

Precisamos nos lembrar aqui das observações gerais que fizemos no começo sobre toda a arte. Nós vimos que, sem um elemento formal, a arte não existe. O trabalho técnico sem forma fixa não cria fruição artística. Da mesma maneira, movimentos violentos e expressivos surgidos da paixão do momento não são arte. A arte, como uma expressão dos sentimentos, requer forma tanto quanto a arte nascida do controle de processos técnicos. Se isto não fosse autoevidente, poderíamos também apontar que o grito apaixonado não é nem poesia nem música. Portanto, não é apropriado chamarmos de dança todos os movimentos violentos que ocorrem nas vidas dos povos primitivos. Precisamos reservar o termo para movimentos de forma fixa, ainda que possamos reconhecer que no ápice da excitação a dança pode se tornar um tumulto de movimentos disformes, assim como a música pode mudar para gritos disformes de excitação selvagem.

Nós observamos entre todas as tribos primitivas que as emoções que encontram expressão em atividades motoras adotam uma forma definida. Neste sentido, a dança enquanto uma forma de arte pode ser puramente formal, ou seja, sem significado simbólico. Seu efeito estético pode estar fundamentado na fruição do

---

50. Irmão do imperador austríaco Francisco José I, Maximiliano, com apoio de Napoleão III, governou o México de 1864 a 1867, quando foi deposto e executado [N.T.].

movimento corporal, muitas vezes reforçado pela excitação emocional liberada pelo movimento da dança. Quanto mais formal a dança, mais forte será a fruição puramente estética em contraposição ao elemento emocional.

Nós não estamos bem-informados sobre a distribuição local de tipos de dança entre povos primitivos, mas sabemos o suficiente para nos permitir afirmar que, assim como na arte decorativa e na música, ocorrem áreas de formas de dança semelhantes. As danças conjuntas dos índios pueblo em que participam um grande número de dançarinos vestidos da mesma forma e em formação são completamente desconhecidas na costa do Pacífico Norte, onde predomina a dança solitária. Na dança feminina formal da costa noroeste, a dançarina fica no mesmo lugar com as mãos erguidas até a altura da face, com as palmas para a frente, tremendo. Os movimentos corporais são dobras suaves dos joelhos e um balanço leve do corpo. O dançarino koryak que segura o tambor move-se de modo bastante diferente, balançando seu corpo com os quadris e batendo no tambor (cf. fig. 73, p. 88). Danças conjuntas dos dois sexos são raras, e os dançarinos tendem a não se mover de modo que seus corpos tenham contato íntimo. Encontramos com maior frequência ou danças solitárias ou vários dançarinos que repetem os mesmos movimentos. A eficácia da dança é aumentada pela ordem em que os dançarinos se posicionam e se movem.

Os movimentos simbólicos talvez sejam ainda mais frequentes do que a dança puramente formal. Eles são usados não apenas como acompanhamento de canções, mas também na oratória, e o jogo muscular que acompanha conversações agitadas entre o orador e o ouvinte é uma manifestação da relação entre a linguagem e os movimentos simbólicos. Estes também são padronizados em cada área cultural. O número de gestos determinados organicamente é muito pequeno. A maioria deles é padronizada culturalmente. Muitos são tão automáticos a ponto de serem invocados imediatamente pela forma de pensamento. Em outros casos, o orador aumenta o efeito de suas palavras usando gestos apropriados, e o significado da canção muitas vezes se torna mais vívido através de movimentos significativos. Assim, o coro dos índios do pueblo de Laguna canta:

> No leste, ergue-se o sol jovem
> Aqui no oeste ele se move com a vida e vegetação
> Carregando-as em sua cesta enquanto ele anda.

Quando esta canção é cantada, o cantor se volta para o oeste e move-se para a frente. A palavra "vegetação" é expressa empurrando as mãos alternadamente para cima; "cesta", com um círculo largo com as duas mãos que se juntam à frente do corpo. O gesto expressa o ato de carregar numa cesta. A palavra "anda" é indicada esticando-se as mãos à frente do corpo, acenando para cima.

Os kwakiutls cantam o seguinte[51]:

> Estou andando pelo mundo comendo em todos os lugares com o Canibal-na-Ponta-Norte-do-Mundo.
> Eu fui para o centro do mundo; o Canibal-na-Ponta-Norte-do-Mundo grita "comida".

---

51. BOAS, F. "Social Organization and Secret Societies of the Kwakiutl Indians". *Annual Report of the United States National Museum*, 1895, p. 457.

O dançarino acompanha com movimentos esta canção cantada por um coro. Seus braços tremem da direita para a esquerda. Nas palavras "Estou andando" os braços se esticam para um lado; "pelo mundo", eles giram num círculo; "Eu", os ombros são trazidos alternadamente para a frente e para trás; "comendo em todos os lugares", a mão direita se estica para fora como se estivesse pegando comida e então é trazida para a boca, enquanto a esquerda descreve um grande círculo, indicando "em todos os lugares"; "Canibal-na-Ponta-Norte-do-Mundo", ambas as mãos são dobradas para dentro e as pontas dos dedos movidas para a boca, significando "o comedor"; "Eu fui" é expresso como antes; "Canibal-na-Ponta-Norte-do-Mundo grita 'comida'", o sinal do espírito canibal é feito; então os braços são esticados para trás, as palmas voltadas para baixo, e a cabeça também abaixa, o que seria a atitude do espírito canibal ao gritar "comida". "O centro do mundo", quando estas palavras são cantadas, o dançarino está à frente da fogueira e olha para o fundo da casa na atitude característica do canibal, e o fundo da casa é o centro do mundo.

O desenvolvimento posterior dos movimentos que acompanham a canção leva a pantomimas verdadeiras e, eventualmente, a *performances* dramáticas.

Conclusão

Nós agora completamos nosso exame das formas da arte primitiva e tentaremos resumir os resultados de nossa investigação.

Nós vimos que a arte surge de duas fontes, de empreitadas técnicas e da expressão de emoções e pensamentos, assim que eles assumem formas fixas. Quanto mais energético o controle da forma sobre movimentos descoordenados, mais estético o resultado. A fruição artística, portanto, se baseia essencialmente na reação de nossas mentes à forma. O mesmo tipo de fruição pode ser liberado por impressões recebidas de formas que não são o trabalho de homens, mas elas não podem ser consideradas como arte, apesar da reação estética não ser diferente da que recebemos da contemplação ou audição de uma obra de arte. Quando falamos de produção artística, elas devem ser excluídas. Quando tratamos apenas de reações estéticas, elas devem ser incluídas.

O efeito estético do trabalho artístico que se desenvolve apenas a partir do controle da técnica se baseia na alegria engendrada pelo domínio da técnica e também no prazer produzido pela perfeição da forma. A fruição da forma pode ter um efeito de exaltação sobre a mente, mas este não é seu efeito primário. Sua fonte é, parcialmente, o prazer do virtuose que supera dificuldades técnicas que desconcertam sua inteligência. Enquanto não se sentir um significado profundo na forma, seu efeito será, para a maioria dos indivíduos, prazeroso, mas não exaltante.

Nós vimos que nas várias artes manifestam-se princípios formais definidos, cuja origem não tentamos explicar, mas que aceitamos como presentes na arte do ser humano por todo o mundo, e que por esta razão consideramos como as características mais antigas e fundamentais de toda a arte. Nas artes gráficas e plásticas, estes elementos são a simetria, o ritmo e a ênfase da forma. Nós descobrimos que a simetria é, de modo muito geral, bilateral e sugerimos que isto possa se dever à simetria dos movimentos manuais assim como à observação da simetria bilateral em animais e no homem. Nós também observamos que a repetição rítmica ocorre normalmente em faixas horizontais e apontamos a experiência geral de que objetos naturais do mesmo tipo, ou de tipos semelhantes, são dispostos em estratos horizontais, como bosques, montanhas e nuvens; pernas, corpo e membros. A forma rítmica parece estar intimamente relacionada a processos técnicos, ainda que outras causas da repetição rítmica sejam reveladas na poesia. Os processos técnicos mais simples produzem uma repetição simples dos mesmos motivos, mas com o aumento do virtuosismo ordens mais complexas se tornam a regra. Quanto mais se desenvolve o virtuosismo, mais complexos são os ritmos que podem aparecer. A capacidade dos artistas primitivos de apreciar o ritmo parece ser muito maior do que a nossa.

O desejo de enfatizar a forma se fez sentir na aplicação de linhas à borda. Também observamos a tendência dos desenhos da borda de se tornarem exuberantes e invadirem o campo decorativo. Não é menos importante a tendência de adicionar ornamentos a lugares importantes do objeto decorado e dividir o campo decorativo de acordo com princípios fixos.

Apesar das características tratadas até agora serem traços comuns da arte em todo o mundo, elas não explicam o estilo de áreas separadas. Nós tratamos este problema detalhadamente no campo da arte decorativa. Aqui nossa atenção se concentrou primeiro no fato de que a arte puramente formal ou, talvez melhor, a arte que é aparentemente puramente formal recebe um significado que a dota com um valor emocional que não pertence apenas à beleza da forma. É um elemento expressionista comum a muitas formas de arte primitiva. Ele é eficaz porque na mente das tribos certas formas são símbolos de um conjunto limitado de ideias. Quanto mais firme a associação entre uma forma e uma ideia definida, mais claramente se destaca o caráter expressionista da arte. Isto vale tanto para as artes gráficas e plásticas quanto para a música. Nas primeiras, uma forma geométrica; na segunda, um aglomerado de sons, um tipo particular de fraseado musical, se associados a um significado definido, evocam emoções ou até mesmo conceitos definidos. Um estudo destas condições também mostra que uma reação uniforme à forma é indispensável para a eficácia de uma arte expressionista, uma condição que não ocorre em nossa própria sociedade moderna, de modo que uma arte expressionista só pode atrair um círculo de adeptos que sigam as linhas de pensamento e sentimentos desenvolvidas por um mestre. A arte simbólica ainda pode ser aplicada com sucesso no caso de alguns símbolos que têm associações fixas válidas para todos nós.

A distribuição ampla de formas simbólicas e a distância de sua semelhança com os objetos que simbolizam nos levaram a uma consideração da questão de sua história. Nós examinamos particularmente a teoria que toda reprodução artística é, em sua origem, naturalista e que a geometrização cresce apenas quando o artista tenta introduzir ideias que não são inerentes ao próprio objeto. Nós vimos que esta teoria não se sustenta, porque a representação realista e a geometrização surgem de fontes distintas. Nas artes plásticas, o contraste entre as duas tendências não aparece tão claramente quanto nas artes gráficas. Nas primeiras, ele é encontrado mais no tratamento de superfícies do que nos contornos gerais. Nas artes gráficas, a questão se complica por causa das dificuldades envolvidas na representação de um objeto tridimensional numa superfície bidimensional, um problema que o artista precisa resolver. Isto pode acontecer de duas maneiras. Ou pode-se tentar uma representação em perspectiva do objeto como ele aparece num momento dado, ou o artista pode decidir que o essencial é mostrar todas as suas partes características, sejam elas visíveis num único ponto de vista ou não. O primeiro método enfatiza as características acidentais e é impressionista; o segundo enfatiza os elementos que constituiriam as qualidades fundamentais do objeto, e é expressionista. Os dois métodos que chamamos de simbólico e em perspectiva são absolutamente distintos e não podem se desenvolver um a partir do outro. Também vimos que a aplicação consistente do método em perspectiva só é alcançada quando introduzimos também o princípio da indistinção dos pontos que são removidos do centro do campo de visão e da dependência da cor em relação ao ambiente. Tudo isto foi tentado em nossa época sem encontrar aceitação geral. O método simbólico é sempre mais ou menos oscilante na aplicação de seu princípio. Às vezes tenta-se uma correção da perspectiva do contorno com um grau considerável de liberdade em relação ao tratamento detalhado dos símbolos considerados importantes. São deste caráter as pinturas egípcias com sua vacilação entre visões frontais e perfis. Em outros casos, o realismo do contorno é sacrificado inteiramente e a forma pode ser reduzida a uma mera congregação de símbolos.

Propôs-se a teoria de que os ornamentos geométricos se desenvolveram a partir da degeneração de desenhos em perspectiva; e em parte também pela degeneração de desenhos simbólicos. Pressupõe-se que o símbolo, ou o objeto representado, foi mal-entendido e que no decorrer do tempo, através de um processo de desatenção, através de representações descuidadas e imprecisas, as formas se tornaram fragmentárias e finalmente perderam qualquer semelhança ao original. Não é possível aceitar esta teoria, porque as condições sob as quais a suposta desatenção ocorre raramente se realizam. O trabalho relaxado não ocorre numa cultura primitiva intocada. Podem ocorrer mal-entendidos em casos de empréstimos de desenhos ou de uma transformação gradual dos conceitos que encontram expressão na arte decorativa. O relaxamento real é encontrado na produção industrial. Através do exame de alguns casos deste tipo, conseguimos demonstrar que ele não leva à geometrização, mas sim ao crescimento de um individualismo parecido com o de nossa caligrafia. Não podemos negar que em tais casos realmente ocorrem ocasiões para reinterpretações que resultam em mudanças de forma, mas eles não são frequentes. Por outro lado, conseguimos demonstrar que a inserção de significados realistas em formas geométricas é bastante comum. Nós provamos isto através de uma comparação detalhada do estilo de pintura e bordado dos índios das planícies norte-americanas, que descobrimos ser praticamente idêntico em todos os lugares, enquanto as interpretações variavam de tribo para tribo. Este fenômeno concorda com a tendência geral de manter intacta a forma, mas dotá-la com novos significados de acordo com os interesses culturais principais do povo. Nós apontamos o predomínio da mesma tendência em contos populares e rituais. Como uma explicação geral, a geometrização de padrões realistas é, portanto, inaceitável. Na maioria dos casos, ela parece resultar mais da inclinação do homem de dar um significado à forma geométrica, assim como gostamos de ler significados nas formas de nuvens e montanhas. Também fomos capazes de descrever alguns casos em que o processo de inserção foi realmente observado.

Um outro fato nos impede de tratar a geometrização como um processo histórico geral. Apenas muito raramente encontramos os passos distribuídos de modo que possamos dizer que eles se seguem um ao outro no tempo. É muito mais comum que todos sejam encontrados ao mesmo tempo entre o mesmo povo.

Considerando todos estes pontos, chegamos à conclusão de que a forma estilística que contém em grau maior ou menor elementos geométricos constantes é decisiva para determinar a maneira pela qual as representações são realizadas. Fomos então levados à tentativa de encontrar os princípios subjacentes aos estilos artísticos.

Nós abordamos este assunto através do estudo de algumas formas artísticas. Nós comparamos vários estilos artísticos que utilizam a espiral, e descobrimos em cada um deles traços característicos, tanto quanto à forma da espiral como ao trabalho do campo decorativo. Da mesma maneira, observamos que na arte dos índios norte-americanos os mesmos tipos de triângulos e retângulos são usados por todas as tribos, mas existem diferenças típicas no tratamento do campo decorativo. O problema foi desenvolvido num certo detalhe através de um estudo da arte decorativa da costa do Pacífico Norte, que é de caráter altamente simbólico. Este exemplo nos ensinou algo a mais, a saber, que na arte simbólica a seleção dos símbolos é de importância decisiva para definir o estilo e que a disposição dos símbolos está sujeita ao mesmo tratamento formal do campo decorativo que controla a disposição de motivos geométricos.

Com base neste estudo, concluímos que os tipos particulares de motivos geométricos que participam da forma representativa, além do tratamento do campo decorativo, determinam o caráter do desenho e que o grau de realismo depende da importância relativa dos elementos geométrico e representativo. Quando a tendência puramente decorativa prevalece, temos essencialmente formas geométricas altamente convencionalizadas, quando a ideia de representação prevalece, temos, ao contrário, formas mais realistas. Em todos os casos, entretanto, o elemento formal que caracteriza o estilo é mais antigo que o tipo particular de representação. Isto não significa que representações antigas não ocorram – significa que o método de representação sempre foi controlado por elementos formais de origem distinta.

O padrão de expressão artística que emerge de um processo cumulativo longo determinado por uma multiplicidade de causas molda a forma da obra de arte. Nós reconhecemos a permanência do padrão nos casos em que uma forma útil que perdeu sua função persiste como um elemento decorativo; na imitação em novos materiais de formas naturais usadas num dado momento como utensílios; e na transferência de formas de uma técnica para outra. A fixidez do padrão não permite ao artista aplicar formas naturais sem modificação para propósitos decorativos. Sua imaginação é limitada pelo padrão. Em casos de liberdade maior, o valor representativo pode não ser invadido seriamente. Este é o caso, por exemplo, dos desenhos orientais de palmeiras e dos ornamentos de orelhas das Ilhas Marquesas, em que, em tempos antigos, duas divindades eram representadas uma de costas para a outra, enquanto hoje em dia são entalhadas duas garotas num balanço exatamente no mesmo arranjo espacial. Quando o padrão é altamente formal e não adaptado à representação, o resultado pode ser uma geometrização aparente: a distinção entre estes dois aspectos aparece claramente nos casos em que ideogramas e arte geométrica simbólica aparecem lado a lado.

A arte da costa do Pacífico Norte também provou que não devemos pressupor que o estilo de uma tribo sempre deve ser uniforme, mas sim que é muito possível que em indústrias diferentes, particularmente quando trabalhadas por partes diferentes da população, estilos muito diferentes possam prevalecer. A excelência e a consistência de um estilo, assim como a multiplicidade de formas, dependem da perfeição da técnica. Descobrimos, portanto, que nos casos em que o trabalho técnico é feito apenas pelos homens, eles são os artistas criativos, que quando as mulheres fazem grande parte do trabalho técnico elas não são menos produtivas, e quando os dois sexos trabalham em indústrias diferentes eles podem desenvolver estilos distintos. Entretanto, é mais frequente que o estilo de uma indústria dominante seja imposto a trabalhos feitos por outros processos. A tecelagem em materiais grosseiros pareceu ser uma fonte muito fértil de padrões imitados em pinturas, entalhes e cerâmica.

Uma comparação dos elementos fundamentais encontrados nas artes gráficas e plásticas – nas artes do espaço – em contraste com os elementos da poesia, música e dança – as artes do tempo – exibe certas diferenças e semelhanças. Comum a ambas é o ritmo, e parece provável que o ritmo da técnica seja meramente uma expressão espacial do ritmo do tempo, pois os movimentos rítmicos resultam em formas rítmicas quando aplicados a atividades técnicas. Talvez também possamos falar, em ambos os tipos de arte, de tentativas de enfatizar formas fechadas, pois muitas vezes encontramos frases musicais e ideias únicas na poesia fechadas pelo que poderíamos chamar de uma borda decorativa, consistindo de codas ou estribilhos. Elementos semelhantes também podem aparecer como introduções no começo. O que está completamente ausente nas artes puras do tempo é a simetria, porque uma ordem temporal invertida não transmite a impressão de simetria, como ocorre nas artes do espaço. Ela ocorre apenas num arranjo simétrico de frases. A dança contém elementos das artes espaciais e temporais. Portanto, os princípios das primeiras podem ser observados claramente nas formas de dança. Movimentos rítmicos e ordem espacial rítmica, simetria de posição e de movimento e a ênfase e o equilíbrio da forma são essenciais para formas estéticas de dança.

As artes gráficas e plásticas devem muito de seu valor emocional aos valores representativos e simbólicos da forma. Isto não é menos verdadeiro na literatura, música e dança. A narrativa e a poesia, quando contêm palavras inteligíveis, sempre têm um significado que pode ter uma significância profunda, porque toca os aspectos da vida que agitam as emoções. Frequentemente há um significado adicional, quando as palavras têm uma significância simbólica posterior relacionada a crenças religiosas ou ideias filosóficas. Na música e na dança também se liga frequentemente significância simbólica à forma.

Chegamos ao final de nossas considerações, mas ainda falta responder uma pergunta. Nós vimos que o desejo da expressão artística é universal. Nós podemos até dizer que a maioria da população nas sociedades primitivas sente a necessidade de embelezar suas vidas mais fortemente que o homem civilizado, pelo menos mais do que aqueles cujas vidas se passam sob a necessidade urgente de adquirir os parcos meios de subsistência. Mas, entre outros, também o desejo de conforto muitas vezes supera o desejo de beleza. Entre os povos primitivos o χαλόν χ'αγαϑόν coincidem. O bom e o belo são a mesma coisa. Será que eles então possuem a mesma perspicácia de apreciação estética encontrada em pelo menos parte de nossa população? Eu creio que podemos dizer com segurança que no campo estreito da arte característica a cada povo a fruição da beleza é a mesma que encontramos entre nós: intensa para poucos, leve para a massa. A prontidão para abandonar o próprio eu para a exaltação induzida pela arte é provavelmente maior, porque a coibição convencional de nossa época não existe nas mesmas formas nas vidas deles. O que distingue o sentimento estético moderno do sentimento estético dos povos primitivos é o caráter múltiplo de suas manifestações. Nós não somos tão limitados por um estilo fixo. A complexidade de nossa estrutura social e nossos interesses mais variados permitem que enxerguemos belezas que estão fechadas aos sentidos de pessoas vivendo numa cultura mais estreita. É a qualidade de sua experiência, e não uma diferença de composição mental que determina a diferença entre a produção e apreciação da arte moderna e primitiva.

Índice de ilustrações

Figuras

1 (p. 22) Frente de caixa pintada, Tlingit, Alasca.

2 (p. 24) Jarro Zuni.

3 (p. 25) Cestaria em espiral.

4 (p. 25) Cestaria entrelaçada.

5 (p. 26) Implementos de sílex lascado: *a* América do Norte; *b* Egito.

6 (p. 28) Parte de superfície de vela de madeira, Ilha de Vancouver.

7 (p. 28) Tábua pintada, Terra do Fogo.

8 (p. 28) Desenhos bosquímanos de ovos de avestruz e de bracelete de chifre.

9 (p. 28) Apoios para a cabeça bantos.

10 (p. 29) Remo e escudo, Nova Irlanda.

11 (p. 30) Plano de caixa de couro cru, índios sauk e fox.

12 (p. 30) Plano de caixa de couro cru, índios sauk e fox.

13 (p. 31) Desenho em couro cru para uma caixa, índios sauk e fox.

14 (p. 31) Desenho em couro cru para uma caixa, índios sauk e fox.

15 (p. 32) Desenhos em caixas de couro cru, índios sauk e fox.

16 (p. 33) Franja de perneira, índios Thompson.

17 (p. 34) Tecelagem de sarja mostrando alternação de padrões.

18 (p. 34) Entalhe em proa de canoa bella bella, Colúmbia Britânica.

19 (p. 35) Chocalho, índios kwakiutl, Colúmbia Britânica.

20 (p. 35) Base de faca de sílex, Escandinávia.

21 (p. 36) Pintura facial, Terra do Fogo.

22 (p. 39) Escudos australianos.

23 (p. 39) Pinturas paleolíticas.

24 (p. 42) Padrões de pentes de bambu, Península Malaia.

25 (p. 42) Desenho de lança de bambu, Nova Guiné.

26 (p. 42) Vaso etrusco.

27 (p. 42) Desenhos peruanos.

28 (p. 43) Bolsas de couro cru pintadas, Shuswap, Colúmbia Britânica.

29 (p. 44) Desenhos dos dayaks.

30 (p. 43) Tábua entalhada, expedição Kaiserin Augusta Fluss, Nova Guiné.

31 (p. 44) Desenhos de cerâmica dos *pueblos* antigos.

32 (p. 45) Ornamento em bronze, Suécia, século VII d.C.

33 (p. 45) Desenho de tecido peruano.

34 (p. 46) Desenhos de tecido peruano.

35 (p. 47) Vaso de cerâmica em espiral, índios *pueblo* pré-históricos.

36 (p. 48) Colar dos índios Thompson.

37 (p. 50) Bordados koryaks.

38 (p. 52) Bordados koryaks.

39 (p. 55) Bordado peruano de Ica.

40 (p. 57) Tecido peruano.

41 (p. 57) Tecido peruano.

42 (p. 57) Tecido peruano.

43 (p. 58) Tecido peruano.

44 (p. 59) Tecido peruano.

45 (p. 59) Tecido peruano.

46 (p. 59) Tecido peruano.

47 (p. 61) Padrões de códice mexicano.

48 (p. 64) Vasilhames de cerâmica: *a* Finlândia; *b* Ica, Peru.

49 (p. 65) Vasilhames de casca de bétula; *a, b*, Rio Amur; *c*, Shuswap; *d, e*, Alasca.

50 (p. 66) Vasilhames de cerâmica: *a, b,* Chiriquí, Costa Rica; *c*, Ontário.

51 (p. 67) *a*. Parte de chaleira de pedra-sabão; *b, c, d*, pentes de marfim esquimós.

52 (p. 68) Entalhe em madeira, Bambala, Congo.

53 (p. 69) Vasilhame de cerâmica, tipo Molkenberg, período megalítico.

54 (p. 69) Bolsa, Arapaho.

55 (p. 60) Mocassim bordado, Apache.

56 (p. 70) Vasilhames de casca de bétula; *a, b, c*, índios orientais; *d*, koryak.

57 (p. 70) Vasilhame de cerâmica, Arkansas.

58 (p. 71) Cesta imbricada, Chilcotin, Colúmbia Britânica.

59a (p. 74) Bordado, índios huichol, México.

59b (p. 75) Bordado, índios huichol, México.

60 (p. 75) Traje decorado de pele de peixe, Rio Amur.

61 (p. 77) Fileira superior: ideogramas de índios ojibwa; fileira inferior, de índios dakota.

62 (p. 78) Pintura mexicana do Códice Bourbônico.

63 (p. 79) *a*, figura entalhada, Filipinas; *b*, figura de mármore representando harpista, Thera.

64 (p. 80) Máscara de madeira, Urua, Congo.

65 (p. 80) Tábua entalhada, Golfo da Papua, Nova Guiné.

66 (p. 81) Pintura egípcia.

67 (p. 81) Desenho haida representando uma águia carregando uma mulher.

68 (p. 84) Desenhos egípcios; acima: tigela e jarro; abaixo: pessoa dormindo com cobertor.

69 (p. 85) Entalhe esquimó em presa de morsa, Alasca.

70 (p. 85) Pinturas em pedra bosquímanas.

71 (p. 86) Pintura paleolítica representando bisão.

72 (p. 87) Chapéu dos índios nootka.

73 (p. 88) Entalhes koryaks.

74 (p. 90) Peça fundida de bronze, Benim.

75 (p. 91) Máscara, Rio Cross, Camarões.

76 (p. 91) Cabeça de terracota de Ife, Nigéria.

77 (p. 93) Cabeça de cerâmica de Arkansas.

78 (p. 94) Entalhes em marfim e osso, e tatuagem de esquimós orientais.

79 (p. 97) Ornamentos dos awetis, Brasil.

80 (p. 97) Ornamentos dos karajás.

81 (p. 97) Padrões de cestaria da Guiana Britânica; *a*, cobra perseguindo sapo; *b*, homem; *c*, cão; *d-f*, noz-moscada selvagem.

82 (p. 98) Padrões de cestaria da Guiana Britânica; *a*, centopeia; *b*, capim da savana; *c-f*, caramujos; *g*, borboletas; *h-j*, cobras.

83 (p. 99) Desenhos dos índios cheyennes.

84 (p. 101) Mocassim, arapaho.

85 (p. 101) Estojo de facas, arapaho.

86 (p. 102) Perneira, índios sioux.

87 (p. 103) Tambor dos assiniboine.

88 (p. 104) Bolsa de couro cru, arapaho.

89 (p. 104) Desenho de *parfleche*, shoshone.

90 (p. 105) Estojo de bambu, Melanésia.

91 (p. 105) Tigela zuni, quebrada e com bordas desgastadas.

92 (p. 106) Objeto cerimonial, índios huichóis, México.

93 (p. 108) Objeto cerimonial tecido, índios huichóis, México.

94 (p. 108) Desenho de uma bolsa, índios huichóis.

95 (p. 109) Desenhos de tatuagens, Ilhas Marquesas.

96 (p. 110) Padrões representando a estrela, arapaho.

97 (p. 111) Padrões representando pessoas, arapaho.

98 (p. 111) Padrões representando borboletas, arapaho.

99 (p. 111) Exemplos de divisas de Neu-Mecklenburg; *a*, bambu entalhado; *b*, esteira bordada. A divisa à esquerda no bambu representa uma folha de palmeira, um bracelete ou um verme; o mesmo desenho na esteira, rastros de um crustáceo.

100 (p. 114) Bainha de faca bordada, arapaho.

101 (p. 114) Tábua pintada, Neu-Mecklenburg.

102 (p. 114) Remo decorado, Neu-Mecklenburg.

103 (p. 115) Cobertor de lã de cabrito montês, Tlingit, Alasca.

104 (p. 115) Padrões de cestaria dos índios pomos, Califórnia.

105 (p. 116) Bordado em bainha aberta, México.

106 (p. 117) Desenhos de Ruanda.

107 (p. 118) Desenhos dos pangwe.

108 (p. 119) Desenhos dos bushongos.

109 (p. 120) Pés de pratos de cerâmica, Chiriquí, Costa Rica.

110 (p. 121) Ornamentos polinésios.

111 (p. 121) Flechas de crocodilo, Nova Guiné.

112 (p. 122) Desenhos representando pássaro fragata e crocodilo.

113 (p. 122) Urnas faciais.

114 (p. 123) Desenhos de tatu, Chiriquí.

115 (p. 123) Desenhos dos bushongos representando a cabeça do antílope e o besouro.

116 (p. 124) Desenho representando o búfalo, arapaho.

117 (p. 126) Desenhos dos índios norte-americanos; os nove primeiros, arapaho; os seis seguintes, algonquinos do leste; na última linha, o primeiro hopi; os seguintes espécimes arqueológicos da região dos pueblos.

118 (p. 127) Desenho triangular, pueblo pré-histórico.

119 (p. 131) Estojos de agulhas, Alasca.

120 (p. 132) Carretéis de esquimós, Alasca.

121 (p. 133) Visores e vasilhame, Ammassalik.

122 (p. 136) Desenhos de vasilhames feitos de cabaça de árvore, Oaxaca.

123 (p. 137) Fragmentos de vasilhames de cerâmica, Texcoco.

124 (p. 137) Desenhos de vasilhames de cerâmica, Culhuacán.

125 (p. 138) Desenhos de vasilhames de cerâmica, Culhuacán.

126 (p. 140) Desenhos de vasilhames de cerâmica, Culhuacán.

127 (p. 140) Desenhos de vasilhames de cerâmica, Culhuacán.

128 (p. 140) Desenhos de vasilhames de cerâmica, Culhuacán.

129 (p. 141) Desenhos de jacaré da cerâmica Chiriquí.

130 (p. 144) Bordado chinês representando morcegos.

131 (p. 145) Concha com representação de cascavel.

132 (p. 148) Bastões de arremesso dos esquimós; *a*, Groenlândia; *b*, Baía de Ungava; *c*, Estreito de Cumberland; *d*, Point Barrow; *e*, Alasca (localização exata duvidosa); *f*, Cabo Nome.

133 (p. 155) Felpa, Congo.

134 (p. 158) Pintura haida representando um monstro marinho na forma de lobo, carregando duas baleias.

135 (p. 159) Desenho haida representando a história de um jovem que capturou um monstro marinho.

136 (p. 160) Desenho haida representando parte da história do corvo.

137 (p. 161) Tipos de espiral da Nova Zelândia.

138 (p. 162) Tipos de espiral do leste da Nova Guiné.

139 (p. 163) Espirais do Rio Amur.

140 (p. 164) Ideogramas representando seres humanos: *a*, potawatomi; *b*, wahpeton; *c*, pés-pretos; *d*, dakota; *e*, esquimós do Alasca; *f*, esboços a lápis de um esquimó da costa oeste da Baía de Hudson.

141 (p. 165) Ideogramas: *a*, *b*, *c*, de Cueva de los Caballos; *d*, bosquímanos.

142 (p. 167) Jarro zuni.

143 (p. 167) Bordados hausas.

144 (p. 169) Couro cru pintado, sauk e fox.

145 (p. 169) Couro cru pintado, sauk e fox.

146 (p. 170) Couro cru pintado, sauk e fox.

147 (p. 171) Couro cru pintado, iowa.

148 (p. 172) Couro cru pintado; *a*, iowa; *b*, otoe.

149 (p. 173) Desenho de bolsa, ojibwa.

150 (p. 173) Desenho de dois lados de bolsa, potawatomi.

151a (p. 174) Tipo de pintura de *parfleche* e bolsa, arapaho.

151b, c (p. 174) Tipos de pintura de *parfleche* e bolsa, shoshone.

152 (p. 175) Desenhos arapahos.

153 (p. 176) Desenhos sioux.

154 (p. 181) Capacete Tlingit.

155 (p. 181) Máscara representando guerreiro moribundo, Tlingit.

156 (p. 183) Cabeça entalhada usada em cerimoniais, índios kwakiutl.

157 (p. 184) Entalhes representando o castor de modelos de totens haidas entalhados em ardósia.

158 (p. 184) Entalhe de cabo de colher representando castor, Tlingit.

159 (p. 184) Cocar representando um castor; uma libélula é mostrada no peito do castor, Haida.

160 (p. 186) Pintura para a frente de uma casa colocada sobre a porta, representando o castor, índios kwakiutl.

161 (p. 186) Anzol de halibute com desenho representando um *sculpin* engolindo um peixe, Tlingit.

162 (p. 186) Parte de totem com desenho representando um *sculpin*, Tsimshian.

163 (p. 186) Perneira de lã com desenhos em aplique representando *sculpin*, Haida.

164 (p. 188) Pintura facial representando o *sculpin*, Haida.

165 (p. 188) Cocar representando um gavião, Tsimshian.

166 (p. 188) Cabo de uma colher feito de chifre de cabrito montês; figura de baixo representando um gavião; figura de cima representando um homem segurando uma libélula, provavelmente Tsimshian.

167 (p. 189) Chocalho com desenho de um gavião, Tlingit.

168 (p. 189) Prato feito de chifre de carneiro selvagem, Tlingit.

169 (p. 189) Pintura facial representando gavião, Haida.

170 (p. 189) Cocar representando uma águia portando um sapo no peito, Tsimshian.

171 (p. 190) Pilar de casa representando águia acima e biguá abaixo, Haida.

172 (p. 190) Pintura em remo representando gavião, Kwakiutl.

173 (p. 190) Pintura em costas e uma ponta de um sofá representando homem e gavião, Kwakiutl.

174 (p. 191) Cabo de colher de chifre de cabrito montês representando libélula.

175 (p. 191) Colher de frutas com entalhe representando libélula.

176 (p. 192) *a-e* Entalhes de cabos de colheres de chifre de cabrito montês representando orca, Tlingit.

177 (p. 192) Chocalho representando orca, Haida.

178 (p. 192) Boia de madeira representando orca, Haida.

179 (p. 193) Máscaras e pratos representando a orca, Kwakiutl.

180 (p. 193) Capacete representando a orca, Tlingit.

181 (p. 193) Entalhes de cabos de colheres de chifre de cabrito montês representando o urso.

182 (p. 194) Colheres de frutas representando urso; *a*, *b*, Tsimshian; *c*, Tlingit; *d*, representando orca.

183 (p. 195) Entalhe representando um monstro marinho, Tlingit.

184 (p. 196) Entalhes de cabos de colheres feitos de chifre de cabrito montês representando um monstro marinho.

185 (p. 196) Parte de totem entalhado em ardósia representando tubarão coroado por uma águia, Haida.

186 (p. 196) Cabo de uma adaga representando a cabeça de um tubarão, Tlingit.

187 (p. 197) Cachimbo de madeira representando um tubarão, Tlingit.

188 (p. 197) Tatuagem representando um tubarão, Tlingit.

189 (p. 198) Cabos de colheres representando monstro marinho, Haida.

190 (p. 198) Cabos de colheres feitas de chifre de cabrito montês representando caramujo, Tlingit.

191 (p. 199) Tipos de olhos de vários animais, Kwakiutl; *a*, urso marinho; *b*, urso cinzento; *c*, castor; *d*, lobo; *e*, águia; *f*, corvo; *g*, orca.

192 (p. 200) Tipos de olhos de vários seres, Kwakiutl; *a*, baleia; *b*, leão marinho; *c*, sapo; *d*, serpente de duas cabeças; *e*, homem; *f*, tritão; *g*, espírito do mar.

193 (p. 201) Estilos de caudas, Kwakiutl; acima pássaro; abaixo mamíferos marinhos.

194 (p. 201) Estilos de desenhos de asa e de barbatana, Kwakiutl; acima, barbatana; abaixo, asa.

195 (p. 202) Elementos usados para representar o halibute, Kwakiutl.

196 (p. 202) Elementos usados para representar o lobo, Kwakiutl.

197 (p. 203) Pintura de proa de uma canoa, representando o lobo.

198 (p. 204) Máscaras e pratos representando o lobo, Kwakiutl.

199 (p. 205) Pilar, Haida.

200 (p. 206) Desenhos de um conjunto de varetas de jogo.

201 (p. 207) Desenhos de um conjunto de varetas de jogo.

202 (p. 209) Cobertor chilkat.

203 (p. 209) Cobertor chilkat.

204 (p. 210) Cobertor chilkat.

205 (p. 210) Cobertor chilkat.

206 (p. 211) Modelo de totem com três figuras que representam, de baixo para cima: *sculpin*, cação e monstro marinho; Haida.

207 (p. 212) Máscara representando o gavião, Tlingit.

208 (p. 212) Máscara com pintura representando o pica-pau, Tlingit.

209 (p. 213) Máscara com sobrancelhas que simbolizam a lula, Tlingit.

210 (p. 213) Máscara com pintura que simboliza a orca, Tlingit.

211 (p. 213) Entalhe em madeira representando a orca, Tlingit.

212 (p. 214) Entalhe em madeira representando a barbatana dorsal da orca, Tlingit.

213 (p. 214) Modelo de um totem representando um tubarão, Haida.

214 (p. 215) Bastão de fala representando um tubarão, Tlingit.

215 (p. 216) Colher de frutas com desenho representando a águia.

216 (p. 216) Anzol de halibute representando um castor, Tlingit.

217 (p. 216) Parte de totem representando um tubarão, Haida.

218 (p. 216) Chapéu de dança representando uma orca, Tsimshian.

219 (p. 216) Chapéu de madeira com entalhe representando o *sculpin*.

220 (p. 217) Prato de gordura representando foca.

221 (p. 217) Desenho num bracelete representando um urso, índios do Rio Nass.

222 (p. 218) Pintura representando urso, Haida.

223 (p. 219) Pintura da frente de uma casa representando um urso, Tsimshian.

224 (p. 219) Chapéu de madeira pintado com o desenho de um *sculpin*, Haida.

225 (p. 220) Chapéu feito de raiz de abeto pintado com o desenho de um castor, Haida ou Tsimshian.

226 (p. 220) Tatuagem representando um pato, Haida.

227 (p. 220) Tatuagem representando um corvo, Haida.

228 (p. 221) Avental de dança tecido de lã de cabrito montês, desenho representa um castor, Tsimshian.

229 (p. 221) Perneira pintada com desenho representando um castor sentado na cabeça de um homem, Haida.

230 (p. 221) Sacola de couro com desenho gravado representando um castor, Tlingit.

231 (p. 222) Perneira bordada representando um monstro marinho com cabeça de urso e corpo de orca, Haida.

232 (p. 222) Pintura representando um cação, Haida.

233 (p. 223) Desenho de prato de ardósia representando um tubarão, Haida.

234 (p. 223) Pintura na ponta de um cobertor representando uma orca, Tlingit.

235 (p. 224) Modelo de totem representando um monstro marinho, Haida.

236 (p. 224) Modelo de totem representando um *sculpin*, Haida.

237 (p. 225) Modelo de totem representando monstro marinho devorando um peixe, Haida.

238 (p. 226) Entalhe em ardósia representando o monstro marinho Wasgo, Haida.

239 (p. 226) Tatuagem representando o monstro marinho fabuloso Ts'um'a´ks, Haida.

240 (p. 227) Prato de ardósia com desenho representando uma orca, Haida.

241 (p. 227) Tambor pintado com desenho de uma águia, Tsimshian.

242 (p. 227) Tatuagem representando a lua, Haida.

243 (p. 227) Entalhe na ponta de uma bandeja de comida representando um gavião, Tlingit.

244 (p. 228) Pintura da frente de uma casa representando pássaro-trovão, Kwakiutl.

245 (p. 229) Modelo de totem com desenho representando uma orca, Haida.

246 (p. 230) Pintura para a frente de uma caixa, desenho representando um sapo, Haida.

247 (p. 230) Pintura para uma frente de casa, desenho representando uma orca, Kwakiutl.

248 (p. 231) Pintura para uma frente de casa com desenho representando uma orca, Kwakiutl.

249 (p. 232) Pintura num remo representando boto e foca, Kwakiutl.

250 (p. 232) Pintura para a frente de uma casa representando um corvo, Kwakiutl.

251 (p. 233) Pintura para a frente de uma casa representando um pássaro-trovão, Kwakiutl.

252 (p. 234) Pintura para a frente de uma casa representando uma baleia, Kwakiutl.

253 (p. 235) Pintura para a frente de uma casa representando um corvo, Kwakiutl.

254 (p. 235) Pintura na borda de um cobertor representando um monstro marinho, norte da Colúmbia Britânica.

255 (p. 236) Desenho num bracelete de prata representando um castor, Haida.

256 (p. 236) Desenho num bracelete de prata representando um monstro marinho, Haida.

257 (p. 236) Desenho num bracelete de prata representando um gavião, Haida.

258 (p. 237) Prato de ardósia com desenho representando um monstro marinho, Haida.

259 (p. 237) Frente de uma caixa de ardósia com desenho representando um monstro marinho, Haida.

260 (p. 238) Placa de ardósia com desenho representando um monstro marinho, Haida.

261 (p. 238) Desenho da ponta de uma bandeja de comida representando um tubarão, Tlingit.

262 (p. 238) Prato de ardósia com desenho representando um *sculpin*, Haida.

263 (p. 239) Frente de uma caixa de ardósia com desenho representando um peixe, Haida.

264 (p. 240) Pintura corporal representando o urso, Kwakiutl.

265 (p. 241) Pintura corporal representando o sapo, Kwakiutl.

266 (p. 242) Elementos de desenhos de cobertores tlingits.

267 (p. 246) Desenho esquemático mostrando a disposição do campo central do cobertor Chilkat.

268 (p. 246) Esquemas gerais dos cobertores tlingits.

269 (p. 247) Cobertores Chilkat.

270 (p. 248) Cobertores Chilkat.

271 (p. 249) Cobertores Chilkat.

272 (p. 249) Cobertor Chilkat.

273 (p. 250) Cobertores Chilkat.

274 (p. 250) Frente, fundo e lado de uma caixa pintada.

275 (p. 251) Frente de caixa pintada e entalhada.

276 (p. 252) Quatro lados de uma caixa pintada, Tlingit.

277 (p. 252) Quatro lados de uma caixa pintada, frente numa escala maior, Tlingit.

278 (p. 253) Frente e lado de uma caixa pintada.

279 (p. 254) Frente, fundo e lado de caixas entalhadas.

280 (p. 255) Caixas entalhadas.

281 (p. 255) Caixa entalhada, Tlingit.

282 (p. 256) Bandejas entalhadas.

283 (p. 258) Bandejas entalhadas.

284 (p. 259) Bandejas entalhadas.

285 (p. 260) Desenhos em armadura Tlingit.

286 (p. 260) Bandeja pintada.

287 (p. 261) Caixas pintadas.

288 (p. 262) Colheres de chifre com entalhe nas costas; *a*, representando monstro marinho; *b*, gavião; *c*, castor (?); *d*, corvo; *e*, orca; *f*, corvo; *g*, dlia (?); *h*, sol.

289 (p. 263) Prato de chifre de carneiro selvagem representando o urso.

290 (p. 267) Máscara de índios kwakiutls usada em cerimoniais de inverno; para alguns representando o dançarino tolo, para outros Aquele-Que-Brilha-Em-Cima.

291 (p. 268) Tipo antigo de caixa Kwakiutl.

292 (p. 269) *a*, Bandeja de comida; *b*, balde, Kwakiutl.

293 (p. 269) Caixas pequenas, Kwakiutl.

294 (p. 269) Pentes, Kwakiutl.

295 (p. 269) Clava de osso e espada, Kwakiutl.

296 (p. 270) Polias de roca.

297 (p. 270) Concha feita de chifre de carneiro selvagem, Rio Colúmbia.

298 (p. 271) Clavas feitas de osso de baleia, Nootka.

299 (p. 273) Clavas feitas de osso de baleia, Nootka e costa de Salish.

300 (p. 274) Vigas de casas, baixo Rio Fraser.

301 (p. 276) Cesta, baixo Chehalis.

302 (p. 276) Desenhos em esteiras, Kwakiutl.

303 (p. 277) Chapéu tecido de raiz de bétula, Kwakiutl.

304 (p. 278) Desenhos decorativos da cestaria Tlingit.

305 (p. 280) Desenhos decorativos da cestaria Tlingit.

306 (p. 284) *a*, bolsa de couro cru, salish ou chinook; *b*, desenho de *parfleche*, Forte Colville, Washington.

307 (p. 284) Raspadeira de ossos, Tahltan.

308 (p. 285) Detalhe de cestaria imbricada.

Lâminas

I (p. 23): Cestas Maidu. 1-2: padrão de borboleta. 3: padrão de guaxinim. 4: Aro: montanhas; corpo: gansos em voo. 5: mariposa miller.

II (p. 38): Habitante das Ilhas Andamão.

III (p. 41): Casa decorada, norte da Nova Guiné.

IV (p. 54): Tecidos peruanos.

V (p. 63): Cálices para kumis dos iacutos.

VI (p. 76) Traje de xamã, Rio Amur.

VII (p. 130) Bolsa tecida, Colúmbia Britânica.

VIII (p. 179) Cobertor tecido, Nova Zelândia.

IX (p. 182) Figura entalhada, Colúmbia Britânica.

X (p. 264) Cobertor Chilkat.

XI (p. 265) Cobertor de casca de cedro, Colúmbia Britânica.

XII (p. 266) Cobertores de lã de cabrito montês. Bella Coola, Colúmbia Britânica.

XIII (p. 275) Viga de casa perto de Eburne, delta do Rio Fraser, Colúmbia Britânica.

XIV (p. 282) Cestas Tlingits.

XV (p. 287) Cestas imbricadas da Colúmbia Britânica e de Washington.

Índice de nomes

África 21, 80, 94, 118, 147, 149, 152-154, 304, 316, 319, 321, 323
　do Sul 86, 316
Alasca 65, 115, 148s., 269, 277, 283, 316-318
Alemanha 107
Alemão 92, 298, 324
Algonquin 126, 163, 316
América 21, 118, 154, 319-321, 323
　Central 44, 89, 142s., 178
　do Norte 21, 65, 86, 92, 98, 142, 174, 180
　do Sul 98, 125, 135, 141, 155
　Noroeste 147, 302
Americanos 320
　índios 47, 69, 101, 305, 311, 319
Ammassalik 133
Amor 314
Amur 162
　Rio 21, 65, 75, 162
　tribos 160
Andamão 37
Angola 316
Anosin 296
Apache 69, 312
Apoios para a cabeça bantos 28, 40
Arapaho 69, 101, 103s., 111, 113s., 124, 126, 128, 174s., 318
Arkansas 70, 89, 94
Arizona 319
Ártico 180
Ásia 173, 319s., 323
Assiniboine 102s.
Asteca 137
Atlântico Norte
　Costa 314
Austrália 37, 39, 43, 92, 95, 300
Aweti 97

Babine 283
Baffin
    Ilha de 148, 150
Balfour, H. 135s., 144
Bangayo 119
Baranoff 316
Barrett, S.A. 116
Basoto 298
Bella-Coola 35, 266s., 279, lâmina XII
Benedict, R. 295, 315
Benin 89s.
Bering
    Mar de 148
Boêmia 154
Bornéu 145
Bosques 163, 286
Bosquímanos 27s., 85, 92, 95, 165, 288, 309
Brasil 97
Brinton, D.G. 126
Bücher 302
Bunzel, R.L. 106, 165
Bushongo 118s., 123

Cabo Nome 148
Califórnia 24, 47, 115s., 176, 270, 277, 283, 285, 296
    índios da 21s., 101, 108
Camarões 89, 91
Celta 136
Chehalis 276
Chekilli 308
Cherokee 309
Cheyenne 99, 101
Chilcotin 71, 176, 285s.
Chilkat 208-210, 242, 245-250, lâmina X
China 152
Chinês 144, 321
Chinook 298
Chiriquí 66, 120, 123, 140s., 143
Chukchí 21, 86, 180, 297, 313
Cíclades 80

Colúmbia
  Britânica 24, 33-35, 40, 43, 48, 71, 129, 178, 269, 284s., 290, 313s., 318, lâminas XI, XII, XV
    índios da 37, 108, 176, 313
    norte da 81, 235
  Rio 177, 272, 283-285
Congo 80, 86, 153, 155
Copenhague 267
Costa Rica 66, 120, 141s.
Coiote 316
Creek 308
Cross, Rio 91
Cueva de los Caballos 165
Culhuacán 137s., 140
Cumberland
  Estreito de 148, 297, 301
Cushing, F.H. 152, 295
Cussetaws 308
Czekanowski, J. 117

Dähnhardt, O. 134
Dakota 77, 164
Dayak 44
Dixon, R.B. 101

Edensaw, C. 159, 190, 197, 208, 261
Egípcio 47, 71, 80s., 84
Egito 26
Ehrenreich 98, 100
Emmons, G.T. 114, 208-210, 242s., 245
Equador 142
Escandinávia 21, 44, 71
Espanha 86
Espanhol 77, 320
Esquimó 21, 85s., 89, 92, 94, 147, 150, 153, 177, 270, 288, 290, 296s., 299, 301, 309, 311-313, 316
  Alasca 129, 131s., 163, 283
Estados Unidos 24
Etrusco 42
Europa 95, 142, 154, 173, 316, 319s.
Europeu 83, 151, 298, 315, 320

Fanaua 107
Filipinas 79s.
Finlândia 64
Fornander 311
Forte Colville 284
Fox 30-32, 168-170, 301
França 86
Fraser
    delta do Rio 272, 274, 284, lâmina XIII

Gemeinlebarn 143
Geórgia
    Golfo da 270, 283
Golds 66
Grandes
    Lagos 163
    Planícies 77, 104, 157, 284, 308
Grego 321
Groenlândia 133, 148, 177
Guiana 98s., 155

Haddon 120
Haida 81, 158-160, 184, 186, 188-192, 198, 205, 208, 214, 216, 218-227, 230, 236-239, 261, 274
Hartman, C.V. 142
Hausa 167
Havaí 299, 311
Hodler 83
Holmes, W.H. 120, 140, 152
Hopi 126
Hudson
    Baía de 129, 177
    Estreito de 150
Huichol 74s., 106, 108

Iacutos 63
Ica 55, 64
Índias Ocidentais 142
Índios 70s., 95, 156, 311, 319
Indonésios 155
Iorubá 89
Iowa 171s.

354

Jaispitz 142
Java 322
Jesus 315
Judeu 107s.

Karajá 97
Kena 107
"Kerbschnitt" 272
Koryak 50, 52, 70, 86, 88, 180, 326
Kroeber, A.L. 101, 110, 174
Kumiss lâmina V
Kumonngoe 298
Kwakiutl 35, 181, 183, 185, 189, 193, 199-204, 228, 230-235, 240s., 263, 268s., 274, 276s., 296, 299s., 303-305, 311, 317, 319, 327

Labrador 126, 174, 319
La Flamme 163
Laguna 292s., 315, 326
Laieikawai 311
Leão
    Portal do 40
Leningrado 267
Lillooet 176, 285
Lone-Dog 163
Lothrop, S.K. 142
Lowie, R.H. 103, 174

MacCurdy, G.G. 120, 142
Malaia
    Península 42, 309
Malaio 21, 320
Mallory 163
Mangbetus 150
Maori 178
Marquesas
    Ilhas 21, 91, 107, 109, 120, 333
Matarma 119
Maximiliano 324
Mead, C. 52
Mediterrâneo 123
Megalítico 69
Melanésia 29, 40, 105, 118, 147, 154, 160

Mexicano 61, 78, 94, 136
México 74, 117, 319
Michelângelo 83
Michelsberg 142
Molkenberg 69
Mongol 320
Mooney, J. 309
Morávia 142
Morse, E.S. 149
Müller, S. 26
Museu
    Americano de História Natural 100
    Britânico 267
    Etnológico 267
    United Service 267

Nass
    Rio 217
Navajo 311
Necrópolis de Ancón 56
Negro 180, 302, 305, 320, 324
Neozelandês 71, 89, 172
Neu-Mecklenburg 111, 114
Newcombe 267
Nootka 87, 267, 271, 273
Noroeste 158
    Costa 270, 283, 313, 326
    índios do 144
Norte-americana
    Costa 314
Norte-americano
    sudoeste 47
norte-americanos
    índios 77, 92, 100, 126, 174, 314, 332
Nova Guiné 29, 42s., 80, 120, 135, 161s., 299
Nova Inglaterra 126, 128, 174
Nova Irlanda 29, 98, 112s., 299
Nova Zelândia 21, 92, 160-162, 178
Novo México 154, 315, 319
Novo Mundo 320

Oaxaca 136
Obermaier 165

Odisseia 316
Ojibwa 77, 172s.
Omaha 298, 311
Ontário 66
Orang Semang 309s.
Oriental 47, 298
Osage 308
Otoe 172

Pacífico
   Norte, costa do 47, 94, 149, 177, 326
      Oceano 149, 155
Paiute 301
Paleolítico 39, 86
Pangwe 118
Papua 299
   Golfo da 80
Paraguai 117
Parsons 315
Peru 40, 45s., 52, 54s.
Peruano 42, 57-59
Pés-pretos 101, 128, 163, 313, 318
Pima 89, 312
Planaltos 157, 316
   tribos dos 311
Planícies
   índios das 110, 124, 127, 163, 315, 324
Pohu 107
Point Barrow 148
Polinésia 107, 311
Polinésio 120s., 299, 317, 320
Pomo
   índios 115s.
Potawatomi 163, 172s.
Psiquê 314
Pueblo 21, 24, 44, 47, 87, 125, 152, 155, 157, 174, 296, 299, 314s., 317, 326
Puget
   estuário do 22, 270, 274
Putnam, F.W. 120

Read, C.H. 120
Reichard, Dra. 48s.
Reiss 56

Rembrandt 83
Riegl 123
Röntgen 84
Roth, W.E. 99
Ruanda 117
Russo 316

Sahagun 320
Sahaptin 177, 285
Salish 273
Sancho Pança 319
Sapir, E. 301
Sauk 30-32, 40, 168-170
Schuchardt, C. 152
Schweinfurth, G. 149
Semper 160
Shetland
    Ilhas 117
Shoshone 101, 104s., 127, 174s.
Shuswap 43, 65
Sia 292
Siamês 322
Sibéria 49, 65s., 154, 299, 313, 323
Sioux 101s., 128, 163, 175, 291
Sitka 316
Southampton
    Ilha 150
Spencer, H. 322
Spier, L. 174, 301
St. Clair, H.H. 101
Stephan, E. 113, 133
Stevenson, M.C. 292
Stolpe, H. 120, 133
Stubel 56
Stumpf 322
Sudoeste 311
Suécia 45
Swanton, J.R. 114, 208s., 211

Taiti
Tennessee 144
Terra do Fogo 27s., 36
Tessman, G. 118

Texcoco 137
Thompson 33, 48, 176
Tlingit 178, 181, 184, 186, 189, 192-198, 212-214, 221, 223, 227, 238, 246, 252, 255, 260, 278, 280, 285s., 316, lâmina XIV
Tolteca 142
Tonga 155
Torday, E. 118
Tsimshian 188s., 194, 216, 219-221, 227, 308, 311, 319
Ts'um'a´ks 226

Ucayali 34
Urua 80

Vancouver
 Ilha de 28, 34, 86, 125, 135, 149s., 156, 272, 299
Velho Mundo 320s.
Verworn, M. 92, 94
Vierkandt 88, 92
Von den Steinen, K. 84, 91, 96, 107, 120, 135
Von Luschan, F. 168

Wahpeton 163s.
Wailaki 296
Wasgo 158s., 226
Washington 284, lâmina XV
Wissler, C. 69, 101s., 128, 163
Wundt 83

Yakut 63
Yukon, Rio 319

Zambeze 27, 60
Zuni 106, 165-167, 295, 315

CULTURAL
Administração
Antropologia
Biografias
Comunicação
Dinâmicas e Jogos
Ecologia e Meio Ambiente
Educação e Pedagogia
Filosofia
História
Letras e Literatura
Obras de referência
Política
Psicologia
Saúde e Nutrição
Serviço Social e Trabalho
Sociologia

CATEQUÉTICO PASTORAL
Catequese
  Geral
  Crisma
  Primeira Eucaristia

Pastoral
  Geral
  Sacramental
  Familiar
  Social
  Ensino Religioso Escolar

TEOLÓGICO ESPIRITUAL
Biografias
Devocionários
Espiritualidade e Mística
Espiritualidade Mariana
Franciscanismo
Autoconhecimento
Liturgia
Obras de referência
Sagrada Escritura e Livros Apócrifos

Teologia
  Bíblica
  Histórica
  Prática
  Sistemática

REVISTAS
Concilium
Estudos Bíblicos
Grande Sinal
REB (Revista Eclesiástica Brasileira)
SEDOC (Serviço de Documentação)

VOZES NOBILIS
Uma linha editorial especial, com importantes autores, alto valor agregado e qualidade superior.

VOZES DE BOLSO
Obras clássicas de Ciências Humanas em formato de bolso.

PRODUTOS SAZONAIS
Folhinha do Sagrado Coração de Jesus
Calendário de Mesa do Sagrado Coração de Jesus
Agenda do Sagrado Coração de Jesus
Almanaque Santo Antônio
Agendinha
Diário Vozes
Meditações para o dia a dia
Guia Litúrgico

CADASTRE-SE
www.vozes.com.br

EDITORA VOZES LTDA.
Rua Frei Luís, 100 – Centro – Cep 25689-900 – Petrópolis, RJ
Tel.: (24) 2233-9000 – Fax: (24) 2231-4676 – E-mail: vendas@vozes.com.br

UNIDADES NO BRASIL: Belo Horizonte, MG – Brasília, DF – Campinas, SP – Cuiabá, MT
Curitiba, PR – Florianópolis, SC – Fortaleza, CE – Goiânia, GO – Juiz de Fora, MG
Manaus, AM – Petrópolis, RJ – Porto Alegre, RS – Recife, PE – Rio de Janeiro, RJ
Salvador, BA – São Paulo, SP